NÃO É POR VISTA

CASH LUNA

NÃO É POR VISTA

Tradução
CAROLINA CAIRES COELHO

São Paulo, 2019

Não é por vista
No es por vista
Copyright © 2019 by Cash Luna
Copyright © 2019 by Editora Ágape Ltda.

1ª reimpressão: jun. 2021

COORDENAÇÃO EDITORIAL: Nair Ferraz
TRADUÇÃO: Carolina Caires Coelho
PREPARAÇÃO: Juarez Soares
REVISÃO: Larissa Caldin
CAPA E PROJETO GRÁFICO: Omar Martinez
DIAGRAMAÇÃO: Manoela Dourado
ILUSTRAÇÕES: César Cotón

Texto de acordo com as normas do Novo Acordo Ortográfico da Língua Portuguesa (1990), em vigor desde 1º de janeiro de 2009.

Dados Internacionais de Catalogação na Publicação (CIP)
Angélica Ilacqua CRB-8/7057

Luna, Cash
  Não é por vista / Cash Luna ; tradução de Carolina Caires Coelho. -- Barueri, SP: Ágape, 2019.

Título original: *No es por vista*

1. Vida cristã 2. Fé - Cristianismo 3. Conduta de vida 4. Cura pela fé I. Título II. Coelho, Carolina Caires

19-1736   CDD 248.4

Índice para catálogo sistemático:
1. Vida cristã 248.4

EDITORA ÁGAPE LTDA.
Alameda Araguaia, 2190 – Bloco A – 11º andar – Conjunto 1112
CEP 06455-000 – Alphaville Industrial, Barueri – SP – Brasil
Tel.: (11) 3699-7107 | Fax: (11) 3699-7323
www.agape.com.br | atendimento@agape.com.br

Só se vê bem com o coração...
O essencial é invisível aos olhos.

O Pequeno Príncipe
Antoine de Saint-Exupéry

Ao autor e criador da fé,
Jesus,
Nosso Senhor e Salvador.

Muitos agradecimentos a...

Sonia, minha esposa e amiga fiel, que sempre me acompanha na realização de tudo aquilo que Deus nos confiou.

Meus filhos, pelo amor com o que me apoiam no chamado de viajar pelas nações, levando a Palavra e o poder de Deus, ainda que isso signifique deixar de vê-los por longos períodos.

Minha mãe e sua eterna confiança em mim. Ela nunca duvidou de que chegaria a cumprir minha vocação de ser missionário, inclusive quando não sabíamos o que esse anseio envolvia.

Meu pastor, Jorge H. López, que me mostrou o caminho da fé.

Minha equipe maravilhosa, o maior presente que Deus me deu no mistério, depois de seu Santo Espírito. Seu constante trabalho e apoio condicional me deixaram chegar aonde Ele me levou.

Os membros da Casa de Deus, igreja que fundei e administro, pelo amor e respeito que demonstram com o servo de Deus e sua família. Obrigado por me acompanharem na construção de projetos de fé.

SUMÁRIO

Introdução XI

I   O discurso do rei 17
Capítulo 1   **Sobrenatural** 21
Capítulo 2   **Imperfeitos** 29
Capítulo 3   **Herdeiros** 36

II   Star Wars 45
Capítulo 4   **Mais do que vencedores** 49
Capítulo 5   **A melhor arma** 57
Capítulo 6   **Todo poder** 63
Capítulo 7   **Não menospreze seu caminho** 69

III   Bobby Jones, a lenda do golfe 79
Capítulo 8   **Palavras poderosas** 82
Capítulo 9   **A escola de Marta** 90
Capítulo 10   **Uma semente de mostarda** 98
Capítulo 11   **Peça e declare** 104

IV   Temple 115
Capítulo 12   **Níveis de fé** 119
Capítulo 13   **Mudança de nível** 129
Capítulo 14   **Fé com autoridade** 140

V   Voando alto 149
Capítulo 15   **Lógico e ilógico** 153
Capítulo 16   **No processo** 163
Capítulo 17   **Há momentos... E momentos** 171

VI Jogo perfeito 179
Capítulo 18 **Muito fácil para estar certo** 183
Capítulo 19 **Imite a fé** 191
Capítulo 20 **Como será isso?** 199

VII A 100 passos de um sonho 211
Capítulo 21 **O melhor cozinheiro** 215
Capítulo 22 **A fase está começando** 226
Capítulo 23 **Fé corporativa** 239

VIII Hook – A volta do Capitão Gancho 245
Capítulo 24 **Vale a pena** 249
Capítulo 25 **Da ansiedade à vitória** 259
Capítulo 26 **Sem temor** 271

IX O maior jogo 283
Capítulo 27 **Escreva seu salmo** 287
Capítulo 28 **Presentes** 297

X Um sonho possível 309
Capítulo 29 **O principal ingrediente** 313
Capítulo 30 **O veículo** 321

INTRODUÇÃO

O grande dia finalmente chegou! Os períodos sem comer, as noites sem dormir, os empréstimos para comprar livros, aquelas longas caminhadas de vários quilômetros desde sua casa à universidade, porque não havia dinheiro para a passagem de ônibus... Tudo havia valido a pena. Com seu diploma na mão e os olhos marejados, Carlos pôde abraçar a mãe, que mal cabia no salão de tanto orgulho que sentia dele, seu filho, agora médico. "Sempre tive fé em você!", ela disse a ele. Por acaso existia recompensa maior do que essas palavras? Para o jovem que estava começando a viver e que se via na encruzilhada entre continuar e se especializar ou procurar trabalho como clínico geral, a palavra fé era tudo. O que significava essa palavra – confiança, certeza e visão de futuro – era seu maior capital, o que tinha a sua disposição, porque recursos econômicos definitivamente faltavam, mas essa convicção que escutava de sua mãe era a mesma que sentia dentro de si e que o motivava a se esforçar para realizar seus sonhos. Apesar de suas circunstâncias, ele era otimista, estava convencido de que atingiria seu propósito, que alcançaria suas metas. Ele tinha fé! Todos temos fé em algo e em alguém. Todos acreditamos, estamos convencidos de algo. Em que e em quem você acredita? Essa é uma pergunta importante, já que nossa vida se define por aquilo em que depositamos nossa confiança. Carlos tinha fé em suas capacidades e sua mãe tinha fé nele. Eram verdades que definiam sua vida. Eu acredito em minha esposa, em meus filhos, confio neles, tenho fé neles e, acima de tudo, creio em Deus. Essa verdade tem configurado minha vida. Talvez mais do que a maioria das pessoas, porque sou pastor, fundador de um ministério, por isso minha fé cristã tem sido um pilar sem a qual Cash Luna não seria Cash Luna.

No entanto, não é preciso ser pastor para que a verdade que encontramos na Palavra de Deus nos afete profundamente, porque nossa natureza humana inevitavelmente se entrelaça com a natureza divina por meio da busca pelo sentido de nossa existência, de nossa inquietude por criar, por transcender, por compreender e por desfrutar da beleza e perfeição do universo. Crer faz parte de nossa essência, é uma habilidade, um favor que devemos aproveitar porque para isso o recebemos. Não se trata de ensinar sobre uma fé cega, mas, sim, de compartilhar a alegria que sentimos ao confiar plenamente naquele que nos amou desde antes de nascermos. Sobre isso quero falar com vocês, do potencial de sua fé, especificamente do poder que você pode ter ao entregar seu potencial de fé a Deus.

Como ser humano e como crente apaixonado, convencido da existência de Deus e de seu infinito amor, seria impossível me calar diante de tantas e tantas evidências de sua graça. Meu ponto de partida? O que tenho aprendido por meio das coisas que vivo. Não existe nada além da experiência. O antes e o depois de aceitar a Deus como meu Pai, a Jesus como meu Senhor e Salvador, e ao Espírito Santo como meu conselheiro, intercessor, consolador e quem dá o poder para fazer Sua obra. Essas verdades básicas da fé cristã têm determinado minha forma de enfrentar as dificuldades da vida.

Por várias vezes, o Senhor me deixou inquieto, durante todos esses anos, para que eu compartilhasse sobre Ele e sobre seu intenso amor por nós, mas não conseguia resolver o dilema da religião. Como falar da fé em Deus sem parecer um fanático religioso? Parece impossível, mas é exatamente isso o que desejo, porque a fé sobre a qual quero falar é aquela que flui naturalmente como um rio no qual podemos submergir para que suas águas nos refresquem e revitalizem. Além disso, se nos deixarmos levar por essa corrente forte, inevitavelmente conseguiremos chegar ao mar, a algo maior, nosso propósito. É isso o que o Senhor quer, que nos renovemos, que passemos a dar nova vida ao abrir nossos olhos à fé que pode mudar tudo, que nos guia e fortalece.

Cresci em um lar cristão. Éramos minha mãe e eu. Meu pai não estava na equação familiar, essa é outra das verdades que tive que aceitar e que fez a diferença em minha vida. Por que digo isso? Porque não é a mesma coisa um homem que cresceu em uma família tradicional falar com você e um que viveu a fé em Deus em circunstâncias singulares. Pois então, desde pequeno, minha mãe me ensinou o Credo, os mandamentos, as orações básicas... Ela me ensinou sobre fé! E, de fato, Deus sempre foi importante para mim.

Eu era um garoto que ia à missa toda manhã de domingo – inclusive passava na casa dos meus amigos para levá-los comigo. Desde os dez anos eu dizia que seria missionário, ainda que não soubesse exatamente o que era isso. Vivia a fé como tinham me ensinado, mas essa fé não fora suficiente para me afastar dos riscos durante minha adolescência, quando enfrentei as crises comuns. Experimentei maconha e desafiei as regras, mas a educação rígida de minha mãe ganhou a batalha dos anos mais intensos. Assim foi que descobri que a fé tinha sido uma fórmula que não me havia afetado profundamente. Até chegar o momento de ruptura, especificamente em 1982, quando, de forma muito espontânea e natural, aceitei Jesus como meu Senhor e Salvador durante uma reunião de domingo na igreja Fraternidade Cristã da Guatemala. Nesse momento, posso dizer que finalmente teve início minha vida de fé porque comecei a transição do dizer para o fazer. Esse deve ser o objetivo de todos que dizem ter fé em Deus!

Passo a passo, fui descobrindo a dimensão da paternidade de Deus e dei início a uma profunda e íntima relação com Ele. Foi algo muito simples, natural, mas intenso. Desde sempre senti a experiência de Deus em minha vida, em cada momento, inclusive de forma natural, mas apenas quando decidi obedecer ao Seu chamado ministerial aprendi a confiar em Suas promessas. Nesse tempo, realmente posso dizer que comecei a caminhar com os olhos fechados, guiado pela fé Nele.

Então, estudando Sua Palavra, aprendi verdades muito fortes que provocaram uma mudança profunda em minha vida e asseguro que terão o mesmo efeito em você, porque ampliam nossa visão ao fazer da fé um pilar fundamental de tudo o que pensamos, dizemos e fazemos. Não falo de religião! Além disso, quero me afastar dos estereótipos religiosos e me aproximar da sua vida. Sermos pessoas de fé não se trata de afirmar várias vezes que acreditamos em Deus, recitar o Credo ou batermos no peito arrependidos e temerosos do castigo divino; sermos pessoas de fé significa demonstrar, a cada passo, inclusive nas partes mais simples e elementares por qual motivo nossa fé em Deus deve nos sustentar em absolutamente tudo. Assim, começemos com o descobrimento do que significa viver por fé. Garanto que você não vai se arrepender.

I

O DISCURSO DO REI

Capítulo 1 **Sobrenatural**
Capítulo 2 **Imperfeitos**
Capítulo 3 **Herdeiros**

Não é por vista

Jorge nunca imaginou que, aos 41 anos, seria coroado rei da Inglaterra. Seu irmão, Eduardo, legítimo herdeiro de sucessão, abdicou, ou melhor, renunciou à honra e à responsabilidade do cargo porque sua vida sentimental o colocou em outro rumo. Ele se apaixonou por uma plebeia norte-americana, Wallis Simpson, mas, por ser rei, não podia casar-se com ela, uma mulher divorciada duas vezes.

Parece irreal, certo? Mas vemos que muitas vezes a realidade supera a ficção. E também, muitas vezes, a realidade é a base para a ficção, como esse caso que gerou o filme *O Discurso do Rei*, drama que mostra o príncipe assustado diante da encruzilhada de ter que superar sua gagueira quando precisa assumir o desafio de se transformar em Jorge VI. Foi como se tirassem seu chão! Um pai e esposo dedicado, ele havia se acomodado à vida como parte da realeza, mas sem grande destaque. Sabia que era uma peça na linha de sucessão, entretanto, não o primeiro, porque não era o primogênito, mas seu destino mudou radicalmente.

Com o país em guerra e o clima de mudança e independência surgindo por todos os lados, Jorge teve que abrir sua mente e seu coração para superar os traumas da infância e assumir a identidade como rei. Todos os conflitos dentro dele se transformavam em um nó que, por fim, parecia juntar suas cordas vocais. Mas gaguejar não era um luxo ao qual podia se dar o homem que da noite para o dia se viu forçado a encher de fé e coragem uma nação que liderava a Segunda Guerra Mundial!

Esse rei em ascensão, com tanta responsabilidade nas costas, precisava passar segurança, firmeza e poder não apenas com suas decisões, mas também por meio do significado, fluidez, ritmo e entonação de suas palavras. Exatamente como ocorre com cada um de nós, filhos e herdeiros de um Rei que nos ama. Por isso é tão importante descobrirmos nossa identidade, confiar em nosso Pai e conseguir viver de acordo com os princípios do reino ao qual pertencemos.

Nossa vida e nosso futuro dependem disso.

Um dos primeiros objetivos de Jorge foi se preparar para o discurso crucial que tinha que realizar ao tomar o trono. Discurso que também tinha que inspirar a nação e o mundo para enfrentarem os duros anos de guerra. Para conseguir, submeteu-se a uma terapia eficiente que o ajudou a reprogramar sua mente e seu coração. Exatamente o que começaremos a fazer juntos neste momento, uma renovação de identidade para descobrirmos que somos filhos do Rei, que somos herdeiros de um trono e que devemos viver de acordo com os princípios desse reino. Façamos nossos o discurso do Rei.

1 SOBRENATURAL

Deus é nosso Pai e nos pede que tenhamos fé Nele porque nos ama.

Quando um jovem de 23 anos decidiu se casar com a mulher que amava, sua linda namorada com quem estava havia 10 anos, ele tinha tudo pela frente, sua capacidade de empreender, criatividade, força de vontade, paixão e, principalmente, o desejo claro de servir ao Senhor. Poderíamos dizer que a ele nada faltava! O futuro abria as portas a uma vida plena. Anos depois, esse jovem pôde dizer que, de fato, seus sonhos se realizaram. Conseguiu formar uma linda família, seguiu a visão que Deus planejou para ele e fundou um ministério onde dá honra e glória a Ele, mas o caminho não foi fácil. Apesar de tanta clareza a respeito de seu chamado e do respaldo do Senhor, houve momentos de incerteza, nos quais foi preciso batalhar, assim como dissabores em todos os aspectos, desde o mais simples, como o sustento de seu lar, até questões delicadas, como as difamações.

Recém-casados, no processo de formar um lar, ele e sua esposa viviam em uma casa pequena e alugada. Seu casamento tinha sido um grande milagre de provisões e muitas pessoas abençoaram o casal com presentes. Eles olhavam para os embrulhos de vários tamanhos com emoção. Havia caixas grandes e também pequenas, todas embrulhadas em um lindo papel branco com desenhos bonitos. Foi como um Natal especial. De mãos dadas, os recém-casados deram graças por tantas bênçãos.

Alguns presentes eram muito especiais. Por exemplo, os pais da noiva deram um jogo de talheres de prata. *Nossa! Sim, nossa*, pensavam. Eles ainda não conseguiam imaginar em que momentos os usariam, mas certamente seria em alguma ocasião especial. A questão é que, primeiro, antes de pensar em usar aqueles utensílios elegantes, tinham que colocar comida na mesa e eles estavam concentrados nessa questão. De fato, ao tomar a decisão de se casar, ao escutar o que Deus dizia: "É hora de se comprometer e dar início à sua vida de trabalho em casal", por acaso, um vendedor de utensílios de cozinha bateu à porta de seu escritório e ele comprou um jogo de talheres. Quando o recebeu, disse: "Senhor, eu te obedeci, vou me casar. Já comprei o primeiro item de meu novo lar, me dê todo o resto".

Por ser um jovem esposo, decidiu se dedicar à venda de seguros, porque assim conseguia organizar seus horários para que o trabalho não interferisse em seu tempo de servir ao Senhor. Não estava se dando mal, ao contrário, sabia apresentar seus argumentos aos possíveis clientes e, com o tempo, destacou-se na equipe de vendas, inclusive ganhou prêmios. Mas isso não impedia que sentisse incerteza ou ansiedade em avançar mais depressa. Não tenho certeza, a questão é que um dia saí de casa... ou melhor... o jovem saiu de casa preocupado com as finanças, pensando como cumpriria a promessa feita à esposa de comprar uma casa nova, e cumprir todos os sonhos que eles tinham sonhado juntos. Nesse momento, escutou a voz de seu Pai: "Se te dei os talheres, não te darei os alimentos?". Foi uma conclusão tão lógica e uma promessa tão carinhosa, que o jovem... bem, melhor dizer de uma vez que o jovem era eu... não conseguiu conter as lágrimas. Claro! Acredito que não era o momento de compreender tudo, mas foi uma lição de fé como muitas outras que receberia.

As pessoas me perguntam como de fato é viver conforme a fé em Deus, e a resposta é simples, mas, ao mesmo tempo, complexa, porque pode se resumir a uma frase: "Entregue-se ao Senhor". Entregar-se a Ele, no entanto, envolve muitas coisas, desde o conhecimento de Sua Palavra, na qual encontramos nossa identidade e código de conduta, até nossa atitude diante de cada situação, por maior ou menor que seja. Sem ir muito longe, a oração do Pai Nosso, amplamente conhecida, é uma declaração de fé completa porque a partir da primeira afirmação: "Pai Nosso...", confirmamos que compreendemos que somos filhos, herdeiros e cidadãos de um reino que opera sob padrões e normas diferentes das do mundo. Esse é o segredo!

Na oração que Jesus nos ensinou, pedimos: "Venha a nós o vosso reino, seja feita a Vossa vontade, assim na terra como no céu", mas talvez não tenhamos ideia do que esse pedido implica: que tenhamos paz, que o bem prevaleça, que haja justiça, que nos libertemos do afã. Resumindo, que vivamos na terra como viveríamos no céu, não é?

Somos filhos, herdeiros e cidadãos de um reino que opera sob padrões e normas diferentes das do mundo. Esse é o segredo!

Para viver nessas condições ideais e sobrenaturais, devemos aprender sobre o sistema de Deus que, efetivamente, não é deste mundo. Não é fácil conseguir porque implica deixarmos de lado o que mundo nos ensinou e renovar nosso entendimento priorizando a convicção de que Ele nos ama e se interessa em cuidar de nós. Ter fé em Deus significa que a maravilhosa verdade de Sua paternidade deve ser o fundamento de nossa vida, a tal ponto que mude totalmente o panorama, porque ao sermos Seus filhos adquirimos direitos e responsabilidades, como acontece em toda família.

Deus nos propõe um sistema totalmente diferente do que aquele que o mundo nos propõe porque nos pede que confiemos Nele antes de confiar em qualquer opção que o homem possa oferecer. Não diz que a primeira coisa diante de uma dificuldade seja procurar ajuda com um amigo ou parente, mas, sim, que o primeiro a ser procurado seja Ele, porque no meio de um problema, sempre recorremos à pessoa em quem mais confiamos, por isso, se decidimos viver pela fé, procurar Deus com um coração humilde será nossa primeira reação diante de uma situação adversa.

O que posso ensinar a vocês com meu relato é exatamente isto: Deus tem sido o pilar de minha existência, sempre, em todos os momentos. Ele tem sido minha primeira opção, e garanto que não me decepcionei, mas tive que aprender a pensar, a sentir e a agir de acordo com o que Ele ensina em Sua Palavra, por isso me tornei um leitor assíduo da Bíblia. Meu maior desejo é compartilhar as verdades simples, mas transformadoras que descobri.

No princípio, como lemos no livro de Gênesis, na Bíblia, vemos que Adão e Eva foram criados para viver em um lindo sistema: disfrutar e subjugar do jardim do Éden, mas desviaram sua atenção, pecaram ao ouvir o conselho da serpente e comeram o fruto da árvore do bem e do mal. Então, eles se viram obrigados a entrar em outro sistema diferente do que Deus havia preparado. O sistema desse mundo foi feito para Adão, que saiu do Paraíso e assumiu uma natureza humana não redimida. A partir de então, teve que ganhar o pão com o suor do seu trabalho. Essa mudança afetou a todos, no entanto, Jesus veio para nos dar a possibilidade de participarmos de Sua natureza divina[1] e devolvermos o acesso a esse sistema original e perfeito que Deus criou!

Essa questão da desobediência me faz pensar, porque, se analisarmos bem, Adão se concentrou mais na única proibição que tinha,

---
1 2 Pedro 1:4.

em vez de pensar em tudo o que podia fazer e desfrutar. Valia a pena afastar-se do sistema de Deus para comer um fruto? Claro que não! Mas ao focarmos no que não temos ou não podemos fazer, desperdiçamos tudo o que está a nosso alcance.

Quando alguém decide entregar sua vida ao Senhor, às vezes se lamenta porque, obviamente, há comportamentos que deveria evitar, como beber álcool, fumar, farrear e mentir, mas não se dá conta de que todo "o proibido" faz mal ao corpo e ao espírito, por isso Deus nos pede que procuremos apenas o bom, o agradável e o perfeito. No entanto, no sistema do mundo, achamos graça no que nos faz mal, por acaso não é irônico? Justamente por essas contradições, o Senhor nos pede que permitamos que Ele nos renove para podermos apreciar tudo do Seu ponto de vista e desfrutar dos benefícios que alcançamos ao mudar nosso estilo de vida de acordo com o Seu sistema.

Certamente toda mudança é difícil, mas é aí que devemos fortalecer e permitir que nossa fé em Deus prevaleça sobre o que o mundo nos apresenta como valioso. Sempre disse que ser inteligente é se deixar orientar por alguém mais inteligente, e quem melhor do que nosso Criador? Outro exemplo é que o Senhor nos pede para sermos humildes diante de uma ofensa, enquanto o mundo nos abre a porta para a vingança. O que devemos fazer se quisermos viver pela fé?

Obviamente, devemos obedecer ao que Deus nos mostra como correto e não nos deixar dominar por nossa natureza humana, que nos leva a reagir com arrogância. Quando começamos a viver pela fé, nosso Pai vai nos aperfeiçoando, nos reconforta, nos dá paz e fortalece nossa vontade até conseguirmos fechar os olhos e caminhar confiantes em Suas instruções.

O melhor sistema

Do meu ponto de vista, o primeiro passo para viver pela fé é reconhecer que o sistema de Deus é o melhor e que estamos dispostos a obedecê-lo, o que abre as portas a uma vida com grandes expectativas e à capacidade de sonhar e imaginar. É como nascer de novo! Mas é nascer para uma vida na qual somos herdeiros das promessas que encontramos em Sua Palavra. Se você der esse passo, eu garanto que terá surpresas muito agradáveis.

Ele é nosso Criador, sabe o que diz e como tudo funciona, tem poder e autoridade para nos dizer como agir e o melhor é que nos ama e deseja que nos realizemos!

Se quiser um aliado influente, não encontrará um melhor. É como levar seu carro à oficina. Você pode levá-lo a qualquer mecânico, mas o melhor é levá-lo à oficina onde há todo o sistema e as peças para o conserto. Não tente consertar sua vida com o sistema defeituoso deste mundo, melhor obedecer às instruções do fabricante, seu Criador, que conhece você por dentro e por fora, e é o único que pode trazer cura e restauração e fazer com que você prospere. O sistema do mundo e de Deus se opõem, por isso, ao entregar sua vida, você deve mudar seu pensamento. Aproxime-se Dele para que Ele renove você para viver pela fé.

E quais são alguns dos princípios fundamentais de Seu reino? A comunicação com Ele e o perdão são básicos. Por isso, o Senhor nos pede que oremos em todo lugar e com boa atitude, deixando a raiva de lado e perdoando as ofensas.[2]

Jesus compartilhou muito sobre a oração com Seus discípulos, porque para conseguir essa mudança de sistema, é essencial que haja comunicação, já que você não

> *Não tente consertar sua vida com o sistema defeituoso deste mundo, melhor obedecer às instruções do fabricante, seu Criador, que conhece você por dentro e por fora, e é o único que pode trazer cura e restauração e fazer com que você prospere.*

---

2 1 Timóteo 2:8.

pode amar e ter fé em alguém que você não conhece. Certa vez, ele explicou sobre a necessidade de orar e não esmorecer, e fez isso com uma parábola que falava de uma viúva insistente, que pedia intervenção de um juiz. Este, já cansado, a atendeu. Ela não usou o sistema do mundo, mas o sistema de Jesus, que nos ensina a insistir com fé.[3] O mundo disse: "Use meu sistema, procure alguém com influência que possa facilitar as coisas para você, procure alguém para subornar"; mas Deus disse: "Use o Meu sistema, eu sei o que digo, demonstre sua fé, ore de dia e de noite, sem descanso, peça e aja de modo correto".[4] Ninguém tem tanto poder para ajudar você como o Senhor, o Juiz por excelência, quem dá acesso direto a Seu trono de graça para que você receba socorro adequado. Sua Palavra diz que Ele não tardará em responder, mas deve encontrar fé. <u>Se não recebe o que espera é porque demora a pedir! Não existe nada impossível para Deus, assim, tudo é possível se você acreditar e pedir.</u>

Nosso Senhor é claro quando diz que receberemos tudo o que pedimos.[5] Claro que não receberemos aquilo que seja pecado, porque se está ligado a Ele, você sabe que não é possível pedir o que nos faz mal ou o que nos tira do Seu lado, mas tudo o que é lícito pode ser pedido. Então, o que você está esperando? Peça! Se quiser, tente pedir algo "não tão bom". Você vai ver como ele responde! Nesse caso, claro que Sua resposta será "Não", mas você não perde nada se tentar.

Não importa o que os outros digam, deixe os outros com sua oração, peça com fé e será feito. Isso é o que nosso Pai nos ensinou. Eu tenho certeza disso porque pedi com fé e Ele atuou, já que sabe que em todos os momentos eu desejo dar a Ele toda honra e toda glória. Jesus nos ensina a pedir em Seu nome. Ele nos escolheu e quer que geremos fruto[6] porque o Pai será glorificado quando seus pedidos forem

---

3 Lucas 18:2-8.

4 Lucas 18:7.

5 Marcos 11:24.

6 João 15:16.

atendidos, desaparecerão esses pesos de doença, pobreza, orgulho, separação e desilusão.

Quando você atua no sistema de Adão, procura soluções naturais. Diante de uma doença, a primeira coisa que faz é conferir se o convênio médico cobre o tratamento, mas se atua no sistema de Deus, nada causa perturbação porque sabe que você recebeu sanidade pelo sacrifício de Jesus. Não importa o que aconteça, ele diz que haverá provisão sobrenatural para sua vida. Você receberá ligações de pessoas que querem oferecer bênçãos de trabalho e convites serão feitos. Ore para que as portas se abram, e enquanto isso acontece, também diga ao Pai: "Sei que tudo vai ficar bem porque depende de Teu sistema".

Devemos ser como crianças ingênuas diante do Senhor, completamente dependentes de Seu poder, graça e misericórdia. Eu já vivi isso com a obra do ministério, tenho sido obediente e Ele assume o controle, oferece os recursos e pavimenta o caminho para todo empreendimento que beneficie a muitos. Use o sistema de Seu reino que opera pela fé. Não confie no sistema deste mundo.

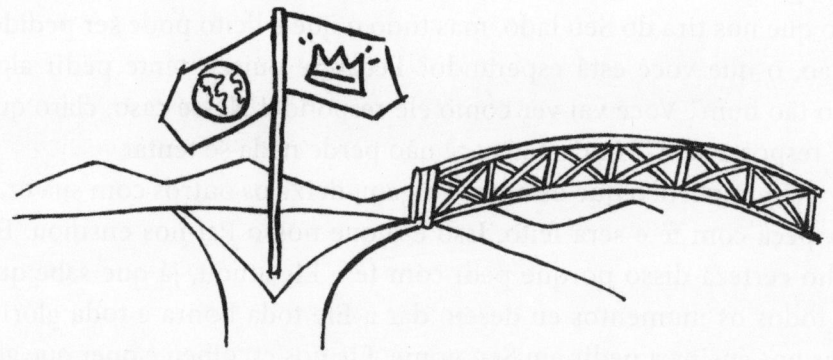

Procure ser justo diante de Seus olhos e verá que sua oração não terá tropeços. Não quer dizer ser perfeito, mas, sim, que seu coração seja como o que Ele pede. Convença-se e decida-se a viver pela fé. Levante a cabeça e suba ao reino de Deus!

2 IMPERFEITOS

Nosso Pai nos ama e deseja que nos aproximemos com confiança Dele.

Jorge V, pai do tímido e gago príncipe Alberto Federico Arturo Jorge, sem notar, enfatizou no filho traços que o transformaram em uma pessoa com muitas dificuldades de comunicação. Imagino que o rei se sentia aliviado ao pensar: *Graças a Deus que é Eduardo, meu primogênito, e não Jorge, meu sucessor no trono* mas nunca imaginou que Eduardo tentaria, mas em menos de um ano cederia esse privilégio! Muitos culpam a namorada plebeia por essa decisão, mas ao ver o rumo que a vida de Eduardo tomou, concluímos que essa relação não passou de uma desculpa, porque ele nem estava preparado e nem desejava tamanha responsabilidade.

Jorge não era o candidato perfeito para o posto que deveria assumir. De fato, seu temperamento e limitação de fala eram alguns dos piores defeitos que um líder poderia ter, no entanto, aprendeu sobre humildade, permitiu que o ajudassem e corrigissem suas fraquezas. Assim, contra tudo o que pensavam, conseguiu êxito que rendeu a ele reconhecimento mundial.

Sejamos humildes para aceitar nossa natureza e reconhecer que falhamos. A humildade é um elemento importante no reino de nosso Pai. Por exemplo, Ele nos pede que confessemos nossas faltas e oremos uns pelos outros. Essa atitude sem arrogância é ideal para nossa formação e para dispormos nosso coração para nos aproximarmos Dele e termos uma conversa eficaz, porque a Escritura diz que a oração do justo tem muito poder.[7]

As pessoas sempre me perguntam quanto tempo dedico à oração porque pensam que o tempo é o segredo, mas o importante é a qualidade da oração. Se digo que oro por pouco tempo, elas ficam escandalizadas e dizem que é uma barbaridade, e se digo que passo a vida orando, condeno os outros porque ninguém se sentiria capaz de fazer a mesma coisa. O tempo não importa, mas importa a fé com que me aproximo do Pai para orar. Simples assim, não se deixe levar pelo sistema de mundo que às vezes enrosca tudo.

Sujeitos a paixões

Certo dia, enquanto tentava resolver um assunto delicado em relação ao segundo templo que inauguramos em 2013, dei-me conta de como era fácil voltar aos velhos hábitos de complicar a vida porque, em meio ao meu afã, o Senhor me dizia: "Elias orou, tinha paixões de homem, mas orou". Ele me disse isso várias vezes, até que pensei e disse: "Tem razão! Por que fico arrasado com esse inconveniente? Devo

---

7 Tiago 5:16.

tomar autoridade no sistema divino e orar, não devo me concentrar em minha imperfeição e em minhas fraquezas, devo apenas exercer minha fé e confiar em ti".

De fato, ao ler a Bíblia, vemos que o profeta Elias era um homem sujeito a paixões, ou seja, era impulsivo e volúvel. Poderíamos dizer, hoje em dia, que era intenso de corpo e alma Um dia, foi capaz de enfrentar mais de oitocentos profetas, e no dia seguinte, a ameaça de uma mulher fez com que ele fugisse correndo. No entanto, essas paixões irregulares e extremas não impediram que ele orasse e que sua oração fosse eficaz para que não chovesse por um tempo, e logo fazer com que chovesse de novo.[8] Ao orar, não pense que já está tudo muito bom, porque é Jesus quem aprova o que você faz e abre caminho para que você se aproxime do Pai.

Ao orar, não pense que já está tudo muito bom, porque é Jesus quem aprova o que você faz e abre o caminho para que você se aproxime do Pai.

O sistema de Adão diz que é impossível receber bênção em meio à fraqueza e com seus defeitos, porque isso faz com que você confie em suas forças, que nunca poderão ser comparadas com as de Deus. Assim, você entra em um ciclo de dúvidas e desesperança quando o que deve fazer é reconhecer humildemente sua fraqueza e demonstrar fé a todo custo. Não ore de acordo com sua consciência, mas de acordo com o amor de Deus, ou por acaso seu pecado é mais forte do que a graça de seu Pai? Claro que não!

Pedro foi o discípulo a quem Jesus mais ensinou sobre fé, humildade e obediência, com certeza porque o estava preparando para o que deveria enfrentar depois. Sabemos que, certa vez, pediu a ele que se afastasse um pouco da beira do lago para poder ensinar algumas

---

8 Tiago 5:17-18.

pessoas naquele local. Depois de Jesus compartilhar a Palavra, pediu a ele que entrasse no lago para pescar. A primeira resposta do discípulo foi motivada pelo sistema de Adão, porque ele respondeu que durante toda a noite, não tinham pescado nada, mas logo, ao que pareceu, mudou para o sistema de Deus e disse que obedeceria.

Então, Pedro tomou uma atitude, o que é importante para receber a bênção no sistema divino, e foi testemunha de uma pesca sobrenatural.[9] Acredite como Pedro e terá que pedir ajuda para levar toda a bênção que o Senhor dará a você! Porque a receberá para compartilhar com aqueles ao seu redor, e esse é outro princípio fundamental do sistema do reino de Deus.

Amor que perdoa

Depois desse milagre, Pedro se sentiu indigno e, por mais que fosse de sua natureza humana, já vimos que isso não é determinante no sistema divino porque Deus sabe que somos imperfeitos e ainda assim deseja nos abençoar. Não significa que você pode se dedicar a pecar e depois orar para receber, porque atuar no reino de Deus significa esforço para viver de acordo com Seus mandamentos, mas não devemos nos afastar de nosso Pai e pensar que ele nos castiga por sermos fracos.

Ele nos ama, nos perdoa e nos recebe de braços abertos. Isso é o que devemos compreender. Aproxime-se, reconheça que você é um ser humano com fraquezas, esforce-se para melhorar, humildemente peça perdão e não tenha medo de expressar suas necessidades com fé. Escute e acredite, deixe de procurar argumentos. Só existem dois caminhos: continue vivendo sob o sistema de Adão ou procure o reino de Deus e faça com que ele funcione como deve ser. Não busque a influência do mundo, mas, sim, a influência do Senhor para sua vida e para sua família!

---

9 Lucas 5:1-8.

Em outra ocasião, Pedro abordou Jesus quando o viu andar sobre a água. Então, Jesus simplesmente disse a ele: "Venha". Pedro obedeceu, mas com certeza sentiu medo novamente e de novo mudou o sistema e por isso começou a afundar.[10] Com certeza não é fácil decidir viver segundo um sistema completamente diferente daquele que nos rodeia; é normal que isso provoque dúvidas e temor, mas garanto que funciona. Pare de ir de um ponto a outro, decida-se a ser radical, não tenha duas atitudes. Se duvidar, você se enfraquece e sua mente volta a operar no sistema que é mais conveniente.

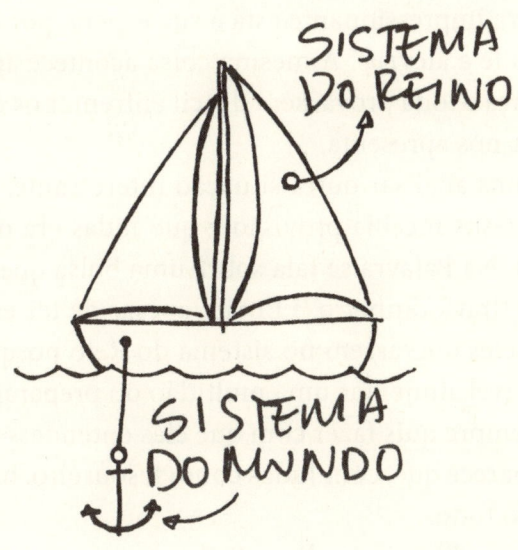

Não importa o que os outros pensem, plante para colher, seja humilde e será exaltado, peça e receberá! Volte seu olhar ao Senhor, você nasceu de novo, ele está diante de você, não peça para que Ele abençoe seu modo de ser, mas viva de acordo com o Dele. Sua vida teria mudado há muito tempo se conseguisse orar com a insistência com que você liga para a empresa com a qual espera trabalhar.

---

10 Mateus 14:22-32.

Um terceiro exemplo de Pedro aprendendo a agir no sistema de Deus é quando Jesus deu a ele a singular orientação para que fosse pescar com um anzol e tirasse da boca do peixe o dinheiro para pagar os impostos de ambos.[11] Por acaso, algo assim não parece exagerado? Era o caminho obedecer a tal ordem! Mas ao ver a multiplicação dos pães e a cura de enfermos, parece que Pedro, pouco a pouco, começou a abrir seu entendimento e fortalecer sua fé.

Nesse momento, a questão era mais delicada porque não receberia uma pesca milagrosa, mas aprenderia a se manter dentro do sistema do Senhor, que pedia que ele seguisse Sua Palavra. Era como se dissesse: "Uma aventura impressionante está à sua espera, por isso ensinarei você a viver com fé a alegria". A mesma coisa acontece agora conosco. Sem essa confiança a toda prova, será difícil enfrentar os caminhos que a vida no Senhor nos apresenta.

Aqui podemos analisar outra situação interessante. Sabemos que o ministério de Jesus recebia provisão e que Judas era o encarregado de administrá-la. Na Palavra se fala sobre uma bolsa que esse discípulo tinha da qual tirava dinheiro.[12] Então, apesar de ter esses recursos, Jesus exigia que eles operassem no sistema do Reio porque com o que tinha era impossível alimentar uma multidão ou preparar a celebração da Páscoa. Ele sempre quis fazer com que eles entendessem sobre economia divina e parece que, com Judas como tesoureiro, havia que fazer milagres o tempo todo.

Então, por que Ele não pediu a Pedro que fosse com Judas para que desse a ele dinheiro para os impostos? Gosto de pensar que também estava ensinando a Judas que não era preciso roubar para ter abundância. Se acreditássemos no sistema do reino de nosso Pai, a corrupção acabaria!

Também acredito que Jesus queria salvar a vida de Judas, já que recurso financeiro é o menos importante quando aprendemos a contar com Deus. Se você precisa de dinheiro, Ele pode lhe dar! Convença-se

---

11 Mateus 17:24-27.
12 João 12:6.

a deixar de pensar em subornos ou em fazer coisas como pedir notas em seu nome por gastos não realizados de modo a reduzir o pagamento de seus impostos. Fazer isso é viver no modo de Adão, seguir tolamente o sistema do mundo. Suas preocupações econômicas terminarão quando você viver segundo os princípios do reino de Deus.

Trabalhe confiando que o Pai pode dar tudo o que você pede com fé. Não se esforce para entender, apenas acredite e seja constante! Obedeça às instruções Dele, por mais absurdas que pareçam. Aprenda a viver em Seu sistema e passe a buscar uma moeda na boca de um peixe, faça isso porque sua bênção é a que chegará trazendo abundância. Ele salvou você e apenas Ele o sustentará e guiará até Seu reino. Declare: "Pai, quero que tudo em minha vida funcione de acordo com Seu sistema. Em Sua Palavra viverei, crescerei e servirei aos outros com amor".

3 HERDEIROS

Somos filhos por decisão, não por obrigação

Quando minha prima Yuri Cristina morreu em um acidente de carro, sua filha, Andreíta, ficou sob a guarda de sua avó, minha tia Yuri. Como era de se esperar, o trágico acontecimento foi traumático para a pequena, que, anos depois, teve que enfrentar a dor de perder sua segunda mãe. Curiosamente, minha esposa tinha se visto grávida em sonhos. Teríamos outra filha?

Nossa relação com ela sempre foi próxima, por isso, quando nossos filhos, Cashito, Juan Diego e Anita pediram: "Queremos que Andreíta viva com a gente!", e nós não pensamos duas vezes.

Herdeiros

Deus tinha tudo planejado. Cashito estava para se casar, por isso tínhamos um quarto disponível e todo o amor do mundo para dar à recém-chegada. Assim deu-se início a um processo de adaptação que envolveu a família toda, desde acomodar os horários até aprender as linguagens de amor às quais ela era receptiva. Para nós, foi uma filha desde que chegou em casa. E ela foi se acomodando pouco a pouco ao novo ambiente. Nosso maior desejo era que ela se sentisse parte de uma família que a amava e aceitava. Orávamos para que chegasse o dia em que nos pedisse para se tornar uma Luna, oficialmente. O dia chegou, mas essa história conto daqui a pouco.

Andreíta se tornou nossa filha porque nós a amamos e assim decidimos fazer. Da mesma forma, Deus planejou nossa adoção por meio de Seu Filho como um maravilhoso ato de amor. Não é a revelação mais incrível? A Escritura garante, somos filhos de Deus, herdeiros de Seu reino e coerdeiro com Jesus.[13] Sabemos que o Espírito Santo colocou Jesus no ventre de Maria[14] e Deus nos adotou, nos deu esse poder, ou seja, assinou um documento que nos dá o poder de nos sentirmos orgulhosos de nossa identidade.[15] Já ouvi irmãos dizerem, de brincadeira "Você é adotado", como forma de incomodar ou fazer o outro se sentir mal, mas no sistema do reino de Deus, ser adotado é um grande privilégio porque somos escolhidos para ser filhos.

Eu cresci sem um pai, mas esse vazio acabou no dia em que aceitei o Senhor como meu Pai. Nesse tempo, eu disse: "Não sei o que é ser obediente a um pai, nem admirá-lo ou respeitá-lo, mas agora o Senhor é meu Pai, por isso te servirei e amarei de todo coração". Tempos depois, Deus me disse: "Aceitei seu amor de filho, deixei que me amasse, agora quero que seja amado por mim, quero te dar o que um pai dá". Então, pedi ao Espírito Santo todo o bem que sabia que queria me dar. Sei que Ele deseja nos dar unção e provisão porque nos ama.

---

13 Romanos 8:15-18.
14 Lucas 1:34-35.
15 João 1:11-13.

E como herdeiros, Jesus foi insistente ao nos ensinar a pedir tudo porque dessa forma demonstramos que realmente vivemos pela fé. De fato, quando lemos a Bíblia, vemos que antes de falar da obediência aos mandamentos, fala sobre pedir para receber.[16] A alegria do Senhor está em nos dar. Lembre-se de que é você quem precisa Dele. Aproximar-se da presença Dele sem pedir é como dizer que não precisa.

Ele é glorificado quando você pede, recebe e dá testemunho disso[17], quer dar o que você pede para que você dê testemunhos de Seu amor. Lembre-se de que por causa do pecado, perdemos tudo e fomos destituídos da glória de Deus. Ao aceitarmos Jesus como Salvador, nascemos de novo e recuperamos a vida eterna, mas não o esplendor. Conseguimos recuperar a herança de glória com que fomos criados quando a pedimos. Jesus não pensou que ao ressuscitar recuperaria Sua glória, pelo contrário, explicitamente pediu em troca: "Glorifica-me com a glória que tinha antes".[18] Diferente do que aprendemos, pedir não é coisa de ser humano falho ou de pessoas imaturas, mas de filhos que confiam no amor e no cuidado de seu pai.

Troca justa

A vida é uma constante espera por alguma coisa. Sempre esperamos algo como consequência de nossas atitudes. O trabalhador pede recursos e recompensa por seu esforço, o patrão pede resultados pelo que paga, planta para colher. Não é verdade que nosso amor é incondicional. No seu casamento, você ama e é fiel porque espera a mesma coisa de seu par, e quando não consegue, sua decepção é grande. Os filhos devem amar seus pais com obediência e favores materiais. Você nunca se nega a receber o que dão porque espera como resultado do que você oferece. <u>Nós nos aproximamos do Senhor Convenção desejo</u>

---

16 João 14:13-15.
17 João 15:7-8.
18 João 17:5-7.

de receber salvação e vida, por isso, pedir é aceitar com humildade nossa necessidade humana de receber à medida que damos. Você deve ser honesto e humilde. Reconheça que precisa de seu Pai e pede com confiança porque Ele quer que você recupere tudo o que perdeu por viver de acordo com o sistema do mundo.

Em Salmo 2 vemos uma profetização da vinda de Jesus. Os versos 7 e 8 dizem: *Eu anunciarei o decreto: Jeová me disse, tu és meu filho; eu, hoje, te gerei. Pede-me e eu te darei os gentios por herança e os fins da terra por tua possessão.* Nunca se esqueça, Ele abençoou você desde que você era um embrião, e você é filho Dele. Esse assunto da fé é algo entre Pai e filhos, não é uma questão religiosa. Além disso, dá a nós a ordem de pedir. Não é uma opção, é uma ordem para recuperar toda a glória que nos foi tirada pelo pecado. É importante pedir, diz-se isso desde o dia em que nos gerou!

E esse salmo fala especificamente de pedir às nações, o que também é uma forte revelação. A palavra nações significa aqui "raças", que o hebreu original menciona como "gente", "povos". Então, o Pai está dizendo ao Filho que o plano era salvar os judeus, mas que também dará ao restante dos povos, se pedirem. Se Jesus não pedisse pelas nações, não seríamos salvos!

Seja livre para exercer sua fé, para pedir todas as coisas boas, o que precisa e aquilo com que sonha.

Pensando bem, é curiosa a relação: Jesus é filho de Deus e se tornou o filho adotivo de um homem que nós, filhos de homens, sejamos filhos adotivos de Deus. Dessa maneira, valioso é Seu sacrifício! Analisando bem, nenhum filho chama o pai pelo nome, mas diz "papai" ou "pai", e se quer alguma coisa, diz "papaizinho lindo", assim Deus deseja que o reconheçamos como Pai carinhoso.[19]

---

19 Romanos 8:15-17.

A relação é de pai e filhos que devem pedir sua herança. Se o Herdeiro pediu, os coerdeiros também devem pedir. <u>Seja livre para exercer sua fé, para pedir todas as coisas boas, o que precisa e aquilo com que sonha.</u>

Se nasceu de novo, você deve atuar no sistema do Senhor, o único que funciona, sem dúvida, ainda que algumas pessoas não compreendam. As coisas do espírito se diferenciam espiritualmente porque a mente do homem não as entende. Não sabemos explicar por que ocorrem milagres, mas é assim, porque só nos resta pedir, receber e agradecer. Suba ao reino de Deus! Viva pela fé, convencido de que é filho e teus olhos verão maravilhas!

Compreender que Deus é nosso Pai traz muitas questões doutrinais e religiosas que às vezes nos impedem de ter uma relação íntima, já que, se Ele é nosso pai, significa que nos pertence, portanto, também é nosso tudo o que Ele possui. Ou por acaso nossos filhos não estão convencidos de que é deles o que temos? De fato, eles querem o que nos pertence. Quantas vezes eles calçam nossos sapatos, ainda que fiquem grandes, e de modo geral, querem ser como somos? Eu lembro que um dia eu estava procurando meus óculos e como não os encontrei, perguntei ao meu filho mais velho se ele os tinha visto, e ele respondeu: "Sim, papai, eu os peguei porque estava brincando de ser como você".

Volto à oração do Pai Nosso porque ela oferece muitas revelações... Uma vez, enquanto eu rezava, reparei um detalhe: primeiro pedimos o pão e, depois, o perdão. Eu perguntei isso ao Senhor, pois segundo minha perspectiva, tinha que fazer o contrário, mas Deus me respondeu: "Primeiro me peça o pão e depois me peça perdão porque sou mais seu pai do que juiz". Essa verdade me encheu de confiança e me fez notar que, às vezes, ao enfrentar dificuldades econômicas, dizemos que Deus nos mandou provas, mas não é assim, já que ele não castiga seus filhos tirando deles o pão, como nós não castigamos nossos filhos negando o alimento. Você não diz a seus filhos: "Você perdeu duas aulas na escola, agora vai ficar um mês sem comer!". Nosso Pai espera que peçamos o sustento porque deseja que nunca percamos a confiança Nele. Ele quer se sentar à mesa conosco e passar um bom tempo, para depois, com amor, falar do que podemos melhorar.

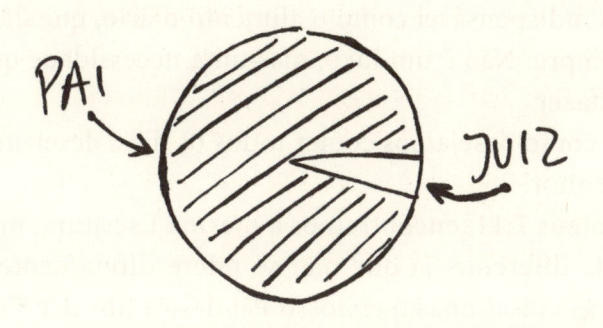

Jesus tinha um estilo de ensinar muito especial e eficiente, porque revelava verdades profundas por meio de histórias simples. Em uma das oportunidades que teve para ensinar sobre pedir, ele o fez com a parábola sobre alguém que chegou à meia-noite pedindo pão a um amigo para poder dar comida a seus convidados. O fornecedor do pão não viu isso com bons olhos, mas, no fim das contas, concordou. Depois, Jesus falou de Deus como nosso Pai que deseja nos dar ao Espírito Santo, e fará isso sem protestar nem se incomodar.[20]

A comparação é interessante porque demonstra a diferença entre um pai e um amigo. Sabemos que podemos ter muitos amigos, mas pai, só um. Isso é algo que os jovens precisam compreender para ter dimensão do enorme amor e preocupação de sua família, que os educa para que tenham uma vida boa, diferentemente de alguns amigos, que só procurarão se divertir com eles. Assim, os pais devem dizer a seus filhos: "Não sou mais um amigo seu, sou seu único pai".

---

20 Lucas 11:5-13.

Além disso, é importante descobrir nessa mesma Escritura a metáfora do Espírito Santo na análise que Jesus faz a respeito dos pais que dão pão, peixe e ovos a seus filhos. Dessa maneira, está comparando com o sustento – o que dá energia a nosso corpo: proteínas, carboidratos e gorduras –, e faz para ensinar a nós que a presença do Espírito Santo é tão indispensável como o alimento diário, que devemos pedir e buscar sempre. Não é um luxo, mas uma necessidade que nosso Pai deseja satisfazer.

Assim como desejamos comer todos os dias, desejamos ter a presença do Senhor!

Em Mateus 7:11, encontramos a mesma Escritura, mas com final ligeiramente diferente, já que não se refere diretamente ao Espírito Santo, mas às coisas boas que nosso Pai deseja nos dar. Por que existe essa diferença? A explicação é que ambos evangelistas escreveram a mesma verdade de perspectivas diferentes, enfatizando algo particular. Isso acontece entre o texto de Mateus, Lucas e Marcos, os chamados Evangelhos sinópticos, característica que nos enriquece muito. Nesse caso em especial, o ensinamento é que nosso Pai nos dará Seu presente maior, o Espírito Santo, e todas as coisas boas que pedirmos. Promessa maravilhosa!

Além disso, ele previu as contradições que procuraríamos ao ler Sua Palavra, pois não é uma blasfêmia pedir a nosso Pai e pensar que ele nos dará coisas boas; qualquer conflito teológico ou religioso acaba com essa verdade. Ele se ocupa de Seus filhos em todas as áreas, porque somos corpo, alma e espírito. Por isso nos dá o Espírito Santo e tudo de que mais precisamos na vida. Acredite e peça com confiança!

Quando recebemos Jesus em nosso coração, começamos uma vida nova e a Palavra de Deus se transforma na promessa eterna que nos guia porque permanece para sempre.[21] Receba Seu amor para que seja Seu filho legítimo por meio da adoção do Espírito Santo. Deus não

---

21 1 Pedro 1:23.

Herdeiros

quer forçar um lugar como pai, Ele deseja que você o escolha e o aceite como tal. A decisão é sua. Exerça seus direitos como filho e herdeiro. Ame-o, honre-o, creia Nele, peça e permita que ele dê a você proteção e provisão sem medida.

II

STAR WARS

Capítulo 4   **Mais do que vencedores**
Capítulo 5   **A melhor arma**
Capítulo 6   **Todo poder**
Capítulo 7   **Não menospreze seu caminho**

"Que a força esteja com você!", disse o mestre Yoda a Luke Skywalker, depois de prepará-lo para a batalha, como havia feito anos antes com seu pai. Acredito que essa é uma das frases mais famosas na história do cinema.

É provável que 85% dos seres humanos entre 7 e 90 anos tenham ideia do significado dessa frase e que saibam que no contexto em que é dita significa algo como "Que Deus te abençoe!". Claro, isso se refere ao primeiro episódio de *Star Wars*, saga épica que marcou mais de uma geração. Podemos lembrar dessa frase sendo dita por Obi-Wan Kenobi, Qui-Gon Jinn, Padme, a princesa Leia, Han Solo, os cavaleiros da Ordem Jedi e até lembramos dela sendo dita pelo Supremo Chanceler da República Galáctica.

Nessa série de ficção científica, a "Força" é um poderoso campo de energia onipresente em todo o universo, que é possível controlar com aprendizado e disciplina para utilizá-la em favor da justiça e da paz. No entanto, também tem um lado escuro utilizado para o mal e guiado pela ira, pelo medo e pelo ódio. Parece familiar? Parece que há uma razão em falar da fé que move o mundo e em afirmar que todos acreditamos em algo e em alguém, a única diferença está em quem acreditamos e como usamos essa fé.

De fato, outra frase emblemática do primeiro filme (Episódio IV), cuja estreia foi em 1977, é aquela dita por Darth Vader, o antagonista por excelência, cavaleiro jedi com enorme poder que se deixou seduzir pelo lado sombrio: "Sua falta de fé me incomoda". Sim, ele disse isso a um dos tenentes do Império Galáctico que o desafiou a assegurar a ele que o poder da Força não se comparava com o poder destruidor da Estrela da Morte, a estação bélica mais sofisticada já criada até esse momento, símbolo do poder do Império.

Vader se enfureceu a tal ponto que começou a estrangulá-lo, valendo-se da psicocinese, como era seu costume. Ele tinha uma fé cega na Força, essa energia invisível, mas real. Apesar de sua forte transformação para o mal, produto de grandes decepções e dor (incluindo a morte de sua amada esposa), o vilão sabia que nada no universo era capaz de reconstruir ou destruir de forma tão radical como a Força.

Ironicamente, ele compartilhava da mesma fé que os jedis. Minha teoria é que ele continuava sendo um jedi, apesar das atrocidades que já tinha cometido desde que havia se unido ao Lado Sombrio. Eu tenho certeza de que haverá redenção a seu espírito atribulado. Ainda que a história não aponte a um desenrolar da saga no qual o bem vença, com essa frase, Darth Vader se transformou em um de meus heróis da fé, totalmente convencido de que nada criado pelo homem era mais forte do que essa força sobrenatural que havia conseguido dominar como um maestro. Claro que meu personagem preferido é Han Solo; pois apesar de sua motivação não ser tão elevada como a luta pela República, ele também é um herói. Além disso, é quem, afinal, fica com a princesa. Nós nos transformamos em heróis e fazemos proezas quando a fé em Deus se transforma na força que nos motiva, que nos sustenta e nos faz avançar, inclusive em meio à guerra das galáxias.

4 MAIS DO QUE VENCEDORES

Poderíamos enfrentar dificuldade, mas a fé e a obediência nos garantiriam a vitória que Jesus já conseguiu por nós.

Não sei muito sobre muitas coisas, mas adoro aprender, descobrir e conhecer. Uma tarde, recebi uma mensagem de texto de um amigo fanático por arte que, emocionado, comentava: "Pode acreditar que Joaquín Sabina publicou um livro com seus desenhos!". Como eu não sabia do que ele falava, escutei atentamente e a notícia me encantou.

Acontece que, em 2016, foi à venda uma obra de arte singular (de apenas 4998 exemplares) que tem desenhos de Joaquín Sabina; sim, o famoso poeta e trovador espanhol. Ele mesmo disse em uma entrevista que não acredita ser um pintor nem desenhista, que seus desenhos são expressões pessoais e que nunca teve a intenção de publicá-los, portanto, ficou surpreso ao ver que um editora se interessou por eles e que produziu uma obra tão maravilhosa e delicada. No entanto, os desenhos não deixam dúvida do talento gráfico de Sabina. Quem ama sua poesia traduzida em canções, como meu amigo, com os olhos fechados embarcaria na aventura de motivá-lo em sua faceta de pintor.

Se tem fé no artista, tem fé em sua criação. Parece lógico, não? Se dizemos acreditar em alguém, significa que acreditamos no que ele faz. Então, se dizemos crer em Deus, por que não teríamos fé em Sua criação? Se tudo o que fez é bom, mais ainda somos nós, os seres a quem Ele fez de acordo com Sua imagem e semelhança e adotou como filhos. Portanto, nossa fé em Deus deve se refletir na confiança em nós mesmos, nas habilidades e destrezas que nos deu de presente e que, unidas a Sua graça, são a combinação perfeita para obter proezas.

Se tem fé no artista, tem fé em sua criação.

Certa vez, um menino levou à mãe um bilhete da escola. O menino observou a mãe abrir o envelope, pegar o bilhete e lê-lo com os olhos cheios de lágrimas. Então, ela, ao notar a ansiedade nos olhos do menino, leu o bilhete em voz alta: "Seu filho é um gênio, essa escola é muito pequena para ele, e não temos bons professores para lecionar para ele. Por favor, responsabilize-se pelo ensino dele".

Muitos anos depois, quando a mãe morreu, o filho que obviamente era um homem, encontrou o bilhete entre algumas coisas velhas da família. Ele pegou o bilhete e leu: "Seu filho está mentalmente doente e não podemos permitir que ele continue frequentando a escola, por isso, responsabilize-se pelo ensino dele". O homem chorou durante horas ao ver a realidade que tinha marcado sua vida de forma diferente, mas que não o afetou, graças à fé que sua mãe teve nele quando era apenas um menino. Então, escreveu em seu diário: "Thomas Alva

Edison foi um menino mentalmente doente, mas graças a sua mãe heroica, ele se tornou um gênio do século".

Deus tem essa mesma fé em nós! Por isso, não existe motivo para você menosprezar ou escutar as vozes do mundo que tentam diminuir sua força. Ele conhece você, é seu Criador, sabe qual é seu potencial e o que você é capaz de conseguir. Portanto, você não tem direito a duvidar de si mesmo. Acredite em teu Criador porque Suas obras são boas e sempre têm um propósito. Viver pela fé é se alinhar ao pensamento de Deus e aceitar o caminho que significa que fomos preparados para alcançar grandes objetivos. Simples assim. Creia Nele e em si mesmo!

Além disso, na vida, enfrentamos muitas batalhas que exigem que tenhamos fé no que somos capazes de conseguir. E de certo modo, gosto de pensar que nossas batalhas estão preparadas porque Jesus já nos deu a vitória. Ele venceu o pecado e a morte, pois, segundo Sua promessa, somos mais do que vencedores. Ele lutou a batalha e ganhou, então nós recebemos o benefício sem termos morrido na cruz. É como um boxeador que recebe os golpes no ringue, ganha o título por nocaute e entrega o cheque do prêmio a sua esposa. O atleta derrotou seu adversário, mas sua esposa é mais vencedora porque obtem a recompensa sem lutar.

Como acontece no filme *A luta pela esperança*, no qual o boxeador Jim Braddock recebia fortes surras no ringue para que sua esposa não tivesse a necessidade de deixar de cuidar dos filhos para trabalhar. Braddock lutava e ganhava para que sua família ficasse bem. Eles recebiam a vitória pela graça do pai. Na vida real, essa vitória que recebemos de graça se compara com a situação de nossos filhos, a quem tornamos mais do que vencedores porque damos a eles a oportunidade de estudar sem terem que trabalhar. Nós nos esforçamos por eles, para abrir o caminho deles para boas oportunidades. Lutamos e obtemos os recursos para que possam receber os benefícios. Generoso e misericordioso dessa maneira é o Senhor, porque confia em nós, Seus filhos!

Como podemos identificar alguém que é mais do que vencedor? Quando vemos a pessoa de mãos dadas com o Senhor sem importar o que vai enfrentar, seja bom ou ruim. Porque alguns só se aproximam de Deus quando estão mal – a ponto de se divorciar ou em falência, por exemplo – e se distanciam quando tudo começa a melhorar. Alguns jovens solteiros deixam de servir na igreja quando encontram um namorado. Saber se o namoro está respaldado por Deus é fácil se você se aproximar mais Dele, porque tudo o que distancia você do Senhor transforma você em um perdedor. Também há quem esteja perto do Senhor e se afasta quando algo não vai bem, quando, na realidade, nada deveria nos separar do amor de Deus.[22]

O Senhor garante, já vencemos o inimigo![23] Então, por que às vezes permitimos que nos derrote? Porque no fundo, no fundo, não aceitamos essa vitória. Quando realmente confiamos, as vitórias se manifestam em todas as áreas de nossa vida, mas se confiarmos apenas em nossa força, não conseguimos vencer.

Já entendemos que Deus criou Adão com domínio, autoridade e vitória[24], mas ao desobedecer, ele perdeu o que tinha recebido. No entanto, já fomos redimidos pelo sangue de Cristo e graças a Ele recuperamos a autoridade. O problema é que quando pecamos, sofremos o dano adicional da perda de confiança em nossa identidade e capacidade de superar os erros, além de enfrentar os problemas familiares e financeiros. Porque quando caímos em tentação desperdiçamos nossos recursos e nos afastamos do amor de quem se preocupa conosco.

Você tem algum vício e gasta seu dinheiro para mantê-lo, mas depois enfrenta dificuldades com sua esposa e seus filhos: esses são danos adicionais. Ao sofrer de uma doença, o dano adicional é o pouco rendimento no trabalho e a despesa com a compra de remédios. Se analisarmos por outro ponto de vista, entregar a vida a Jesus tem muitos benefícios adicionais, porque ao deixar os vícios, podemos oferecer uma vida mais cômoda à nossa família, e as relações melhoram.

---

22 Romanos 8:35-39.
23 1 João 2:13-14.
24 Gênesis 1:28.

Se você se dedica a sua esposa e não anda "procurando briga", sobram tempo, recursos e paz.

Quando você se desvia e comete erros, perde a confiança para agir, trabalhar e se relacionar. Assim que passa a confiar no Senhor, aceita a redenção oferecida que lhe devolve o domínio sobre o inimigo que deseja ver sua derrota. Às vezes pode parecer meio fantasioso falar do diabo como um inimigo, mas é isso mesmo. Por favor, desculpe-me se ao abordar o assunto, você se sente um pouco desconfortável por não estar familiarizado com isso, mas se desejamos caminhar pela fé, devemos abrir nossos olhos espirituais.

Jesus, o segundo Adão, veio nos salvar e provocou nosso nascimento espiritual. Nessa nova vida, já vimos que recuperamos a autoridade perdida, porque Ele tem todo poder sobre o céu e sobre a terra[25], por isso agora você pode vencer porque tem autoridade! Veja a si mesmo como vencedor, recupere sua confiança em Jesus e a vitória Dele será sua também. Ter fé em Deus significa ter fé no que pode conseguir porque Ele já deu a você tudo para alcançar a plenitude.

Seu conflito está resolvido

Na Bíblia, lemos sobre a conquista da terra prometida depois de o povo de Israel caminhar por quarenta anos no deserto. Uma das primeiras cidades a conquistar era Jericó, rodeada por enormes muros que pareciam impossíveis de derrubar. No entanto, Deus disse a Josué, sucessor de Moisés, que já a havia entregado nas mãos de Seu povo e deu instruções precisas.[26] Há portas em sua vida que estavam fechadas, mas o Senhor disse que estão para cair os muros e você entrará onde não era possível. Confie e obedeça as instruções de Deus porque Ele já organizou sua vitória, assim como dispôs de tudo para que Seu povo conquistasse Jericó.

---

25 Mateus 28:18-20.
26 Josué 6:1-4.

A instrução que Josué recebeu não foi de empunhar as espadas e lutar, mas, sim, de dar sete voltas na cidade. Talvez fossem orientações um pouco estranhas para alguém que esperava lutar, já que rodear a cidade e tocar as trombetas durante sete dias não era exatamente a ideia de uma batalha, mas ao obedecer, demonstraram que nada os separava da fé em Deus. Devemos fazer a mesma coisa agora. Obedeça sempre a seu Pai e em um dia conseguirá o que antes conseguia em sete. Mas a primeira coisa a se fazer é reforçar sua fé.

Às vezes, você pensa que seu esforço não vale a pena, você se cansa, pensa que perdoar, amar e abençoar não dão resultados, mas não desanime. Muitas vezes é preciso fazer sete vezes mais o que pensa ser suficiente para receber o que Deus quer dar a você. Ele está convencido de sua vitória, mas você também precisa estar. No meio da batalha, de nada adianta que o general do exército saiba o que fazer e dê as instruções se os soldados não confiam em sua capacidade e não obedecem. A cada volta que os israelitas davam ao redor de Jericó, Deus com certeza dizia: "Estou vendo que estão quase convencidos, mas preciso ter certeza absoluta". No sétimo dia, quando mandou que eles dessem sete voltas, com certeza disse: "Agora é o momento, nada nos separa da fé que desejo ver neles, está na hora de derrubar os muros".

Ele está convencido de sua vitória, mas você também precisa estar.

O que vence o mundo é a nossa fé. Se as circunstâncias te derrubaram, levante-se vitorioso porque no Senhor nada pode te destruir. Somente a fé pode dar a você o valor para fazer o que Deus mandará, porque os muros caíram pelo poder do Senhor, não pelas voltas que o povo deu. Faz o que manda a Palavra Dele e deixe que Ele faça o resto.

Nunca destruídos

Em meio às dificuldades aprendemos a diferenciar o externo do interno. Claro que poderíamos estar atribulados em tudo, em apuros, perseguidos e derrubados, mas notemos que tudo isso são sinais externos, porque ver-se derrubado e sentir-se derrubado não são as mesmas coisas. No entanto, nossa fé na vitória que já temos faz com que, apesar de todas as coisas negativas, não estejamos angustiados, desesperados, desamparados nem destruídos.[27]

No primeiro filme de *Rocky*, a saga que tornou Sylvester Stallone famoso, vemos um jovem boxeador, apaixonado e inexperiente, no caminho do êxito. No fim do filme, ele luta contra Apollo Creed, o grande campeão, e durante um combate sangrento que nos emociona até hoje, muitos anos depois, vemos como os dois boxeadores caem nocauteados várias vezes, mas não se dão por vencidos. No fim, Apollo ganha a disputa de modo acirrado, o que realmente é um triunfo para o adversário, que se viu em apuros, perseguido e derrubado, todos os sinais externos eram negativos e dolorosos, sem nenhuma dúvida, mas nunca se sentiu derrotado nem destruído, ao contrário, apesar de todos os danos físicos, a vitória foi sua, superou o medo de fracassar, ganhou o respeito de quem não confiava nele e as portas se abriram para que ele conseguisse uma proeza sem precedentes. A mesma coisa acontece conosco: podemos estar derrubados, mas nunca destruídos, podemos ser perseguidos, mas nunca estaremos desamparados. Nosso Pai e treinador nos preparou para que nenhum inimigo possa nos derrubar, a única coisa que devemos fazer é subir no ringue e lutar.

A angústia e a falta de paz interior, o desespero de pensar que não podemos sair do problema e o desamparo de nos sentirmos abandonados sem ajuda nunca serão uma realidade em nosso coração se afirmarmos várias vezes que nada pode nos destruir, ainda que tropecemos e sejamos derrubados.

---

27 2 Coríntios 4:7-9.

Não é por vista

```
         E ≠ I
ATRIBULADOS | ANGUSTIADOS
EM APUROS   | DESESPERADOS
PERSEGUIDOS | DESTRUÍDOS
DERRUBADOS  |
```

    Utilize sua fé para atacar as coisas ruins que acontecem e para fazer com que o bom que Deus promete aconteça, não o contrário. O Senhor nos deu o presente da fé para que confiemos no que podemos conseguir com Sua ajuda, porque nos fez fortes para podermos ser eficientes em tudo o que fizermos.[28] Faça o que se propõe a fazer se acredita no que Deus deu a você. Tudo começa com esse ato de fé que deve sustentar sua vida. Seus sonhos se realizarão quando você agir como um filho que confia em seu Pai e nas habilidades que recebeu.

---

28 Romanos 12:3.

5 A MELHOR ARMA

Colocar em prática nossa fé exige decisão, caráter e valor.

Em uma guerra, dizem que de nada servem as armas se não as soubermos usar. A mesma coisa acontece no plano espiritual, já que de nada adianta dizer que temos a força para enfrentar as situações e fazer com que seus planos se cumpram. Por que não se animou a desenvolver esse negócio que tem em mente? Se você afirma ter fé que o Senhor proverá seu sustento, deve dar o passo para a construção do futuro que Ele prometeu. Posso afirmar que às vezes nossa covardia se disfarça dessa espiritualidade que procura muitas confirmações de Deus para se animar a agir. De que mais você precisa para se casar depois de tantos anos de namoro? A Palavra diz que os violentos vencem as promessas, ou seja, que os decididos e empreendedores, os que colocam mãos à sobra, são aqueles que alcançam a vitória.

Já lemos muitas vezes o que Hebreus 11 nos ensina, mas é importante rever vários aspectos que nos falam sobre a fé. Primeiro, lemos que Deus é galardoador dos que o buscam, assim, uma forma de mostrarmos que o buscamos é alcançar esses galardões. Na nossa relação com Deus existem dois testemunhos: o nosso, que fala sobre o que Ele fez, e o Seu, que fala do que Ele viu e do que gosta. No caso de Abel, sabemos que Deus dá um bom testemunho de sua oferenda porque foi excelente. A mesma coisa acontece com os homens e com as mulheres sobre quem fala Hebreus 11; é o testemunho do Senhor sobre a fé e sobre o valor das pessoas que seus galardões conseguiram.[29]

Nossa fé deve se refletir em todos os aspectos da vida: no trabalho, na família, no ministério, no matrimônio, no empreendimento, na saúde, nos amigos... em tudo! Nosso testemunho de fé deve ser integral para que o testemunho de Deus também seja, porque Sua graça engloba todo o nosso ser, não somente nosso espírito. Por exemplo, quando você entrega sua vida ao serviço do nosso Pai e o honra sempre, encontrará em seu caminho pessoas que digam: "Não sei por que, mas quero fazer negócios com você". A bênção de Deus é Seu testemunho a partir do nosso, produto da valentia e da coragem de viver segundo a fé que Ele coloca em nós.

É incrível a quantidade de vezes que a Bíblia nos garante que o justo vive por sua fé[30], pois a fé não apenas nos garante a vida eterna, mas também é a chave para uma vida terrena plena. É fácil dizer que ao aceitar Jesus como Senhor e Salvador, garante-se seu espaço junto a Ele quando morrer, mas é difícil declarar a fé naquilo que Deus prometeu que você conseguirá em terra, pois teria que demonstrar com atitudes e obras. No entanto, essa é a confiança que devemos tornar realidade, já que é a única forma de agradar a Deus.

---

29 Hebreus 11:1-11.
30 Habacuque 2:4.

Todos os dias de sua vida, você deve demonstrar sua fé, não somente quando recebe o aumento que estava esperando, mas também quando o dia amanhece nublado e você não sente vontade de levantar da cama.

Hebreus 11 nos fala de Noé, que alcançou justiça ao construir a arca pela fé. Agora, muitos poderiam dizer que teriam participado, mas realmente é difícil saber se não são capazes de enfrentar as dificuldades e caminho do dia a dia. Antes de garantir que teria acreditado no louco construtor de um barco enorme quando ninguém sabia o que A palavra chuva significava, demonstre que é capaz de se arriscar a crer por sua felicidade e sucesso, essas são as proezas que você deve alcançar agora.

Veja a fé de Abraão ao pegar sua esposa e sair de sua terra sem saber para onde seu amor por Deus levaria! E nós, às vezes, caímos em forte depressão quando passamos um mês sem trabalho e clamamos desesperados: "Deus me abandonou!". Onde está a fé que te levanta e faz com que bata à porta até conseguir o que deseja? O problema não é dizer que temos fé, mas, sim, usá-la quando ocorrem as dificuldades, porque em meio à tribulação e ao desafio é que colocamos à prova nossas convicções e as ativamos para atingir maravilhas.

A fé é um estilo de vida

E o que acontece se você chegar ao fim de seus dias sem ter recebido o que Deus prometeu? Assim como Abraão, Isaque, Jacó e José, proclame sua descendência que verá cumpridas as promessas, porque Deus é fiel e não mente.[31] A fé é a melhor herança para seus filhos, ela faz com que você viva de modo esperançoso, renunciando a viver sem propósito, porque não ter expectativas é como estar morto. Viver pela fé é desfrutar do presente e do futuro que construímos com otimismo.

---

31 Hebreus 11:12-13.

Quem realmente tem fé pensa e fala do que espera e do que receberá com seu esforço e confiança em Deus. Abraão, por exemplo, foi capaz de oferecer Isaque, seu filho, em sacrifício porque sabia que Deus trabalharia para cumprir Sua promessa. Os heróis da fé nos ensinam a não perder tempo pensando no passado, mas nos projetando ao futuro. Lute pelo que vem, porque o que vem será melhor!

Viver pela fé é desfrutar do presente e do futuro que construímos com otimismo.

Outra questão determinante para viver pela fé é a valentia. Quantas vezes o Senhor nos disse para não termos medo? Se contarmos na Bíblia, são cerca de 365 vezes. Poderíamos dizer que Ele praticamente disse isso uma vez a cada dia do ano para que, quando despertarmos, nos lembremos, e para que isso faça parte dessa declaração que afasta o temor.

A que Deus se refere quando fala de galardões? Não se refere apenas a casas materiais. As pessoas pensam em casas e posses, mas Deus nos pede para ir além. Sua provisão é, a todo nível, espiritual, física, emocional e material.

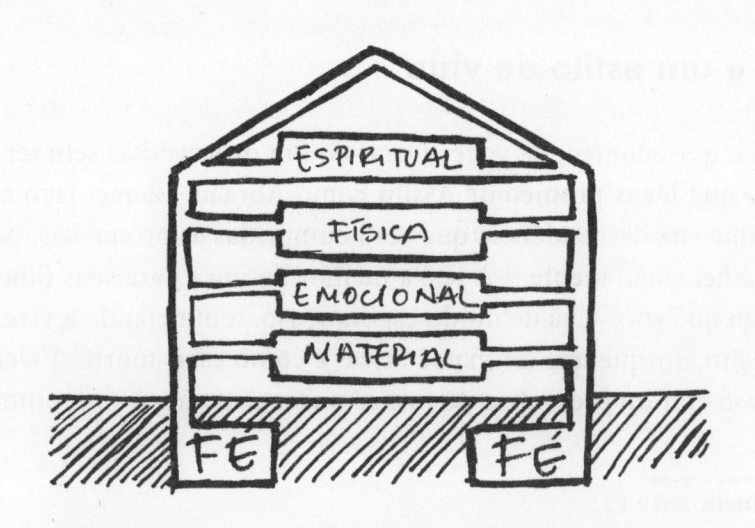

A melhor arma

De nada adianta ter todo o dinheiro do mundo se for fruto do pecado e da falta de fé. Além disso, a fé nos difere de quem tenta fazer as mesmas proezas, mas que se afogará, como aconteceu com os egípcios quando tentaram atravessar o Mar Vermelho perseguindo os israelitas.

Somos filhos de Deus e Seu poder nos sustentará sempre se vivermos pela fé, já que Ele promete que não seremos zombados. Não duvide, se for necessário, você será capaz de abrir as águas e caminhar em terra seca ou caminhar sobre a água!

Com a cabeça no lugar

Inclusive Raabe, que a Palavra diz ter sido uma prostituta[32], recebeu galardão por sua fé, já que Deus dá testemunho dela em Hebreus 11, o livro do Novo Testamento. Ela acreditou no Deus dos israelitas e os ajudou a conquistar Jericó. Eu tinha conflito com a palavra rameira na Bíblia porque já tinha sido justificada pela fé, mas o Senhor me disse: "É um exemplo para que você veja que todo mundo pode conseguir, não há desculpa, a fé é o que faz deles justos diante de mim, não suas obras". Então, a mensagem ficou muito clara para mim.

Ela acreditou e ajudou os israelitas, porque viver pela fé exige valor e coragem. Como dizemos em muitos países, é preciso ter "a cabeça no lugar", porque não é fácil. Deixar tudo, como fizeram Abraão e Moisés, exige muita decisão. Você não se atreveu a empreender esse negócio por falta de firmeza e por orgulho, porque não acredita em suas capacidades e no respaldo de teu Pai; se duvidar, pergunte: "O que as pessoas dirão se eu falhar, o que vão pensar?". Usar a fé implica aceitar que não devemos a nosso Pai, que Ele tem a última palavra e nos ajudará porque quer o melhor para nós.

Quando o povo de Israel era escravo no Egito, todos sabiam que Deus os libertaria, mas apenas um deles, Moisés, teve a cabeça no lugar

---

32 Hebreus 11:30-40.

para se colocar diante do faraó. Claro que o valor veio de Deus porque lembremos que Moisés inclusive tinha fugido depois de matar um egípcio, mas em meio a essa situação, que de nenhuma maneira parecia ter um bom final, tudo acabou bem. Em sua natureza, aquele homem não poderia ter feito nada, mas com a graça e poder de Deus foi possível que ele vencesse seus temores e enfrentasse grande designação.

Também vemos que Noé teve fé para obedecer à ordem de Deus, mas foi a valentia que fez com que ele construísse a arca, apesar das zombarias das pessoas. Davi teve fé e cabeça no lugar para enfrentar Golias. Em nenhum momento a tarefa foi simples, mas foi possível realizá-la.

Quando a Bíblia diz que o reino de Deus sofre violência e os violentos o destroem, refere-se a quem tem coragem e luta para receber aquilo em que acreditam. Jacó, o filho de Isaque, neto de Abraão, teve fé e também a cabeça no lugar para lutar até o amanhecer com o anjo do Senhor para ser abençoado.[33]

---

33 Gênesis 32:26-29.

6 TODO PODER

O Senhor nos deu poder para vencer o inimigo e abençoar os outros.

Na Casa de Deus construímos dois templos, ambos perto da cidade de Guatemala, na região que o Senhor nos indicou. As duas construções foram projetos enormes, não apenas pela crise econômica, mas também pelas críticas que tivemos que enfrentar, especialmente porque nos esforçamos para fazer tudo com excelência, o que significa buscar o melhor em design, materiais e insumos. Por que construir desse modo em um país onde há tanta necessidade? De onde saem os recursos para tais projetos? Por acaso Deus não nos pede para sermos humildes? Essas são algumas das perguntas e cada um tem uma resposta específica, ainda que a resposta geral seja que ambas as obras são produto da crença no Senhor e na obediência a suas instruções.

Não foram projetos desenvolvidos de acordo com os recursos que tínhamos, mas, sim, de acordo com a fé no que Deus nos indicou. Para alguém é lógico crer em Deus por uma casa para sua família; igualmente lógico é que acreditemos por uma casa para Ele. Alguns perguntaram por que fazer a casa, e nós perguntamos por que não fazê-la. Alguém deve acreditar que é possível conseguir a excelência em países como a Guatemala. Todos devemos acreditar que somos capazes de nos tornarmos heróis quando chegarem os desafios.

<u>Além disso, se Deus nos deu um espaço tão perfeito e bonito, é nossa responsabilidade utilizá-lo bem e construir obras que dignifiquem e honrem a Sua criação.</u> Nosso Senhor fez tudo com excelência e nós, Seus filhos, não podemos fazer outra coisa que não seja imitá-lo.

O que mais me emociona é que exatamente em um país "em vias de desenvolvimento", obras como essa não apenas são fontes de trabalho e desenvolvimento social, como um testemunho do cuidado e provisão de Deus. Se nosso Senhor pôde erguer esse ministério que teve início com a visão que colocou em mim, um guatemalteco como qualquer um, sem nenhuma dúvida, Ele erguerá você se você acreditar, obedecer e desenvolver seu potencial. Porque Ele deu a cada um a capacidade e a medida de fé para alcançar proezas.

No entanto, é comum pensar que ao falar de fé nós nos referimos apenas ao plano espiritual, quando deve impactar todas as áreas de nossa vida. Ou somos espíritos sem corpo? Claro que não! Somos seres de carne e osso que vivem em um mundo corpóreo e material. Claro que apesar de viver em uma realidade natural, nós nos orientamos por leis sobrenaturais, mas isso não significa que estejamos alheio à dimensão física que nosso Pai nos deu, porque Ele é Senhor dos céus e também da terra.

Parece complicado? Realmente não é, só é questão de mergulharmos na Palavra e descobrir a bênção integral que Ele deseja para nós. Sabemos que Deus tem poder no céu e na terra; também sabemos que somos filhos e Seus embaixadores[34] por mais que às vezes o vejamos longe, sentado em uma nuvem, espectador dos seres que criou. Ao ler Sua Palavra, vemos que as coisas não são assim! Porque todo o tempo, Ele nos fala dos assuntos terrenos; Jesus não só veio para nos dar a bênção da vida eterna, mas também nos deu vida e em abundância. Ele quer que sejamos Seus testemunhos; nossa existência na terra não é apenas um passo para a eternidade, temos um propósito, um tempo que devemos aproveitar e desfrutar. É importante abrirmos os olhos e compreendermos essas duas dimensões – a terrena e a espiritual –, porque nossa fé deve nos sustentar em ambas. Existe um aqui e um agora assim como há um futuro eterno, ambos cenários recebem o impacto de nossa fé porque Sua promessa é nos acompanhar sempre até o fim.

Então, ao aceitar o poder de nosso Pai sobre todas as coisas espirituais e materiais, naturais e sobrenaturais, podemos assegurar que estamos prontos para aproveitar nossa vida terrena e disfrutar da vida eterna conforma a vontade de Deus, que é boa, agradável e perfeita. Devemos nos visualizar dessa forma porque às vezes pensamos que viemos ao mundo para sofrer e para ganharmos o direito de viver no paraíso quando, finalmente, Deus nos levar com Ele. Essa perspectiva altera nossa visão de fé, nos limita para buscar a bênção em tudo o que fazemos. O pior é que criticamos quem se esforça para obter êxito, porque "são carnais ou se concentram nos bens terrenos", quando sabemos que nosso Pai é bom e quer que prosperemos em tudo. Claro que essa prosperidade não se refere exclusivamente à área econômica, mas é integral, ou seja, o Senhor procura que colhamos bons frutos espirituais, familiares, afetivos, profissionais, ministeriais e financeiros, sempre ligados a Seus ensinamentos. Ele deseja o melhor para nós e espera que lutemos para alcançar tudo o que Ele deseja nos dar.

Portanto, vale a pena analisar um pouco essa questão do natural e do sobrenatural que nos rodeia. Quando, nas Escrituras, vemos Jesus caminhar sobre a água[35], de fato estamos diante de dois milagres: o de

---

34 Mateus 28:18-20.

35 Mateus 8:23.

avançar sobre uma superfície líquida e o milagre da água em si, já que é um elemento natural criado sobrenaturalmente. Ao ler a Bíblia, vemos que Jesus pôde atuar com poder porque sabia que tinha poder no céu e na terra, por isso, em algum momento disse que se os apóstolos não dessem glória a Deus, as pedras fariam isso.[36] Jesus amaldiçoou a figueira e esta se secou, ele colou a orelha de um homem, ressuscitou mortos, transformou água em vinho... tudo isso porque tinha autoridade na terra; mas também expulsou demônios porque tinha autoridade no céu. Por acaso não disse que tudo o que prendêssemos e soltássemos na terra seria preso e solto no céu?[37] Não menospreze sua posição privilegiada nem ceda poder ao inimigo vencido. Devemos nos manifestar com poder sobre o que há na terra e sobre o que há no céu.

Quando entraremos nessa dimensão de fé que nos dá confiança em nossas capacidades e nos dá a liberdade que Deus deseja para nós? Não se concentre no temor, é claro que o diabo é nosso inimigo, mas concentre-se em afirmar que você é mais poderoso. Lembre-se de que a melhor defesa é o ataque e aja como Jesus, a quem os demônios pediam para que não os atormentasse.[38] Nós somos bênção na terra, devemos libertar e levar as promessas do Senhor a toda criatura.

O cúmulo é que os demônios, habitantes do mundo espiritual, reconheciam a grandeza de Jesus mais do que alguns humanos. Eles diziam: "Sabemos quem tu és".[39] Por que isso acontecia? Porque Jesus deveria se revelar aos seres humanos, já que é preciso que tenhamos fé para que Ele se manifeste com poder. Somente ao conhecê-lo e reconhecer Sua natureza é possível amá-lo, honrá-lo, adorá-lo e servi-lo.

<u>Nossa fé se fundamenta na Palavra e no poder de Deus</u>. O ensinamento de Jesus não é só de palavras, mas também de fatos, de domínio sobre tudo. Ele não apenas dizia que era Filho de Deus, como também demonstrou para que não restasse dúvida, mas agora a

---

36 Lucas 19:40.
37 Mateus 16:19.
38 Mateus 8:28-34.
39 Marcos 1:23-27.

sabedoria dos homens é usada para negar Seu poder. Que grande erro! Até quando negaremos o que é evidente? Se o Espírito Santo desce e toma as pessoas, alguns cientistas explicarão que se trata de uma histeria coletiva no afã de dar lógica ao sobrenatural, quando o melhor é receber e dar graças pelo lindo presente que Deus nos dá. Não seríamos discípulos sem demonstrações do poder de Deus, por isso, o apóstolo Paulo dizia que sua pregação não foi com palavras de persuasão nem sabedoria humana, mas, sim, com demonstração do Espírito e do poder do Senhor.[40]

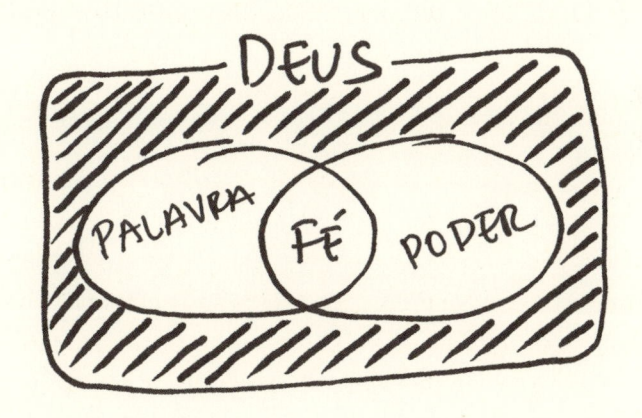

(diagrama: DEUS — PALAVRA / FÉ / PODER)

Esse glorioso Evangelho e Seu poder se tornarão visíveis a todos os seres! Quando nos dispusermos a trabalhar em nome do Senhor, vamos nos maravilhar, assim como aconteceu com os discípulos de Jesus.[41] Temos poder para destruir o inimigo, poder sobre todos os principados das trevas e sobre toda a doença e opressão porque o poder de Deus está em nós pela unção do Espírito Santo; portanto, dispor mãos para sanar e libertar deve ser algo natural para nós.

Receberemos sinais e talentos quando estivermos convencidos de nosso poder no nome de Jesus. Nossa fé será visível, mas o primeiro

---

40 1 Coríntios 2:1-5.
41 Lucas 10:17-20.

a se fazer é aceitar que não devemos crer superficialmente, mas por amor àquele que não mente e cuja Palavra é certa. Se você se sente oprimido e fraco, acredite em Jesus e será livre. Declare que você é cheio do Espírito Santo, que os jugos se desfazem, que tem a capacidade de fazer proezas, e assim acontecerá.

7
NÃO MENOSPREZE SEU CAMINHO

Demonstre boa atitude diante das dificuldades, porque seu destino é de bem, por mais que o processo seja difícil.

Muito já foi dito sobre Davi, o jovem pastor que vendeu o gigante, o poderoso rei que foi chamado por Deus como um homem conforme seu coração, mas em certo momento, a Palavra o mostra em uma cova, chamada Adulam, onde se transformou em líder de um grupo de perseguidos, endividados e amargurados.[42] Imagine que panorama maravilhoso para um homem que havia recebido a profecia de governar um reino!

---

42 1 Samuel 22:1-2.

Diante dessa circunstância pouco alentadora, Davi poderia se desmotivar e renegar, dizendo: "Isso não é um castelo e essas pessoas não são o séquito que eu esperava!". No entanto, não fez isso. O que nós teríamos feito em seu lugar? Certamente duvidaríamos do profeta, teríamos ficado deprimidos assegurando que o que fosse dito sobre nós era mentira, porque não se via nada claro. A promessa para Davi era de que ele seria rei, mas naquela cova fria, escura e úmida, que certamente tinha mau cheiro, cercado por homens rejeitados, sem dúvida barbudos, sujos, sem banho, ele não se sentia como um futuro monarca. Apesar do que seus sentidos percebiam, Davi pôs os olhos no objetivo dado por Deus. Parece incrível, mas foi assim.

Muitas vezes acontece a mesma coisa e nos encontramos em uma espécie de cova escura ou, como dizem, "sem eira nem beira". É fácil acreditar que não existe saída quando somos diagnosticados com uma doença grave, quando um filho sai de casa num ato de rebeldia e não sabemos com quem ele está, quando nosso casamento se foi por água abaixo, quando vemos destruídos os sonhos de uma família feliz, quando nossa empresa entra em falência ou quando nos mandam embora de um emprego. Nesses momentos tristes, se nossa fé nas promessas do Senhor não estiver firme como uma rocha, nós afundamos, porque se a terra sob nossos pés se move, sentimos que tudo acabou, que nos lançaram a um abismo do qual não conseguiremos sair; mas se realmente acreditamos nas promessas do bem, enfrentamos as batalhas e pegamos o que é nosso do ladrão que quer nos roubar.

As sementes da fé foram plantadas, as promessas foram feitas e estão em Sua Palavra: mil vezes nos disseram, mas não dimensionamos essas frases enquanto não nos encontramos em uma situação desesperadora. Devemos ser boa terra para essa semente de fé, devemos cuidar dela, alimentá-la com nossa constante busca por Deus; do contrário, as aves as comerão e não darão frutos.

Nessa cova, Davi inclusive conseguiu pensar que nunca seria rei porque, de fato, nem sequer fazia parte da família real. Jonatan, filho de Saul, era o sucessor ao trono, mas a Palavra do Senhor é verdadeira e supera qualquer circunstância. O próprio herdeiro legal se afastou para que Davi fosse rei. Isso não foi fácil e nos mostra o coração puro e fiel de Jonatan, que, mesmo sendo amigo íntimo de Davi e filho de Saul, não quis protagonismo, mas se conteve para que a vontade de Deus se cumprisse, e seu amigo alcançasse a posição destinada a ele. Por isso não custa recordar que os bons amigos têm uma atitude parecida com a de Jonatan, eles se alegram com o sucesso das pessoas amadas e, se for necessário, sacrificam-se por elas.

Precisamos ser capazes de lutar pelo que é nosso, ainda que as circunstâncias sejam difíceis e pareça que nada de bom pode surgir.

Pensando bem, essa é uma atitude muito parecida com a de Jesus. Ele se humilhou para dar a vida a nós, sabia exatamente qual era o plano e obedeceu. Por mais que tenha passado por um sofrimento grande, foi capaz de conseguir porque os Seus olhos estavam voltados para o objetivo final: o galardão, a recompensa. Precisamos dessa atitude em nossa vida, já que Deus tem um lugar privilegiado para cada um. Estamos destinados a ser cabeça e não os pés, e a ocupar o posto que ninguém mais pode roubar, mas precisamos ser capazes de lutar pelo que é nosso, ainda que as circunstâncias sejam difíceis e pareça que nada de bom pode surgir.

Da manjedoura ao trono

O nascimento de Jesus nos mostra outra situação adversa que não foi limitante porque a promessa era maior do que a realidade desse momento.[43] Agora não falamos de um rei terreno como Davi, mas, sim, do Rei celestial que teve que vencer circunstâncias adversas desde

---

43 Lucas 2:7.

o Seu nascimento. Muitos dizem que Jesus nasceu em uma estrebaria para nos ensinar a humildade, mas não foi realmente assim, já que nem Maria nem José o prepararam dessa maneira. A história diz que Sua mãe deu à luz na estrebaria porque não havia lugar na pousada, e não porque queria dar uma demonstração de humildade. Se nós, sendo humanos, nunca submeteríamos nossos filhos recém-nascidos a uma situação assim, muito menos eles, que sabiam sobre a divindade da criança a quem Maria havia dado à luz. Se fosse para nos ensinar a humildade, seria pecado então que procurássemos o melhor hospital que podemos pagar para que nossos filhos nascessem, não acha?

Deus não foi impositivo nem prepotente, fazendo com que todos saíssem doa hospedaria para que Seu Filho nascesse, nem causou um terremoto para darem espaço, simplesmente deixou que o plano se cumprisse porque Ele é assim, um Deus de processos, de paciência para ver Seus planos cumpridos. Claro que existem milagres instantâneos, mas sempre são a culminação de uma série de eventos. Jesus curou os cegos, os leprosos, essa foi sua sanidade imediata, mas eles sofreram durante muito tempo. Os israelitas conquistaram a terra prometida, mas a variável natural do tempo foi levada em conta nessa equação, pois foram séculos de escravidão no Egito, a preparação de Moisés e os anos no deserto. <u>O poder de Deus pode agir à medida que criamos e o ativamos.</u>

De fato, não se trata de termos paciência, trata-se da paciência que Ele tem conosco até o momento de ativarmos essa fé sobre a qual nos fala tantas vezes. Se voltarmos à estrebaria onde Jesus nasceu, saberemos que a circunstância foi difícil e, ainda que esse não fosse Seu destino, teve que enfrentá-lo. Se Ele foi capaz, por que nós, às vezes, nos queixamos quando precisamos enfrentar diversidades? Por que desejamos que tudo seja instantâneo se nem mesmo nossa salvação ocorreu da noite para o dia?

Não havia um berço de ouro à espera de Jesus, nem um trono à espera de Davi, mas ambos estavam convencidos de que essas circunstâncias adversas eram passageiras e o objetivo principal era glorioso.

Não faça de seu princípio o final antecipado. Não seja fatalista, aprenda a diferenciar o caminho do destino e a apreciá-lo para que ele ajude você a formar o caráter de um vencedor.

Se você se formou como profissional de marketing, mas recebe a oferta de uma vaga de vendedor, aceite e esforce-se, ainda que acredite estar preparado para assumir uma gerência, porque tudo envolve um processo e você deve provar que tem o perfil para assumir os desafios.

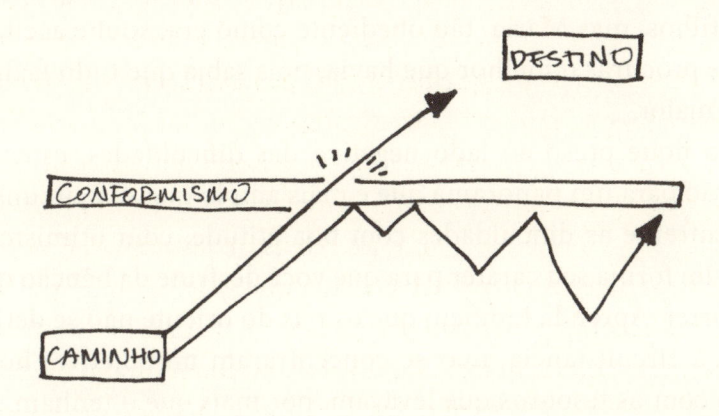

As dificuldades são inevitáveis e devemos superá-las. Confie em você, no que aprendeu, em sua capacidade de demonstrar que merece mais! Imagine se Maria tivesse sido arrogante e dito: "Esperamos que haja um lugar na hospedaria para que o bebê nasça. Ele é o Filho de Deus, como é possível que não haja um lugar digno?". Mas isso não era possível, o momento havia chegado e tinham que superar as dificuldades para que a promessa de salvação se cumprisse. Que incrível fé prática teve Maria! Vamos imitá-la, enfrentar as circunstâncias, não reneguemos, procuremos uma solução e agradeçamos antecipadamente pela vitória que, com certeza, alcançaremos.

Deus não planejou uma estrebaria, mas, sim, um trono para Seu Filho, mas foi preciso passar pela estrebaria, além de vencer difíceis e dolorosas circunstâncias para que o trono se tornasse uma realidade.

Jesus nasceu em uma estrebaria, mas não ficou ali. Você deve dizer com certeza: "Não ficaria na circunstância difícil, Deus vai me tirar daqui se eu demonstrar boa atitude". Com certeza, Maria não estava feliz de dar à luz a seu recém-nascido naquele lugar, mas não se irritou nem culpou José pela situação. Talvez uma mãe tivesse dito: "Veja, eu disse, você tinha que reservar um quarto!". Minha esposa com certeza me mataria ou, no mínimo, deixaria de falar comigo por um tempo se eu não tivesse me dedicado a preparar tudo para o nascimento de nossos filhos, mas Maria, tão obediente como era, soube aceitar a situação e procurar o melhor que havia, pois sabia que tudo fazia parte de algo maior.

Não fique preso ao lado negativo das dificuldades, estenda sua percepção para um panorama que é mais amplo que sua circunstância atual. Enfrente as dificuldades com boa atitude, com otimismo e fé. Agir assim forma seu caráter para que você desfrute da bênção quando esta ocorrer. Aprenda também que os reis do oriente não se detiveram a julgar a circunstância, mas se concentraram no objetivo: honrar o menino com os tesouros que levavam, por mais que o tenham encontrado em uma estrebaria. <u>Suas metas e as promessas do Senhor devem estar acima do lado negativo do que possa estar vivendo no momento</u>.

O importante não é onde nascemos, mas o que fazemos com nossa vida e o que conseguimos antes de morrer. Alguns dizem: "Eu não pedi para nascer, por que nasci?". Não renegue mais! Você está vivo e deve fazer algo bom com esse presente que Deus deu a você porque existe um propósito em sua vida, em você se integra o natural e o sobrenatural do Pai. E não digo isso como uma frase motivacional vazia porque acreditar que você é valioso e tem um propósito é questão de fé em Deus. É tempo de superar o que perdemos e avançar pela fé.

Em outro momento de Sua vida, depois de ser batizado, Jesus foi levado ao deserto por quarenta dias, mas também não ficou ali porque sabia que era um passo a mais no processo para abençoar os outros e cumprir Seu destino. Vemos que por vontade própria afastou a tentação, fortaleceu-se para ter a fé de que necessitaria para fazer milagres e passar pela dor da cruz. Onde está seu caráter para quando você precisar passar por um deserto? Você se enche de paciência e sabedoria!

Se quiser que a graça de Deus esteja ao seu lado e se pretender superar seu período no deserto, você deve crer e crescer, fortalecer seu espírito e seu corpo. Jesus preparou Seu corpo para a cruz porque sabia que era o instrumento para salvar a humanidade, ainda que alguém com atitude ruim possa pensar: *Por que vou me cuidar se acabarei morrendo?* Você deve se preparar nos momentos bons e ruins porque os desertos podem estar logo ali. Todo o tempo, gozemos da fidelidade de nosso Pai.

Superar o repúdio e a dor

Jesus também teve que enfrentar outra situação difícil quando o povo escolheu libertas Barrabás e não Ele. Certamente, a sensação de repúdio foi algo terrível depois de ter feito tantas coisas boas e ver que o povo preferia libertar um assassino. Onde estavam os dez leprosos, a mulher a quem Ele salvou de morrer apedrejada, o gadareno, o jovem cuja visão Ele devolveu, e tantos outros? Todos tiveram medo, mas nada nem ninguém era superior ao plano divino.

Satanás desejava que o coração de Jesus se enchesse de amargura porque dessa forma pecaria e o projeto de salvação se perderia e não seria promovido à direita do Pai, mas Ele não caiu na tentação. Inclusive, pregado na cruz, entre dois ladrões, disse ao Pai, cheio de compaixão: "Perdoe-os, porque não sabem o que fazem". Esse é nosso líder e devemos imitá-lo! Satanás tentará impedir que você cresça e tentará fazer com que seu coração se encha de rancor porque alguém fez algo de ruim, talvez seu pai ou sua mãe, talvez seu cônjuge, um irmão ou um amigo, mas não permita isso porque é uma estratégia para afastar você de seu destino. Independentemente do que aconteça, peça força a Deus para superar o repúdio e a dor, peça a ele que cure seu coração, que limpe você, que seja bálsamo para suas feridas.

Não se queixe dos problemas. Quando passar por épocas difíceis, pense com fé: *Este não é meu destino, é só o caminho e resistirei porque meu Pai tem planos grandes para mim.* As coisas desagradáveis acontecem ainda que sejamos bons. Jesus não tinha feito nada de ruim para merecer o sofrimento como aquele que sofreu, no entanto, suportou tudo porque a promessa era maior do que a dificuldade. Não importa se é uma estrebaria, no poço onde José esteve, no deserto ou na cova de Adulam: onde você estiver, procure Deus e entregue a circunstância para que Ele ajude você a superar, convencido de que você é Seu filho e de que Ele não abandona Seus filhos. Sua fé deve se manter na adversidade; confie em Deus e confie em você, porque você é uma de Suas maravilhas.

> *Quando passar por épocas difíceis, pense com fé: Este não é meu destino, é só o caminho e resistirei porque meu Pai tem planos grandes para mim.*

Se nesse momento estiver enfrentando um processo difícil, talvez eu não possa explicar, mas posso dizer que a atitude correta é a que ajudará você a conseguir bons resultados. Dê graças ao Senhor por Seus planos de bem para sua vida e esforce-se para alcançá-los. Confie na força que receberá. Aproveite o caminho que colocou a sua frente e que levará você para cumprir seu destino.

III

III

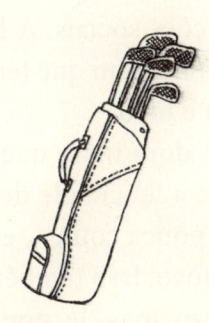

Bobby Jones, a lenda do golfe

Capítulo 8   **Palavras poderosas**
Capítulo 9   **A escola de Marta**
Capítulo 10   **Uma semente de mostarda**
Capítulo 11   **Peça e declare**

Ah, Bobby! Impressionante Bobby Jones, um de meus heróis, um de meus atletas preferidos, o único jogador de golfe a realizar a proeza de ganhar o Grand Slam de Ouro ao se sagrar campeão dos torneios US Open, US Amateur, British Open e British Amateur no mesmo ano. 1930 foi o ano da grande proeza, mas esse gênio demonstrou suas habilidades desde pequeno. E não foi um destaque apenas no golfe, mas também nos estudos.

O filme que conta magistralmente a história de um gênio, *Bobby Jones: A lenda do golfe*, não é uma história trágica que comove porque surgiu do nada, não é uma história de superação da adversidade nem de conflitos familiares ou transições sociais. A história de Bobby tem mais a ver com a evolução de um homem que tem um dom que desenvolveu com a atenção, disciplina e foco.

Para ele, jogar golfe era um dom inato que com os anos aperfeiçoou com muita dedicação. Teve a felicidade de encontrar sua paixão ainda pequeno – algo que não é pouca coisa –, e a partir daí, com suas metas muito claras, teve que ter foco. Isso também não é fácil, já que as vozes externas sempre influenciam, mas ele, pouco a pouco, conseguiu acomodar tudo: os sonhos de sua família de vê-lo formado advogado, o sonho de sua esposa de ter um esposo altruísta e atento, e seu próprio sonho de fazer história no golfe.

Durante esse processo, teve que vencer suas limitações físicas, entre elas, uma dolorosa doença da medula espinhal, a siringomielia, e seu temperamento forte, que provocava um estresse que ele expressava, muitas vezes, da pior maneira. Isso fez com que ele se afastasse temporariamente do golfe, devido aos ataques de ira em campo – quando Bobby errava uma tacada, xingava, gritava, batia os pés, inclusive jogava as coisas longe. Claro, ainda que depois se desculpasse pelo comportamento, às vezes era tarde demais, pois já tinha ferido alguém ou colocado em risco pessoas próximas.

Bobby teve que aprender a escutar e a falar. Não me interpretem mal, não era um energúmeno que andava à solta por aí, nem uma pessoa violenta ou irracional, mas como às vezes acontece com todos, a frustração o enganava e ele acabava dizendo coisas que não devia. Isso atrapalhava seus resultados? Claro que sim! Apenas quando ele pediu perdão e prometeu mudar permitiram que ele voltasse a jogar.

Obrigado a dominar suas palavras, teve que aprender a canalizar suas reações da melhor forma e foi assim que conseguiu sua ótima concentração, que fez com que ele conquistasse o Grand Slam. O golpe de genialidade que o caracterizava foi alcançado com o domínio dos pensamentos e das palavras. Ele entendeu isso, e por isso afirmou: "O golfe de alta qualidade é jogado principalmente em um campo de cinco polegadas e meia: o espaço entre as orelhas".

Além disso, falava de "alta qualidade", não de golfe profissional, pois ele se negou a fazer de sua paixão um negócio, pois sempre jogou na categoria de amador. "Jogo por amor, não por dinheiro. O golfe é um prazer, não um emprego", dizia. Aos 28 anos, decidiu se aposentar, dedicou-se a sua família e construiu Augusta, o mais bonito e emblemático campo de golfe dos Estados Unidos.

Para conseguir o êxito, não se satisfez com o que sabia, pois foi preciso, além disso, ter fé, ouvir conselhos, receber repreensão e falar adequadamente para formar seu caráter. Nossa genialidade é muito mais que conhecimento; é também boa atitude para escutar, falar e agir com fé.

8 PALAVRAS PODEROSAS

Escute o Senhor para desatar a cadeia de bênção que Ele preparou. Sua palavra deve ser uma com a palavra Dele.

Quando a jovem esposa soube que estava grávida de seu primeiro filho poucos meses depois do casamento, seu coração se encheu de alegria. Ela sabia que esse bebê era um presente do céu e, apesar de ter sido invadida por dúvidas em meio à emoção, tentava reagir com otimismo a muitas perguntas: Como daria a notícia a seu esposo, um soldado que naquele momento servia a seu país a milhares de quilômetros de distância? O que aconteceria dentro de seu corpo? Seria capaz de levar ao fim a gravidez, apesar da enfermidade da qual padecia e que lhe garantiram que ela não sobreviveria? Apesar de todos esses pensamentos que geravam ansiedade, ela decidiu ser otimista e se dispôs a aproveitar a gravidez.

Uma de suas primeiras atitudes foi escrever um diário para seu bebê. Todos os dias, anotava e desenhava nesse caderno todas as palavras e mensagens de amor que lhe ocorriam, tudo o que ela sentia na vida ia crescendo dentro dela. Quando soube que seria uma menina, logo começou a chamá-la pelo nome que seu esposo e ela tinham escolhido. Ela falava com esperança e confiança, apesar de saber que existia uma possibilidade enorme de elas não se conhecerem. De modo estranho, suas palavras pareciam fortalecer às duas. Ela tinha a sensação de que a preciosa menina reagia e se movimentava quando falava com ela, quando lia e cantava para ela. Assim, descobriu que essa comunicação era poderosa. Uns meses depois, quando chorava de alegria com sua pequena Sofía nos braços, teve a certeza de que a conexão íntima que estabeleceu com sua filha desde o primeiro momento foi o que salvara as duas.

Efetivamente, nossas palavras têm a capacidade de nos condicionar para o bem ou para o mal, por isso, quando falamos de fé, indiscutivelmente devemos nos referir ao que escutamos e falamos. É determinante que aprendamos a falar sobre nosso futuro, que deixemos para trás o passado e que não nos detenhamos a falar das dificuldades do presente.

Sabemos que Davi, o jovem pastor que venceu Golias e se transformou em rei de Israel, também foi um poeta maravilhoso. Também o conhecemos por seus cânticos ao Senhor. Ele escreveu muitos dos salmos que lemos na Bíblia. Um dos mais famosos é o Salmo 23[44]:

>Jeová é o meu Pastor
>Nada me faltará
>Ele me fez deitar em verdes pastagens
>E me conduz a lugares de descanso bem regados.
>Ele me reanima.

---

44 Disponível em: https://www.jw.org/pt/publicacoes/biblia/nwt/livros/salmos/23/. (NT.)

Não é por vista

> Guia-me nos caminhos da justiça por causa do seu nome.
> Ainda que eu ande pelo vale de densas trevas,
> Não temerei mal algum,
> Porque tu estás comigo;
> Tua vara e teu cajado me dão segurança.
> Preparas uma mesa para mim diante dos meus inimigos.
> Refrigeras a minha cabeça com óleo;
> Meu cálice está bem cheio.
> Certamente, a bondade e o amor leal me seguirão todos
> os dias da minha vida,
> E eu morarei na casa de Jeová todos os meus dias.

Esse salmo é uma poderosa declaração de fé na qual Davi fala de seu futuro. Apesar de dizer que está angustiado, ele se sente ungido porque o Senhor serve a mesa diante de quem o angustia. Um dos versos que fala no presente: "Ainda que eu ande pelo vale de densas trevas", mostra que Davi estava passando por dificuldades, mas sua atitude era de esperança e sua boca falava palavras de bênção sobre o futuro: "Não temerei mal algum, porque tu estás comigo". A mesma coisa acontece em nossa vida: nossa base deve estar firme ainda que em meio à tribulação, porque confiamos em nosso futuro de coisas boas. Falemos de acordo com o que *desejamos* viver, não de acordo com o que *estamos* vivendo! Vamos nos antecipar, não continuemos no passado impossível de consertar.

Se você é cristão, sabe que frequentar a igreja não resolve seus problemas por mágica, nem é uma espécie de anestesia para não sentir dor. Na igreja, dividimos a Palavra, a direção e nos unimos, mas ninguém pode caminhar pelo outro. Cada um deve avançar com fé nas promessas do Senhor, superar seu passado, viver em santidade o presente e confiar no futuro. Corrija suas palavras e deixe de lado as expressões pessimistas. Depois de muitos anos, aprendi que um pensamento ruim é combatido com a correta confissão da Palavra. Você

Palavras poderosas

deve se olhar no espelho e dizer: "Eu confio no Senhor, Suas palavras são meu norte, guiam-me e indicam meu destino".

Devemos compreender que as palavras são poderosas e geram coisas. Elias, o profeta, demonstrou muitas vezes que sua palavra tinha poder, por isso garantiu que a chuva e o orvalho dependiam apenas do que ele declarava. Sua história nos fala de um processo de obediência: primeiro, ele foi a um rio, como Deus mandou, e ali não lhe faltou o que comer porque os corvos já tinham a ordem de alimentá-lo levando carne a ele, apesar de serem animais carnívoros.

Isso foi um enorme milagre, assim como fazer com que uma viúva o alimentasse porque, supostamente, as viúvas tinham que ser sustentadas em vez de dar sustentos. Ambos sucessos são tão incríveis como pedir a uma criança que devolva intacta uma bandeja de tortinhas deliciosas de chocolate. Deus é muito ousado! Não sabemos em que momento os corvos e a viúva receberam a ordem, mas o Senhor já tinha plantado essa semente de bênção neles para que desse fruto no momento em que Elias precisasse.[45]

No ambiente há muitas palavras: as suas, as do mundo, as de Deus e as de quem está ao seu redor e faz bem a você. Na história do profeta Elias e da viúva, existem muitas palavras: as de Elias, as da viúva e as de Deus. As três palavras se cumpriram; cumpriu-se a de Deus porque houve fartura do pouco azeite e da farinha que a viúva tinha; cumpriu-se a de Elias porque parou de chover e depois choveu de novo; além disso, cumpriu-se a palavra de morte da viúva: "para que comamos e não morramos" porque seu filho adoeceu e morreu[46], apesar de Elias tê-lo ressuscitado depois.

Essa experiência da viúva nos ensina que nossa palavra é poderosa e se cumpre, por isso deve ser de bem e não de maldição. Ela realmente acreditava que ia morrer, tinha essa angústia no coração, apesar de ser testemunha das maravilhas de Deus, que deu a ela o alimento em abundância. Muita coisa ao seu redor morre com suas palavras, por isso,

---

45 Reis 17:1-16.
46 1 Reis 17:17-20.

corrija-se. Procure sempre se alimentar da Palavra de Deus para que todo o mal dito seja cancelado: "Nunca escaparei desse problema", "melhor que eu morra", "sou um inútil", "com certeza vou me dar mal" etc.

Deixe-se guiar pelo Senhor e não se sente à mesa de seus ofensores, ou seja, de seus amigos que fazem com que você diga o que não deve. Profetize seu futuro de sucesso porque nada faltará se Deus estiver com você! Não continue falando de crise e de dívidas, convença a si mesmo a falar de abundância para se condicionar a consegui-la. A Palavra do Senhor, alinhada às suas, gera bênçãos.

Quando Elias obedeceu a Deus e pediu à viúva que trouxesse vasilhas para enchê-las de azeite, abriu caminho para a bênção. Se não tivesse feito isso, todos teriam perdido a bênção de obedecer e servir a Deus. O céu, a viúva e até a farinha e o azeite já tinham suas ordens. Você já viu o filme de ficção *A origem*? Ele fala sobre pessoas que têm a capacidade de intervir nos sonhos para roubar ideias, mas são descobertos e ameaçados para cumprir outra missão: implantar uma ideia em vez de roubá-la.

Quando vi o filme, logo o associei a Deus, a quem vejo como o implantador de bênçãos por excelência, que semeia em cada um as instruções para beneficiar os outros ao ativar a corrente de obediência. Quando você obedece, você abre a obediência de outras pessoas. O significado original de ordenar, dar instruções, é "carregar", assim como um revólver deve ser carregado para ficar pronto para dar tiros. A obediência é um caminho que desencadeia a bênção através de quem já tem a ordem de Deus para ajudar você.

A obediência é um caminho que desencadeia a bênção através de quem já tem a ordem de Deus para ajudar você.

A corrente é esta: escute a Palavra e a proclame com sua boca, obedeça ao Senhor e provoque a resposta daqueles que estão prontos para te dar colheita daquilo que você semeou. Se estiver doente, procure alimentar-se das promessas de saúde que Deus te deu por meio de Sua Palavra, declare-a de dia e à noite; cerque-se de pessoas que acreditem com você, que alimentem e motivem você a acreditar em sua saúde; claro, também terá que procurar ajuda médica, com certeza, mas nesse ambiente carregado de fé na saúde, Deus colocará as pessoas que abençoarão você a fim de conseguir sua completa recuperação. Atreva-se a dar o passo de fé para ser testemunho do que ocorrerá em sua vida, em sua família, em seu trabalho e em tudo o que fizer.

Obedeça, o resto vem naturalmente

Deus deixou essa história de Elias para que você veja que com fé tudo é possível. O pedido de Elias à viúva – "Dê a mim primeiro, e a farinha e o azeite serão abundantes" – faz com que eu me lembre do trecho que diz: "Busque primeiramente o reino de Deus e Sua justiça, e todo o resto virá junto, não se preocupe com o que vai comer e beber". Corrija sua forma de falar e obedeça para que a corrente se ative e as bênçãos se derramem sobre todos. Ninguém é abençoado por si só, mas por meio de outros: corvos, viúvas, profetas ou as pessoas ao seu redor.

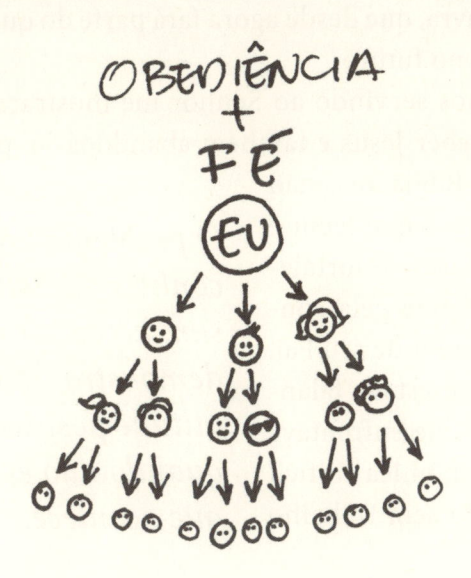

Você verá que quando começar a corrente, ficará surpreso com as bênçãos que chegam a sua vida de lugares e pessoas inesperados. Quando for a uma loja para ver um carro novo, o vendedor dirá: "Exatamente neste momento estamos com um desconto especial". Pode ser que nem ele mesmo entenda e pense: *Por que eu disse isso a esse cliente e não ao anterior?* e é porque Deus abre as portas dos céus para você. Em meus anos de serviço, vi que existem muitíssimos testemunhos de pessoas que foram abençoadas pelo amor de quem as rodeia, porque nosso Pai sempre age a nosso favor.

Tudo se multiplica para o bem quando você obedece e é generoso. Em suas mãos está o poder para ativar a bênção. Quando eu comprei o terreno onde construímos a igreja, muita gente disse que eu havia cometido o maior erro de minha vida porque ninguém iria a um templo tão distante, mas graças à misericórdia de Deus, Seu plano se cumpriu. Somos uma congregação em crescimento que dá as boas-vindas a todos que desejam buscar a Deus, e tudo ocorreu por nossa obediência, que impactou quem foi "carregado" para seguir o caminho das bênçãos.

<u>Diga ao Senhor que vai obedecê-lo e dará passos de fé para conseguir desencadear as bênçãos que Suas mãos prepararam para você</u>. Dê graças por Sua Palavra, que desde agora fará parte do que você declarar com otimismo e fé no futuro.

Mais de 35 anos servindo ao Senhor me mostraram muitas coisas. Já vi gente receber Jesus e também abandoná-lo, pessoas que sabem muito sobre a Bíblia, mas não colocam em prática o que leem e também já vi milhares se fortalecerem e saírem à frente pela confiança que têm no amor de seu Pai. Há pouco tempo, eu estava falando com um amigo que enfrentava uma situação econômica difícil porque havia ficado sem trabalho

O problema não é conhecer a Palavra, mas, sim, acreditar nela e demonstrar isso com nossa atitude positiva, inclusive quando não entendemos o que acontece.

Palavras poderosas

e estava desesperado. Sempre estivera com Deus, sempre dedicado a estudar as Escrituras e sabia muito sobre teologia, mas tinha chegado o momento de colocar em prática tudo o que sabia. Muitas vezes, o problema não é conhecer a Palavra, mas, sim, acreditar nela e demonstrar isso com nossa atitude positiva, inclusive quando não entendemos o que acontece. Na vida, o que faz a diferença nos resultados que obtemos não é o que sabemos, mas aquilo no que acreditamos e a atitude que assumimos sustentados nessa convicção.

9 A ESCOLA DE MARTA

De nada adianta conhecer as Escrituras, se você não avançar com fé.

Na Bíblia, é possível aprender muito sobre a diferença entre saber e crer. Quando Jesus chegou à casa de Lázaro, que era seu amigo íntimo, Marta, uma de suas irmãs, demonstrou grande revelação e conhecimento.[47] Ela deu início a uma conversa sobre doutrina com Jesus e demonstrou saber sobre oração e sobre a ressurreição dos mortos porque tudo aprendeu com o Mestre. Como não saber tanto sobre o reino de Deus? Mas nesse momento, Marta estava a ponto de obter em abundância porque aprenderia que a fé é mais importante do

---

47 João 11:20-27.

que o conhecimento. A pergunta-chave que Jesus fez foi: "Você crê em mim?". Agora, se você é cristão, pergunto: "Quantos versos da Bíblia você conhece, por mais que pense que não funcionam?". Porque a verdade é que cada verso da Palavra é uma grande revelação, mas se você não avançar com fé, de nada serve o que você conhecer.

Depois de seu diálogo com Marta, Jesus se dirigiu ao sepulcro e pediu para que retirassem a pedra, mas de novo, ela passou a falar e disse que o cadáver cheirava mal. O que estava acontecendo com Marta? Por que tantos argumentos e tão pouca fé no que Jesus podia fazer? O pesar pela morte de seu irmão enfraqueceu sua capacidade de acreditar na obra do Senhor. De que tamanho é a lista de desculpas que impede que Jesus faça algo em sua vida? Para que a Palavra Dele seja eficiente em sua situação, depende de sua fé! Se quiser ver a glória de Deus, você deve crer. Isso é exatamente o que Jesus disse a Marta para que ela finalmente compreendesse o que estava para acontecer.[48]

Quando estávamos na negociação para comprar o terreno para construir o segundo templo do ministério – que atendesse às necessidades de espaço e comodidade para receber mais pessoas – entraram em contato conosco para nos oferecer um exatamente na área em que procurávamos. O tamanho era ideal, ainda que a disposição fosse pouco conveniente por ser mais comprido do que largo. Esse terreno pertencia a vários membros de uma família e todos diziam estar dispostos a vendê-lo. Nós nos reunimos algumas vezes para negociar o preço e as condições de compra. Na primeira reunião, inclusive antes de eu sair do carro, orei e o Senhor me deu os detalhes do que deveria oferecer e pedir. Para minha surpresa, os donos concordaram com tudo sem grandes dificuldades. "Pronto! Sem dúvida, Deus está dando respaldo a esta negociação", eu disse, cheio de otimismo, porque sei que quando Ele está no controle, quando trabalhamos de acordo com Seus planos, tudo parece caminhar macio. Muito feliz e confiante, apresentei o projeto à equipe de diretores e à igreja, e todos concordaram. *Ótimo,*

---

48 João 11:38-40.

estão me apoiando! Obrigado, Senhor, estamos indo muito bem!, pensei. Nesse tempo, eu deveria viajar ao México para pregar, mas não queria deixar o assunto no ar, porque a viagem seria perto da data que tínhamos definido para assinar os documentos de compra e venda. Conversei com os donos do terreno e eles me disseram que eu deveria viajar despreocupado porque a papelada demoraria um pouco mais.

Viajei com um amigo que me acompanhou, não sem antes compartilhar com a congregação as boas notícias e se colocar às ordens para fazer o primeiro pagamento. Quando eu estava no México, um colaborador me chamou para me dar a notícia: "Cash, o advogado da família dona do terreno me ligou e não tenho boas notícias, pediram desculpas porque desistiram da venda". E eu disse: "O quê?". Não era possível que voltassem atrás quando tudo estava pronto e na igreja todos estavam muito felizes. Não vou negar que fiquei muito mal, tanto que brinquei com meu amigo: "Eu me sinto como quando, há alguns anos, diante de uma decepção, saíamos para tomar uns vinhos para esquecer as tristezas".

Meu amigo tentou me consolar com todos os versículos que pôde: "Lembre-se de que o justo cai sete vezes, mas se levanta. Você pode tudo em Cristo que te fortalece, Deus é seu pastor e nada te faltará. Você sabe que os planos que o Senhor tem para você são muito mais abundantes, pensamentos e planos de bem, não de mal…". Enfim, ele descarregou em mim toda a carga bíblica que tinha contra a depressão, mas a verdade é que não se tratava disso. Minha confusão era porque eu tinha certeza de que Deus havia me dado as orientações precisas, ou seja, algo não estava bem: ou eu o havia interpretado mal ou realmente era o terreno certo e tudo se solucionaria.

De qualquer forma, agradeci a meu amigo por seu apoio: "Eu me sinto muito decepcionado. Espero que Deus não esteja me escutando neste momento. Não é comum que alguém acredite tanto Nele e se arrisque como eu tenho feito. Não somos onipresentes nem omniscientes como ele. Eu me sinto confuso, mas coloco nas mãos Dele tudo isso, que Ele use como desejar". Quando voltei à Guatemala reuni a liderança da igreja e comuniquei a notícia, pedindo que não deixássemos de confiar que Deus tinha algo melhor, ainda que não conseguíssemos ver naquele momento.

Os dias se passavam e nada mudava. Eu orava, pedia instruções ao Senhor, mas não conseguia ouvi-lo. Até que, certa noite, em meu quarto, quando minha esposa já dormia profundamente e eu acariciava seus cabelos, escutei: "Há coisas que você não sabe. Darei a vocês outro terreno melhor para que possam construir o templo e fazer seu ministério se expandir. Você disse que não consegue fazer as coisas que eu faço, por não ser onipresente nem omnisciente. Mas tente fazer o que eu faço, pois mesmo sendo onipotente e omnisciente, confio em você". Era tudo de que eu precisava! <u>A fé que Deus tem em nós ultrapassa a que nós temos Nele</u>. As palavras Dele me devolveram a vida e eu chorei agradecido. Deus nos dava respaldo, pedia que eu acreditasse e confiasse acima de qualquer conhecimento e situação que parecesse contrária. Pedia que eu avançasse pela fé, não pela visão.

Alguns meses depois, de fato, foi um milagre termos conseguido conversar com os donos de outro terreno muito mais acessível, mais bem localizado e com melhor disposição topográfica para construir. Os agentes imobiliários tinham se aproximado de mim para me oferecer um lote para a minha casa, mas eu disse a eles: "Não quero um terreno para minha casa, mas, sim, para casa do Senhor. Quando conversamos com os donos deste novo espaço, eles nos disseram que não os venderiam, que somente arrendavam a terra e, entre as cláusulas, estava estipulado que não o alugariam a igrejas; mas como Deus é especialista em conseguir o impossível para que não haja dúvida de que foi Ele quem atuou a nosso favor, depois de algumas conversas, os donos aceitaram negociar. A negociação favoreceu muito o projeto porque ao reduzir o investimento inicial pelo terreno, contamos com mais recursos para a construção.

Quando a equipe pastoral e eu visitamos o espaço, o Espírito Santo se derramou sobre nós, deixando-nos tomados pela Sua presença, e então Ele me disse: "Você queria se fartar, e agora tem permissão!". Não tive como não reconhecer seu amor detalhista, porque meses antes, decepcionado, comentei com meu amigo. Diante da incerteza, fiz como Marta, procurei argumentos e desculpas baseadas em meu conhecimento e no que via, mas aprendi a lição. Tire a pedra do caminho se já sabe que Jesus é a ressurreição e a vida! Deus diz a nós, como disse a Marta: "Tenha certeza de que verá minha glória, se acreditar!". Não sejamos tolos: podemos saber muitas coisas, mas só veremos cumpridas as promessas que acreditamos de coração. <u>Que seu conhecimento não seja empecilho para sua fé</u>.

Ele é nosso intercessor, está diante do Pai pedindo por nós. De nada servem os cursos, as profecias e as conferências se estas não reforçarem e não fortalecerem sua fé no poder e na intercessão de nosso Senhor. Claro que você pode aprender, mas tudo deve ajudar a fazer com que você acredite em Deus e em Sua capacidade de fazer transformações em sua vida. Evite ser como Marta, que sabia muito, mas a quem Jesus teve que colocar contra a parede para que sua fé se avivasse. Você é salvo pelo que acredita, não pelo que sabe; será curado pelo que acredita, não pelo que sabe; sua família será abençoada porque você sabe o que Deus te prometeu e porque acredita Nele!

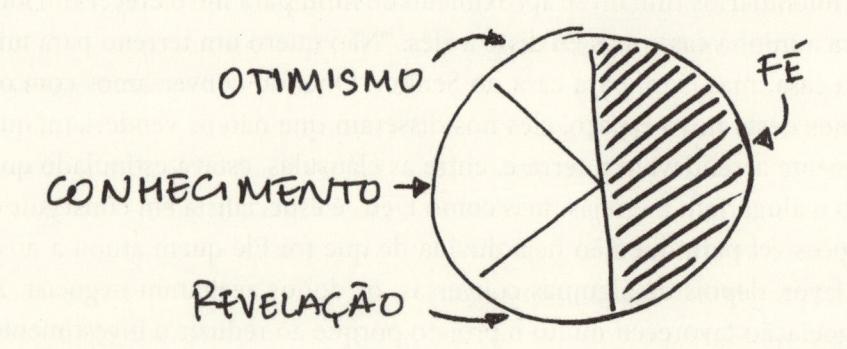

Jesus também deu graças ao Pai porque sabia que todo o processo que enfrentavam era um avivamento para a família que amava.

A morte e a ressurreição do amigo significariam um novo começo para eles, a renovação e o fortalecimento de sua fé e a de muitos que presenciaram o milagre. Marta, Maria e Lázaro estavam muito perto de Jesus, sabiam quem Ele era, no entanto, tinham perdido o rumo. Sua fé tinha se apagado, eles o viam mais como um amigo do que como seu Senhor. Hoje, você pode viver um avivamento, seus sonhos ressuscitarão, sua vida mudará, <u>um novo rumo se abrirá diante de seus olhos se decidir acreditar em Jesus</u>. E se já acredita, recupera seu primeiro amor por Ele e verá que não será lesado.

Nosso fundamento

Ao ler a Bíblia, conhecemos e aceitamos obras fora do normal. Estamos convencidos de que nossa fé se fundamenta em situações diferentes, como gerar um filho com uma esposa estéril, abrir o mar para que um povo todo passe em direção à liberdade, caminhar sobre a água ou cuidar para multiplicar o pão. O apóstolo Paulo, que levou a fé cristã aos confins da terra, pediu para não nos envergonharmos do Evangelho porque é poder de Deus. Vergonha seria também saber tanto do Evangelho e não crer. A fé é para mentes superiores e nos leva além de onde a razão nos abandona. Não precisamos de revelações mais profundas, mas, sim, de mais confiança em nosso Pai. Eu já escutei muitas revelações e profecias, mas só na fé me ergui. Para que precisamos de tantas confirmações sobre o que podemos conseguir? Creia e atue conforme essa fé!

Claro que esperamos que Deus nos permita conhecê-lo mais, mas esse conhecimento é em vão se não nos leva a crer de coração. O que faz uma criança quando recebe um milagre de saúde? Um menino não jejua, não estuda profundamente as Escrituras, apenas crê e recebe! Por isso, peçamos ao Senhor que nos dê essa fé inocente e poderosa das crianças. Aprendamos a ver os problemas como oportunidades para conhecer o Senhor e ver Sua obra. Se os israelitas não tivessem sido escravos no Egito, Moisés nunca teria conhecido Deus dessa forma e não nos teria conduzido à liberdade e à bênção. Se existe fartura de alimentos, não precisamos de um milagre da multiplicação de pães e peixes, por isso, se quer ver milagres, certamente enfrentará problemas porque se tudo estiver bem, não existirá a necessidade da obra sobrenatural. A experiência de Marta é a melhor escola de teologia e também de fé porque nos ensina a crer fazendo uso correto do conhecimento. Diga ao Senhor: "A partir de hoje, eu me matriculo em Sua escola, a Bíblia será meu manual e a vida será minha professora. Aprenderei e acreditarei em Seus ensinamentos. Nada me impedirá de alcançar o cumprimento de Tua Palavra em minha vida". Honre o Senhor e o reconheça como o único capaz de fazer com que sua circunstância mude para o bem.

Nunca fui muito hábil para consertar coisas. Mexer com eletricidade ou encanamentos não é meu forte, no entanto, como homem da casa, tive que aprender, por isso me preocupo em ter ferramentas à mão para o caso de precisar apertar alguns parafusos – a começar pelos da cabeça de meus filhos. Em mais de uma oportunidade quis fazer um conserto simples, e tudo dá certo quando temos as ferramentas corretas que facilitam o trabalho, pois de nada serve um martelo se o que precisamos é de uma chave inglesa. A mesma coisa acontece na vida: a melhor ferramenta que temos é a Palavra de Deus e, apesar de ela estar a nosso alcance, não a utilizamos, não a colocamos em prática; às vezes, por falta de conhecimento.

Como vamos acreditar em promessas que não conhecemos? Como podemos pedir uma herança que não sabemos existir? Como colocaremos em prática princípios que desconhecemos? A ferramenta está a nosso alcance, vamos aprender a usá-la. É como se tivéssemos nas mãos todas as peças do quebra-cabeça, mas não nos atrevêssemos a montá-lo. Todos passamos por situações difíceis, todo mundo já teve que consertar um cano quebrado com uma chave de porca antes que a casa fosse inundada.

Posso contar muitas e muitas situações difíceis que enfrentei com minha família. Por exemplo, quando meu filho foi diagnosticado com leucemia ou quando a vida de minha filha mais nova e a de minha esposa estiveram em perigo durante o parto da bebê. Nesses momentos, eu pedi, intercedi e orei com toda a fé que tenho, coloquei em prática tudo o que aprendi na Bíblia, convencido de que Deus realiza milagres, e assim aconteceu.

Em momentos assim, pode ser que você diga: "Nada vai mudar, as coisas sempre foram assim na minha família, eu sou assim, não há nada a ser feito". Não dê desculpas e pare de acreditar mais nas mentiras do inimigo do que nas verdades de seu Pai! Jesus está ao seu lado, está à sua frente, disposto a operar um milagre, assim como estava à frente de Marta. Se você sabe que Deus deseja seu bem, prepare-se para recebê-lo, agradeça pelo que ele está prestes a fazer em sua vida, agrade-o com sua fé e desfrute da bênção que Ele dará a você.

Não se perca na ignorância, nem em meio a tanto conhecimento da Palavra. <u>Ver milagres não depende do que você sabe e do que conhece de Deus, mas do que tem certeza de que Ele pode fazer</u>. Que seus recursos e conhecimentos não sejam empecilhos para sua fé, ao contrário, aproveite esses recursos e sabedoria para colocá-la em prática. Não viva essa ironia religiosa de quem sabe muito, mas crê pouco e não consegue nada.

10 UMA SEMENTE DE MOSTARDA

Há sementes pequenas que se transformam em uma enorme árvore.

Jesus não pôde fazer milagres em Nazaré – o povoado onde cresceu com sua família – porque as pessoas o viam como um carpinteiro e não como o Filho de Deus.[49] Ali, não encontrou fé, apenas desconfiança. Sabemos que a Palavra de Deus é viva e eficaz, que é boa semente e não volta vazia, mas os afãs da vida e o engano das riquezas podem afogá-la e torná-la ineficiente. Por esse motivo, é preciso aprender o correto sobre a riqueza segundo os princípios

---

49 Marcos 6:1-6.

bíblicos, para que ela não exerça mais poder em ti do que a Palavra Dele. Quando falamos em presenciar milagres, é importante lembrar a honra que devemos demonstrar ao Senhor, porque Ele poderá realizar maravilhas somente se demonstrarmos que acreditamos em Sua capacidade de fazer isso.

A incredulidade e o afã da vida podem neutralizar o poder de Deus![50] Quando li isso nas Escrituras, também fiquei de boca aberta. Na terra Dele, ignoraram Jesus com desprezo, descrédito, desonra e inveja; foi como se o bombardeassem com kriptonita. Quando você o enxergar como o Senhor dos senhores, o milagre acontecerá. Aceite o poder de Deus assim como aceita o poder da ciência humana. Se você considerar seu pastor apenas como mais um amigo, sem respeito, como quer que Deus o use para te abençoar? Proclame sua fé com valentia e defenda o que acredita porque disso depende sua bênção. Honre a Jesus, demonstre que ele é teu Senhor e Ele poderá fazer Sua obra! Seja congruente com seus atos; se diz que Ele é seu Senhor, demonstre. Valorize-o e aprecie-o porque Ele deu autoridade a você.

Todos podemos realizar milagres se acreditarmos e se houver respeito entre nós. Somos filhos de Deus e Ele pode escolher por meio de quem a bênção aos outros acontecerá. Cônjuges podem ser usados por Deus, mas devem se respeitar, apesar dos defeitos, pois estes não serão estorvos se Deus encontrar fé no casal. Você pode ver Jesus como seu melhor amigo, mas não deixe de vê-lo como seu Senhor, a quem você respeita e em quem você crê de todo o coração.

Eu acredito em Jesus, tenho mil defeitos, mas acredito. Quando me convidaram para ir à igreja, cheguei com um maço de cigarros no bolso de minha calça jeans rasgada. Ao escutar tudo o que Jesus tinha feito por mim, sem dúvida, eu me levantei e o aceitei como meu Senhor. Não cheguei cansado, decepcionado, frustrado nem ferido, era um jovem que estudava e tinha uma empresa, por isso não o aceitei por desespero, mas, sim, por gratidão, porque, apesar da vida que levava,

---

50 Marcos 4:19.

Ele me amava e me abençoava. Desde então, decidi acreditar e fui radical nisso.

Assim como pagava pela melhor bebida nas discotecas, desde aquele dia, paguei pela melhor Bíblia que pude comprar e investi em muito material de instrução para aprender e compartilhar com os outros. Dediquei-me a crescer na fé e não me arrependi. Retomei a vocação que sentia quando era pequeno e Ele me formou porque eu não fazia nem ideia de como pregar, de como ser pastor e entregar minha vida ao ministério. Qualquer um que tivesse pregado no zoológico de sua cidade sem ninguém para lhe ouvir teria desistido, qualquer um que tivesse entregado folhetos bíblicos na porta dos cinemas ou que tivesse escrito mensagens nas passagens de ônibus diante do olhar desconfiado dos passageiros teria duvidado do que preparava o futuro, mas eu acreditei, aceitei o caminho de meu chamado e dou graças porque tive o respaldo Dele, inclusive quando me equivoquei, o que aconteceu muitas vezes.

Se aconteceu comigo, sem dúvida pode acontecer com você, mas não devolva Jesus à carpintaria, não o veja como o filho do carpinteiro, mas, sim, como o Filho de Deus que está sentado em Seu trono, à direita do Pai, onde intercede por você. Peça perdão se você o menosprezou e se menosprezou a si mesmo. Aprenda a ver seus semelhantes como irmãos em Cristo, dignos de honra, a quem Deus pode usar para abençoar você. Peça que abra seus olhos, para que você possa voltar a vê-lo como Ele é: Senhor dos senhores, Rei dos reis, e para que possa ver em outras pessoas os filhos Dele, discípulos e representantes. Peça a Ele que te ensine sobre a honra e a fé, e que te ajude a descartar toda a incredulidade.

Cuidado como escutar

E como fazer para descartar a incredulidade? Procurando escutar apenas palavras que nos edifiquem. Em uma oportunidade, quando

Uma semente de mostarda

os discípulos tentaram expulsar um demônio e não conseguiram, eles perguntaram a Jesus o que tinha acontecido. Então, Ele explicou que eles não tinham fé e deu como exemplo a semente de mostarda[51], mas a analogia não é para que você tenha uma fé tão pequena como essa semente, mas, sim, para que sua fé seja tão poderosa como ela é, pois mesmo sendo minúscula, chega a ser a maior das hortaliças e se transforma em uma árvore grande que dá muitos frutos.

Além disso, Ele ensinou como podemos fortalecer a fé: com oração e jejum. Quando desejamos curar alguém, não devemos orar e jejuar pelo enfermo, mas por nós mesmos, para que nossa fé se fortaleça e sejamos usados como instrumento da obra do Senhor. A incredulidade só é eliminada buscando a Deus com todo o coração. As coisas boas acontecem quando você descarta sua incredulidade. Já sabemos que ninguém que mantenha os olhos no reino terreno consegue alcançar grandes êxitos; apenas com o olhar nas maravilhas do Senhor é possível conseguir milagres.

A incredulidade só é eliminada buscando a Deus com todo o coração.

Em outro momento, Jesus comparou o reino dos céus com a semente de mostarda que se estende de modo poderoso, e a melhor parte é que seus ramos resistentes e frondosos aninham as aves do céu. As bênçãos do Senhor caem sobre as pessoas que lutam por seus sonhos e crescem como a semente de mostarda. Deus sempre fará algo a mais se você usar sua fé para acreditar Nele para alcançar suas metas. Ou seja, não devemos nos concentrar no que somos, mas no que somos chamados a ser. Talvez agora você se veja pequeno como uma semente, mas será como uma imensa árvore que dará abrigo a outros em nome do Senhor. Escute e acredite que está sendo chamado à grandiosidade!

---

51 Mateus 17:19-21.

Os inícios nunca devem ser menosprezados. A menor das sementes tinha certeza de sua grande capacidade de crescimento. Imagine uma semente de mostarda diante de uma de laranja, de pêssego ou de abacate, ela não deixaria que a humilhassem, certamente diria: "Agora sou pequena, mas verão como ficarei grande quando me semearem, adubarem e regarem". Não se esqueça: a Palavra de Deus fará com que você seja grande! A semente de mostarda acredita que mudará de espécie, que não será hortaliça, mas, sim, árvore. Não importa se é uma árvore pequena, o importante é que transcendeu suas fronteiras e não se conformou em ser uma hortaliça grande. Se tiver fé, pode ser transformado como essa semente; temos um enorme potencial para crescer e dar frutos.

Não veja a si mesmo como é agora, olhe com os olhos da fé, como a pessoa bem-sucedida e feliz que já é. <u>Se acreditar com essa fé da mostarda, tudo será possível: saúde, restauração e salvação.</u> Muitos se limitam porque se julgam indignos de receber bênçãos, mas o reino de Deus opera pela fé, não por obras. Não veja que preço deve pagar porque Jesus já pagou, apenas acredite e ore! Se um demônio não desaparecer quando você o expulsar em nome de Jesus, ore e jejue, mas não porque ele é mais poderoso que o nome Dele, mas, sim, porque, ao fazer isso, sua fé se fortalece. Um estômago vazio por jejum não é mais poderoso do que o Senhor. A oração e o jejum são eficientes para fortalecer sua fé, mas não como "fórmulas mágicas" que causam o resultado que desejamos.

A fé vem pelo ouvir e vai pelo falar. Quando somos homens e mulheres de fé, cuidamos do que ouvimos e do que falamos. O apóstolo Paulo pregava a Palavra de fé porque ajudaria os novos cristãos a vencer as dificuldades e a perseguição. Nunca nos esqueçamos de que a Palavra diz que o justo por sua fé viverá, ou seja, que a fé serve para viver, para sair à frente dia a dia; por isso, devemos nos alimentar com essa Palavra de fé que nos faz viver e crescer para avançar.

11 PEÇA E DECLARE

Se permitir que Deus atue em você, suas palavras mudarão e você verá esses bons dias que sua boca proclama!

No fim de 2015, nós, membros da igreja, organizamos várias visitas ao hospital geral da cidade da Guatemala para entregar alimentos porque eles estavam enfrentando uma crise muito grave. Além de levar doações, oramos pelos enfermos que assim permitiam que fizéssemos. Em uma das salas da pediatria, com timidez, uma senhora se aproximou de mim, uma senhora que aparentava estar muito cansada. Seu olhar pesado contrastava com o sorriso aberto que me ofereceu ao mesmo tempo em que me abraçava, pedindo que eu orasse por sua filha. Quando me aproximei da cama onde dormia a menina – bem, não sei se dormia, de fato, mas seus olhinhos estavam fechados –, meu coração se comoveu porque seu rosto refletia dor. É muito difícil manter um bom estado de ânimo diante do sofrimento de uma criança! Mas, nesses momentos, nossa fé deve se manter firme e contagiar quem nos rodeia. A verdade é que essa mãe, de joelhos ao lado do leito do hospital de sua filhinha em terríveis condições, tinha uma fé tão grande e uma atitude tão poderosa que quase posso dizer que ela me contagiou! Enquanto rezávamos naquele ambiente que recendia a suor e podridão, onde quase era possível sentir o cheiro da morte, a menina abriu os olhos e sorriu.

Eu nunca vou me esquecer: elas não tinham nada, mas sua fé era tão grande que com isso, tinham tudo, e tenho total certeza de que receberam seu milagre. Mas além da saúde, receberam júbilo, paz e todas as bênçãos que Deus tinha para elas. Viviam pela fé, não pelo que viam.

O contraste é tão claro quando me lembro das visitas que fiz a outros enfermos em circunstâncias diferentes, pessoas que, graças a Deus, têm todas as possibilidades econômicas para cuidar de seus filhos e interná-los nos melhores hospitais e até levá-los a médicos fora do país ao menor sinal de alarme. No entanto, às vezes, a atitude não é a melhor, pois se mostram irritados, arrogantes e até desafiadores. Tudo o que eles têm parece não importar na vida! Parecia que tinham fé, mas a seu próprio modo, e deixam Deus em segundo ou terceiro plano.

Sua fé se alimenta daquilo em que você coloca sua atenção e só quando realmente está concentrado no Senhor, você se fortalece e seus sentidos se abrem às coisas boas. <u>Tudo conta, tudo agrega algo a sua vida, inclusive em meio à pior adversidade.</u> Então, faz sentido dizer que o poder do Senhor se aperfeiçoa em nossa fraqueza e que temos tudo, ainda que não tenhamos nada, porque tudo podemos se Ele estiver conosco.[52]

---

52 2 Coríntios 12:9.

Quando você tem fé, tudo soma, mas quando não tem, até o que você acredita ter parece escapar de suas mãos. Posso dar o testemunho de que, inclusive nos momentos mais difíceis, quando me aproximo do Senhor e procuro ouvi-lo, meu ânimo se fortalece porque a Sua Palavra me dá esperança e confiança; mas já vi amigos que, ao escutar conselhos errados ou ao encher a mente com mensagens fatalistas, não vivem em paz, ainda que não tenham um problema específico. Então, compreendo o que Deus queria dizer porque até o que essas pessoas têm parece faltar.

O futuro está cheio de bênçãos para quem escuta com fé. Claro que você terá desafios, porque, dessa forma, poderá demonstrar que acredita que o que acontecerá será bom. Quando me refiro a nos alimentarmos de Sua Palavra, é importante que busquemos a correta interpretação. Por exemplo, volto à oração do Pai Nosso, tão completa e profunda que vale a pena pensar na frase: "O pão nosso de cada dia nos dai hoje".[53] O que acontece com essas palavras? Eu poderia fazer essa pergunta, porque muitas coisas acontecem com elas! Tanto, que elas têm sido o pilar de minha fé para pedir ao Pai. O segredo está em ler corretamente, porque não é um pedido para que nos dê o pão todo dia, mas que nos dê hoje o pão que nos sustentará em outras jornadas. Ou seja, estamos pedindo abundância, não escassez. Ao pedir dessa forma, demonstramos nossa fé no que Ele pode nos dar agora e abundantemente no que sabemos que receberemos no futuro.

Você pode orar para que, como acontece com o "pão nosso de cada dia", o Senhor dê a você, hoje, as vendas do mês todo, os negócios de toda a temporada, os bons resultados que você espera para um período inteiro. Tudo dependerá de sua fé. Hoje mesmo pode ter a bênção de cada dia se pedir para que Ele dê ideias, porque quando você acredita que algo é possível, encontra a maneira de conseguir; mas se você acreditar que um projeto é impossível, não vai se esforçar para

---

53 Mateus 6:11.

encontrar meios de consegui-lo. Primeiro acredite que é possível, que, a partir daí, o "como" surgirá.

<u>Se aprendermos a entender a Palavra de Deus como promessa de bênção, certamente a receberemos</u>, mas se não pedirmos discernimento, inclusive aquilo que acreditamos ser nosso nos será tirado. Deus sabe o que você pensa e deseja, mas só vai te dar se você ouvir com fé e pedir. Dê graças por essa revelação tão linda! Peça a Ele que limpe seus ouvidos para ouvir apenas as palavras de fé.

O bem e o mal procuram a boca

Bom e o que mais? Somente ouvir é importante? Claro que não! O aprendizado também deve ser colocado em prática por meio do que dizemos e fazemos. Jesus disse que qualquer pessoa que tenha fé em Deus verá ser realizado o que sua boca declarar.[54] Gosto que fique claro que digo "qualquer", porque significa que todos podemos ver essa manifestação de Seu poder se acreditarmos e confessarmos com nossa boca. Por esse motivo, Jesus pediu para que oremos com fé para recebermos o que pedimos. <u>Orar também é questão de aprender a escutar e falar, porque para receber, é preciso crer e dizer</u>.

Mas se não soubermos falar, se não soubermos nos expressar com palavras, dificilmente saberemos orar, já que ao tentarmos nos comunicar com Deus, buscamos que Ele ouça o que dizemos. Ele deseja te ouvir e quer estabelecer uma relação íntima com você, mas só pode fazer isso se falar com você. Por acaso é possível ter uma boa relação com alguém com quem não dialogamos? Claro que não! É verdade que Deus sabe o que pensamos, mas procurá-lo para conversar é manifestar nosso desejo de nos relacionar com Ele. Então, se deseja orar, deve fortalecer sua fé e aprender a se expressar verbalmente.

---

54 Marcos 11:21-24.

Não é por vista

Às vezes, achamos que orar é somente chegar diante de Deus e derramar nossa alma, acreditamos que chorar é suficiente para receber o que esperamos, mas onde está a fé que devemos demonstrar ao proclamar que estamos certos de que Ele nos escuta e de receberemos uma bênção? Uma coisa é desabafar, e outra, muito diferente, é crer e confessar Sua Palavra com total segurança. Para estarmos convencidos de Seu amor, devemos dedicar tempo para estudar Sua Palavra, aprender sobre Suas promessas e Suas leis, caso contrário, como podemos estar convencidos de que Seu desejo é nos abençoar?

Assim, abra os olhos e o coração para perceber que orar envolve muito mais do que procurar a Deus durante uma dificuldade, é a fé que proclamamos fundamentada no conhecimento de Sua Palavra o que nos sustenta e nos permite avançar, ainda que em meios aos problemas e à dor. Deus responde à declaração de nossa fé, não a queixas e lamentos, pois pela fé os homens da Bíblia alcançaram um bom testemunho. É preciso crer no Senhor e expressar essa crença com palavras e ações para ser agradável a Seus olhos.

Na Bíblia, encontramos a história de Gideão, um jovem escolhido por Deus para vencer os midianitas que afligiam o povo de Israel e roubavam suas colheitas. Quando o anjo do Senhor o encontrou, deu instruções, mas ele começou a se lamentar e a se declarar inadequado para o trabalho que determinavam, Deus, no entanto, não disse: "Você tem razão, é fraco, pobre e o menor", mas, sim, o fortaleceu, tirando os lamentos de sua boca. "Use essa força e derrote os midianitas." Deus não fala a linguagem da tristeza e da derrota.

Você já tentou falar com alguém que não fala sua língua? Se disserem a você: "E aí, peixe? Que louco são seus panos!", você vai demorar a entender que estão elogiando suas roupas. Assim acontece com o Senhor quando você fala a linguagem da dúvida, que Ele não entende. Se você disser: "A situação está ruim, mas acredito no Senhor. Sei que vai cuidar de nós", vai chamar Sua atenção, Ele vai te ouvir e entender.

Peça e declare

Acreditei, por isso falei

Podemos estar com o coração cheio, mas nada de bom é ativado se não for declarado. Claro que ao falar, você deve cuidar para não ser arrogante ou esnobe. Demonstre que confia em Deus e tenha a atitude correta para proclamar e receber. Um médico pode dizer a você: "O diagnóstico é câncer e você vai morrer", mas você pode responder: "Eu não acredito nisso, recuso toda doença". Então, o médico vai pensar que você está louco, mas você pode pensar: *Ele vê os exames, eu vejo as promessas de Deus.*

Quando confessamos algo, deixamos claro o que está no coração. Não podemos garantir que existe fé dentro de você se não for declarada. Um casal da congregação que graças a sua fé perseverante e empreendedora superou sua terrível situação econômica, comentou comigo que seu processo foi justo nessa ordem, que consiste em visualizar, planejar e declarar com fé.

Eles aceitaram o convite de uns amigos porque disseram que haveria comida. Mas quase se retiraram quando escutaram as pessoas começarem a falar de ofertas. Quando ele comentou com ela que eles deveriam partir, ela respondeu: "Vamos ficar. De qualquer modo, o que tirarão de nós se já não temos nada?". A situação era tão grave que, para irem à igreja, tinham que comprar cola para prender as solas dos sapatos. No entanto, conforme abriam a mente e o coração, Deus os convencia de Suas promessas. Começaram, então, a assistir às reuniões organizadas pelos líderes da igreja, o que nós chamamos de "grupos de amizade".

Na semana em que tiveram que levar algo, não sabiam o que fazer, porque tinham somente Q20,00[55], por isso compraram um bolo pequeno que custou Q16,00 e deram os Q4,00 restantes como oferta. Em poucas palavras, agiram contra toda lógica e com fé. Nesse mesmo dia, ao entrar em casa, a filha deles os surpreendeu com uma notícia,

---

55 Quetzal, moeda da Guatemala. Um Quetzal representa, aproximadamente, 0,52 centavos de real. [N.R.]

um amigo da família havia levado a eles mantimentos para a semana toda! E mantimentos nunca faltaram, ao contrário, tudo foi melhorando; tanto que conseguiram montar um negócio e dar trabalho e mais pessoas. Sempre que podem, eles compartilham seu testemunho, convencidos de que ao fazerem isso, dão esperança a muitos.

A fé é como um rio cuja força é tão grande que não existe barragem capaz de detê-lo sem que suas águas a rompam. Deixe fluir essa torrente de fé em sua mente e em seu espírito. Através de sua boca e de suas declarações, ative a bênção ou abra a porta ao rancor, ao engano e à negatividade. Não se trata apenas de afirmar "Tenho fé, Deus me abençoa", mas de mudar totalmente sua forma de falar porque ela está condicionada ao que você pensa e ao que faz. Não podemos ser hipócritas porque seria como ter duas mentes e duas bocas. Compartilhe apenas palavras boas. Claro, haverá momentos em que teremos vontade de dizer palavrões. Quando alguém bate em nosso carro, quando nos assaltam, quando descobrimos algo desagradável ou somos insultados não vem a sua mente um "Deus te abençoe, irmão", mas é melhor calar e pedir que o Senhor nos dê paciência porque devemos demonstrar essa calma e domínio próprio que Ele tanto nos recomenda.[56] Devemos fazer isso porque nossa fé se traduz em boas palavras.[57]

Sejamos como bebês que estão aprendendo a falar. Primeiro, assimilamos conceitos e depois palavras para nos referirmos a eles, mas do mesmo modo, cada palavra tem uma infinidade de significados segundo o contexto e como as dizemos. Não é a mesma coisa dizer: "Mãe!" diante de sua genitora ou na frente de seus amigos ou de seus filhos. A magia da comunicação está no que dizer e em como dizer! Por isso, neste mundo de mensagens de texto e chats, os emoticons são tão valiosos para dar emoção e tom ao que escrevemos. Os especialistas afirmam que o verdadeiro significado de uma mensagem depende 10% de seu conteúdo e 90% do modo de dizer, ou seja, da linguagem corporal,

---

56 2 Timóteo 1:7.

57 2 Coríntios 4:13.

do tom de voz, dos gestos e da atitude. Portanto, nossa fé deve ser um estilo de vida que se reflete no que pensamos, fazemos e dizemos.

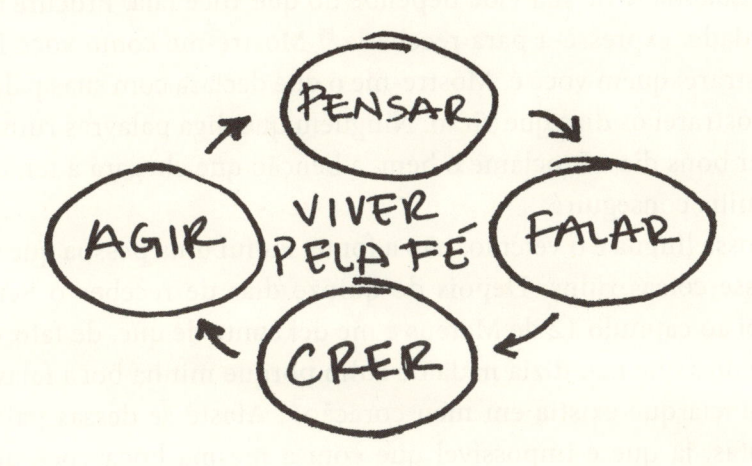

PENSAR → FALAR → CRER → AGIR → PENSAR (VIVER PELA FÉ)

Em meio à aflição

Frequentemente, o Senhor nos pede que acreditemos e que digamos palavras de fé, inclusive durante o sofrimento.[58] É preciso dizer o que Deus diz, não o que nossa alma aflita quer que digamos.

Se não falarmos palavras de confiança, nossa fé é vã e somos como vasos vazios. A fé produz algo quando acreditamos e falamos, não quando ela fica guardada no coração. Além disso, as palavras de fé são recebidas quando temos o coração dispostos, ao contrário, caem em solo infértil. Em meio à aflição, não se fala de tristeza, mas do júbilo do Senhor, da força que nos dá e da bênção que temos prometida. O que ganhamos quando nos queixamos e nos lamentamos? A única coisa que conseguimos é nos afundar mais em nossa tristeza. As palavras influenciam os pensamentos e os sentimentos, por isso, diga coisas boas. Se sua sensação de insegurança for grande, vai se tornar gigante

---

58 Salmos 116:10.

quando você falar. Fale de sua segurança para que esta cresça e derrube sua insegurança.

A qualidade de sua vida depende do que você fala. Procure a paz e a verdade, expresse-a para recebê-la.[59] Mostre-me como você fala e eu mostrarei quem você é. Mostre-me o que declara com suas palavras e eu mostrarei os dias que virão. Ninguém que diga palavras ruins poderá ter bons dias. Proclame o bem, a bênção que chegará a ter, o que sua família conseguirá.

Nossa língua é o veículo, não a fonte. Eu fui uma pessoa que sempre disse coisas ruins. Depois de quinze dias de receber o Senhor, cheguei ao capítulo 12 de Mateus e me dei conta de que, de fato, fazia quinze dias que não dizia nada de ruim porque minha boca falava da abundância que existia em meu coração.[60] Afaste-se dessas palavras corruptas, já que é impossível que com a mesma boca você queira abençoar a Deus e amaldiçoar seus irmãos. É impossível dizer a alguém: "Filho de tal", depois querer chegar diante do Senhor e dizer: "És meu Deus e meu Salvador". Corrija sua maneira de falar porque é um dos maiores testemunhos que pode oferecer e sua melhor ferramenta para se comunicar com o Senhor.

Renove a fonte e a água amarga desaparecerá. Tire a inveja, o rancor e a dor de seu coração e verá que não haverá palavras ofensivas ou negativas em sua boca. Se houver palavras nocivas ou inadequadas é porque seu coração ainda não foi renovado pela fé. Muda o que tem dentro e o que expressar será diferente. Uma das promessas do Senhor é tirar nosso coração de pedra e trocar por um de carne[61], ou seja, nos dar um novo coração em qual somente brote o bem, mas isso só pode ocorrer se acreditarmos Nele.

---

59 1 Pedro 3:10-11.
60 Mateus 12:34.
61 Ezequiel 36:26.

Peça e declare

O que você disser será feito

Jesus disse de modo muito claro: diga e será feito. Se mandarmos uma montanha se abrir, ela assim o fará[62], portanto, se você acredita, deve dizer o que vai acontecer. Cada vez que falamos do futuro como se já tivesse acontecido, demonstramos nossa convicção. Às vezes, nossas palavras podem parecer arrogantes, mas não se deixe conter por isso e cuide do orgulho de acreditar no que não é e na falsa humildade de não reconhecer o que é, mas não tenha pena de proclamar toda a bênção que receberá pela fé.

Edifique e conceda graças aos outros com suas palavras, expresse apenas coisas boas que ajudem seus semelhantes a crescer espiritualmente[63], alegre seu coração, seu espírito e o Espírito Santo! Nossa língua é um órgão muito poderoso, pois precisa ser controlada e bem-utilizada para abençoar. Evite que sua língua contamine a si mesmo e aos outros. Jesus disse que por nossas palavras seremos absolvidos ou condenados. Alcancemos a absolvição e evitemos a condenação, expressemos apenas palavras corretas. <u>O inimigo precisa de nossas palavras para nos causar dano, e Deus precisa delas para nos abençoar. A quem você as dará? Com fé, entregue suas palavras à vontade divina!</u>

Peçamos perdão ao Senhor pelas coisas inadequadas que podemos ter deixado entrar em nosso coração. Digamos a eles que desejamos confessar que cremos Nele, que estamos prontos para que Ele nos renove e nos ajude a descartar a inveja, o egoísmo, o rancor e o repúdio. Que Ele nos encha de paz, bondade, amor e boas palavras.

---

[62] Marcos 11:20-24.
[63] Efésios 4:29-30.

IV

TEMPLE

Capítulo 12	**Níveis de fé**
Capítulo 13	**Mudança de nível**
Capítulo 14	**Fé com autoridade**

Ser identificado com alguma característica do espectro autista é um tabu, assim como ser diagnosticado com bipolaridade, nascer com Síndrome de Down, lidar com o TDAH ou qualquer outro transtorno psicológico, neurológico ou comportamental. Algumas vezes são consideradas limitações, mas algumas pessoas sabem passar pelos prejuízos e ver tais situações como oportunidades para a grandeza.

Temple Grandin é uma dessas pessoas, e no filme com seu nome, podemos explorar um pouco dessa grandeza que está muito além do que os outros poderiam considerar uma limitação, quando, na realidade, é apenas uma determinada percepção da realidade, de outra perspectiva, o que também significa enfrentar desafios, como ela mesma descreve no filme: "Eu sou diferente, mas não inferior. Tenho um dom: vejo o mundo de um jeito novo, percebo todos os detalhes que os outros não veem... Eu penso em imagens e as conecto".

A mãe de Temple achava estranho ao notar que sua pequena filha se incomodava quando a pegavam no colo. Um gesto de carinho que traz confiança e reconforta a maioria das crianças, para ela era como um balde de água fria! Pouco a pouco, ficaram evidentes mais traços autistas que obrigaram sua família a se adaptar e procurar opções para desenvolver o potencial de sua filha. Graças a Deus não a rotularam como alguém incapaz, porque o mundo teria perdido uma mulher com dons e talentos incríveis!

A vida dessa incrível zoóloga, etóloga e cientista tem sido um constante processo de superar níveis em áreas que para nós parecem naturais e, por isso, simples. Aprender a falar, a vencer o medo que causa o ruído de um ventilador ou as portas automáticas, superar a ansiedade ao sentir que alguém nos toca e vencer as barreiras para a socialização foram portas que Temple teve que abrir, uma a uma, avançando em uma escada que subiu com certa dificuldade. E não só conseguiu, como também foi além.

Sua mente brilhante, que logo traduz figuras e desenhos, não alcançou o nível médio para levar uma vida funcional, mas foi capaz de abrir caminho e a fazer grandes contribuições. Ela passou do nível de sobrevivência ao nível de explosão criativa da mão de pessoas cuja fé também superou etapas ao avançar para conquistas maiores. Sua mãe, sua tia e seu professor, o Dr. Carlock, foram determinantes nesse processo que a ajudou a florescer.

O que acha de inventar uma máquina para dar abraços e que agora faz parte da terapia para pessoas com traços de espectro autista? O que acha do projeto de um processo para melhorar o manejo do gado e, assim, evitar que os animais sofram desnecessariamente? Porque está comprovado que os animais também têm emoções. "A natureza é cruel, mas nós não devemos ser cruéis. Devemos respeito a eles", afirma Temple.

Por meio dos privilegiados olhos de Temple, vemos o mundo de uma nova e emocionante perspectiva de fé que amadure, passo a passo, constantemente, e sem parar em meio aos desafios, porque não somos pessoas "medianas", e existe genialidade dentro de cada um. É só questão de abrir a mente e o coração a todas as possibilidades, como Temple fez. Eu me animei e fiz isso, fui avançando passo a passo, nível a nível, Deus me surpreendeu!

12 NÍVEIS DE FÉ

Sua fé em Deus deve ser a base em todas as áreas de sua vida.

Antigamente, quando alguém desejava declarar sua vontade, deixar bens ou definir leis e estatuto, escrevia tudo em pergaminhos ou em papiros que enrolava e entregava. Quem desejava gozar dos benefícios escritos ali, tinha que desenvolver e executar as instruções. Essa é a origem da palavra "desenvolver". Vamos nos desenvolver e alcançar novos níveis de grandeza quando desenrolarmos o que está escrito para nós, e isso se aplica especialmente para a vontade de Deus escrita em Sua Palavra, essa boa-vontade, agradável e perfeita, que vai além do que podemos imaginar e desejar[64] porque Seus planos e pensamentos sempre são melhores do que os nossos. Essa deve ser a convicção que fundamente nosso desejo de desenvolver o caráter, as habilidades e a fé nos permitam cumprir Sua visão. Sabemos que todos recebemos uma medida de fé, um "papiro" com as promessas e bênçãos do Senhor, mas de nós depende desenvolvê-la e cumpri-la.

Sempre fui um esportista, assim como minha esposa. Nós dois jogamos vôlei desde muito jovens. De fato, quando nos conhecemos, uma de nossas afinidades era essa, e Sonia se lembrava de já ter me visto jogar. Então, brincando, eu disse: "Você nunca se esqueceu desse dia, quando me viu jogar vôlei, e o Senhor atendeu o pedido de seu coração para que voltássemos a nos encontrar". A verdade é que o Senhor atendeu o pedido de meu coração e nos uniu. Então, a questão é que temos praticado muitos esportes e nos últimos anos desenvolvemos o amor pelo esqui, quando um amigo nos convidou para viver a experiência em Denver, no Colorado. Realmente é um esporte fascinante! Desde que tive o primeiro contato com o esqui e senti a adrenalina, não consegui mais parar e contagiei a todos: minha esposa, minha filha, meus dois filhos e seus cônjuges. Até meus netinhos!

Pouco a pouco, cada um, a seu ritmo, superou níveis. Em meu caso, depois de seis temporadas praticando, passei do nível de principiante para o primeiro nível avançado. Claro que ainda me falta muito para aprender, mas na primavera de 2017, junto a minha esposa e minha filha Ana, vivemos uma aventura que poderia dizer que me fez saltar muitos níveis, até me transformar em instrutor. Estou exagerando, claro, mas foi uma experiência que me ajudou a colocar em prática tudo o que tinha aprendido.

Foi um dia intenso nas montanhas de Utah. Quase na hora de partirmos, nosso instrutor se desculpou dizendo que não poderia nos acompanhar devido a um delicado problema de saúde, então, como sabíamos o que tínhamos que fazer, nós três traçamos, cada um em

---

64 Jeremias 29:11.

seu mapa, a rota que tomaríamos durante o caminho, sempre ao redor de cafeterias que, se fosse preciso, também serviriam como refúgios. O plano era usar um sistema novo de carrinhos que ligasse as duas montanhas. Passamos o dia esquiando, mas, na volta, o clima ficou mais complicado. A neve era do tipo úmido, como chuva gelada. Tínhamos que ser muito pontuais com os horários porque o carrinho que nos levaria de volta fechava às quatro da tarde, por isso, calculando o tempo, decidimos iniciar o retorno mais ou menos às três. A visibilidade era pouca e, em determinado momento, alcançamos um grupo que também voltava. Sem perceber, cada um tomou um rumo diferente! Mas pensávamos que os dois iam juntos. Quando descobri que estava indo sozinho, vivi dois minutos de grande incerteza em minha vida de esquiador. O tempo corria e a probabilidade de não alcançarmos o carrinho era cada vez maior, eu não sabia se devia esperar ou avançar!

Cada vez que via um grupo, perguntava: "Passaram por aqui duas mulheres, uma com jaqueta vermelha e outra com uma jaqueta branca?". A resposta sempre era negativa. Cheguei em cima da hora na estação para pegar o transporte e subi com a esperança de que elas já tivessem subido. Se não fosse o caso, seria mais fácil ajudá-las a partir da estação central do que da montanha. Essa convicção me fez avançar, sempre orando para que estivessem bem.

E graças a Deus tomei essa decisão, porque ao chegar ao ponto final da reunião, Anita, minha filha, estava à minha espera. Então, descobrimos que todos estávamos sozinhos! Ela pensou que minha esposa e eu estávamos juntos. Sonia pensou que Anita e eu estávamos juntos. Eu pensei que elas duas estavam juntas. Uma confusão enorme! Foi muito importante o tempo dedicado a traçar a rota e marcá-la, cada um em seu guia.

Alguns minutos depois, Sonia apareceu encharcada e com o mapa praticamente desfeito. Sem dúvida, nós três alcançamos um novo nível de confiança e destreza durante essa viagem. Tenho certeza de que a mesma coisa acontece em nossa vida de fé, onde vamos avançando níveis, como em todo processo de aprendizagem.

Nascer de novo

Se vemos a fé como um processo de amadurecimento, o primeiro nível é nascer de novo. Como lemos na Palavra de Deus, com o coração se crê para a justiça, e com a boca se confessa salvação, portanto, nascemos de novo quando confessamos com nossos lábios que Jesus é nosso Senhor.

Quando o recebemos por vontade própria, renascemos; ou seja, nos transformamos em novas criaturas, prontas para crescer na fé.[65] No mesmo dia em que o recebi, eu disse: "Jesus, tu és meu Senhor e Salvador, a partir de hoje vivo por ti", e algo aconteceu dentro de mim. Quanto mais aprendia sobre a Palavra de Deus, mais incomodado me sentia com o que vivia e mais desejava avançar no caminho que Ele me mostrava. A mudança aconteceu gradualmente porque não é fácil nos reprogramarmos.

A fé e a graça por meio de Jesus nos dão um novo nascimento[66] e este é o primeiro passo no caminho em direção a nossas promessas. Não esqueça: você é uma nova criatura pela fé.[67] Ao entregar nossa vida ao Senhor, nascemos do Espírito, que faz com que sejamos participantes da natureza divina. Você consegue imaginar? Se a fé consegue fazer com que um novo Carlos nasça, ou uma nova Maria, um novo João, é capaz de fazer com que sua família seja restaurada, que seu corpo sare e que você avance em tudo o que fizer! Se você se concentrar em estabelecer uma comunicação íntima com Deus, se procurar aprender com as Escrituras e aplicá-las, um novo ser será gerado em seu interior. Se for capaz de acreditar que será renovado, e se começar emergir uma nova pessoa em seu interior, não haverá doença, tristeza nem pobreza que triunfe. Sua fé é poderosa, te faz caminhar em nova vida e te dá a capacidade de escutar Deus, mudar sua circunstância e superar qualquer dificuldade. O mais difícil, que é nascer de novo e ver

---

65 João 3:3.
66 Efésios 2:8-9.
67 2 Coríntios 5:17.

seu nome escrito no livro da vida, já terá sido feito, assim, superar a dificuldade econômica e a doença será fácil com a fé que recebeu.

Viver pela fé

Depois de aceitar nossa nova identidade, o próximo passo é viver pela fé, e com humildade, entregar ao Senhor o controle de todas as áreas. Muitas vezes, esse é o desafio maior, porque estamos acostumados a ter o controle e a confiar em nossas forças, e procuramos ter resultados imediatos quando realmente a vida de fé implica superar níveis que nos fortaleçam e nos preparem. Se tudo fosse instantâneo, onde ficaria nossa formação e educação? Claro que Deus pode operar milagres em um piscar de olhos; já fui testemunha de tumores que desapareceram, pés que se recuperam e olhos que voltam a enxergar direito, mas acredito piamente quando Jesus disse que com fé poderíamos mover montanhas, ele se referia a um processo, não a um acontecimento.

Inclusive, algumas das curas que temos visto ao orar pelos enfermos se aperfeiçoam conforme o tempo passa. Por fé, agora você é visto como alguém que pode viver em sociedade[68], porque obedecemos a regras e a leis que nos fazem acreditar em um futuro de paz, júbilo e estabilidade. Agora que você é um novo ser que sabe do amor de seu Pai, deve viver conforme essa fé que foi capaz de fazer com que você renascesse.[69]

Quem nasceu pela fé não se isenta. A Palavra é clara e diz que somos valiosos, mais do que os lírios e as aves, portanto, não devemos nos isentar.[70] Mas isso não significa que devemos ficar de braços cruzados esperando que roupa e comida caiam do céu, mas, sim, que nossa fé na providência do Senhor prevalecerá sobre o afã do trabalho. <u>Quem trabalha colocando a fé em Deus receberá a bênção</u>. Procure

---

68 Habacuque 2:4.
69 Romanos 6:4.
70 Mateus 6:25-30.

sempre se esforçar e dar o melhor de si, porque, assim, demonstrará que acredita. Deve aplicar sua fé nas coisas pequenas e também nas grandes; nas simples, como se vestir, e nas complicadas, como ver uma nação entregue aos pés de Cristo. A crise econômica não deve dominar seu espírito nem sua capacidade de olhar para a frente. Quando pensa em escassez e pobreza, duvida do Senhor, que deseja te abençoar. Nem sequer os cães da rua morrem de fome, muito menos você, que é abençoado por Deus.

Eu não ministro a leões, ursos, baleias ou peixes afligidos pelo futuro, eu ministro a cristãos que declaram viver por fé! Seu poder é tão palpável, que garanto que você recebeu convites para comer mais vezes exatamente quando tinha menos dinheiro; e até te levaram a restaurantes que você não poderia pagar nem mesmo quando está bem financeiramente. É como se Deus dissesse: "Você é importante para mim, não tema". Então, <u>viva confiante e trabalhe conforme a sua fé; lute para obter sempre o melhor, não seja conformista, esforce-se</u>.

Caminhar pela fé

No dia 28 de novembro de 2016, o mundo lamentou um terrível acidente de avião. A equipe de futebol de uma pequena cidade brasileira, Chapecó, sofreu um acidente em território colombiano quando viajava para enfrentar a final da Copa Sul-Americana contra a equipe do Atlético Nacional de Medellín. Muitas versões circulam acerca da causa da tragédia; por fim, ficou determinada uma falha elétrica, e por mais surpreendente que seja, falta de combustível! Os áudios que são gravados por protocolo mostram que o piloto se manteve em contato com a torre de controle e pediu permissão para a aterrissagem de emergência, recebeu instruções para realizá-la, mas não conseguiu concretizá-la.

Sabemos bem que um piloto de avião não pilota uma nave pelo que vê, como faz um piloto de carro, moto, bicicleta ou de qualquer

Níveis de fé

outro veículo que usamos em terra firme; e não faz isso devido à atitude que deve tomar, porque o tráfico aéreo é controlado por técnicos que têm todo o panorama das infinitas rotas dos aviões em voo. Por isso, o piloto de cada aeronave deve confiar nas instruções que recebe, como fez o piloto do avião que transportava a equipe chapecoense. A tragédia ocorreu com a soma de dois elementos: a falta de combustível e a demora na permissão da aterrissagem. Felizmente, não temos esses problemas porque nosso guia nos oferece as instruções precisas e estaremos atentos para que o combustível não acabe, mantendo-nos sempre perto de nosso Senhor, nossa fonte inesgotável.

Assim, se o primeiro nível é nascer de novo pela fé e o segundo é viver pela fé, o terceiro é caminhar pela fé, e não pelos olhos.[71] Devemos ser como os cegos que se deixam guiar por alguém, como os pilotos de avião que escutam instruções até chegarem ao destino. Não vemos o rumo, mas escutamos a voz de nosso Senhor que nos guia, que tem todo o panorama claro e nos leva para onde devemos ir. Não tema o futuro porque o Espírito Santo te orientará pela fé.

Não tema o futuro porque o Espírito Santo te orientará pela fé.

Toda manhã temos a rotina de, ainda meio sonolentos, pegar o jornal, ligar a televisão ou olharmos o celular para nos informar. Claro que é preciso fazer isso, mas essas notícias não nos definem e só devemos considerá-las um parâmetro do que infelizmente vivemos no mundo. É difícil não nos deprimirmos, porque devemos nos fortalecer na fé para que a realidade não esconda as verdades divinas, aquelas que são nossa base.

Vamos manter os ouvidos abertos para escutar Deus e nossos olhos voltados a Ele para receber Suas instruções. Abraão, o patriarca de Israel, recebeu a instrução de Deus para sair da terra dos caldeus.

---

71 2 Coríntios 5:7.

Com certeza Sara, sua esposa, perguntou para onde eles iam, mas imagino que ele tenha respondido: "Não sei, apenas escuto o Senhor e obedeço".

Moisés, o homem que tirou o povo de Israel da escravidão no Egito também se deixou guiar pela voz de Deus. Quando finalmente os havia libertado e avançavam onde encontraram o Mar Vermelho, parece que o faraó se arrependeu de sua decisão e mandou o exército persegui-los. O que fez Moisés? Não disse: "Pronto, aqui está tudo acabado, vamos nos render", mas continuou em alerta e pediu instruções em meio à situação crítica, talvez a mais difícil de sua vida, e imagine que desde seu nascimento enfrentou diversas crises. <u>Na vida, não é preciso sempre ter as soluções à mão, mas buscar Deus a todo momento</u>. As perseguições como a vivida por Moisés e pelos egípcios na frente do Mar Vermelho são oportunidades para que você creia, faça perguntas, obedeça e caminhe pela fé.

"Sim, muito bem, entendo", um amigo dizia a outro quando este tentava explicar a ele o grande mistério de confiar em nosso Pai para receber provisão. Os dois, Mario e Roberto, eram cristãos, claro que acreditavam em Deus e na salvação por meio de Jesus, mas discutiam sobre usar a fé para assuntos simples, como a provisão. Mario dizia que, de nossas obras, de nosso esforço, vinha a provisão. De fato, ele explicava a seu amigo: "Olha, o apóstolo Paulo afirmava aos tessalonicenses que quem não trabalhasse não comeria pão". Então, Roberto lhe respondia: "É verdade, mas também lembre-se de que Jesus disse que somos mais do que os lírios do campo que não trabalham e são lindos, por isso nossa bênção está garantida se confiarmos no amor do Pai". Ambos estão certos! Jesus e Paulo não se contradizem, pelo contrário, eles se complementam, porque o ensinamento é não colocar nossa fé no trabalho, mas no Senhor, que fará frutificar todo o esforço que fizermos. Nossa esperança não depende do trabalho que devemos realizar, mas da Palavra de Deus. Imite Abraão e Moisés, que caminharam pela fé e realizaram a marcha confiantes no amor do Senhor.

Lutar pela fé

Nosso Pai é claro quando pede para lutarmos a boa luta da fé; que permaneçamos na justiça, na piedade, no amor, na paciência e na mansidão. Lutar é o quarto nível da fé. Abraão é exemplo de caminhar pela fé e também de lutar, como Josué diante de Jericó, Elias diante dos profetas de Baal, e Davi diante de Golias e dos inimigos de Israel. No nível de "viver pela fé" não lute contra os outros, mas, sim, contra sua própria desconfiança e fraqueza diante das dificuldades. Um cenário diferente é a batalha da fé, que implica inimigos que visitam sua casa, querem tirar seus filhos, roubar sua bênção e provar de sua força. Temple Gardin, por exemplo, realmente lutou e alcançou grandes vitórias.

Apenas as batalhas com os inimigos nos tornam mais do que vencedores, por isso, se quisermos ver vitórias, será preciso enfrentar batalhas. Caminhar e viver pela fé não é brigar, mas subsistir, assim como não são a mesma coisa sair para treinar e trabalhar ou ficar em casa cozinhando tranquilo. Em ambas situações você deve respirar e viver, mas uma ação é mais desafiadora do que a outra. Desafiemos nossa vida seguros da vitória, aprendamos a vencer o temor porque Deus está a nosso lado e nos faz viver confiantes. Estamos sendo chamados a lutar e a brigar e obter a vitória nas boas lutas![72]

Morrer pela fé

E o que acontece quando chega o momento de sermos levados à presença de Deus? Pela fé, devemos dizer a nossos filhos o que esperar quando já não estivermos com eles. Ao ler a história do povo de Israel, vemos uma corrente de fé de gerações porque Abraão recebeu a promessa de uma grande nação e, ao morrer, ele a passou a seu filho Isaque, e este a seu filho Jacó que, antes de morrer, adorou ao Senhor

---

72 2 Timóteo 4:6-7.

e bendisse sua ascendência. Declarou que a promessa do Senhor se cumpriria. Depois de uma vida de desafios, morrer era um desejo e o próximo passo era declarar a seus filhos que eles ficariam bem.

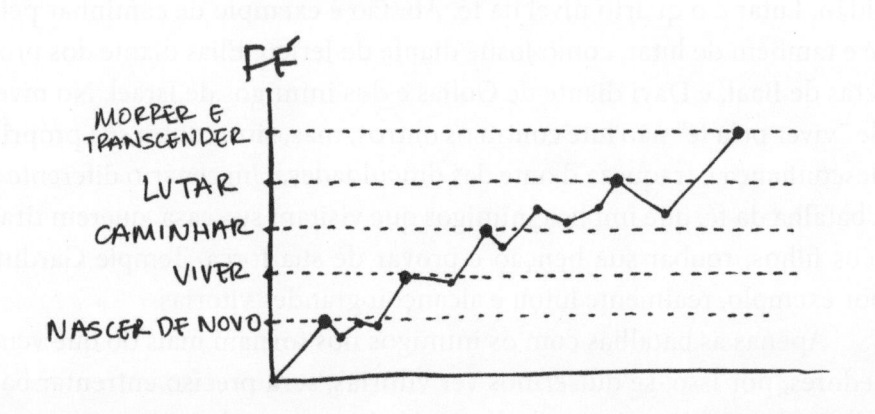

```
FÉ
|
MORRER E         
TRANSCENDER ----------------------
LUTAR       ----------------------
CAMINHAR    ----------------------
VIVER       ----------------------
NASCER DE NOVO ---------------------
|_____
```

Nascer de novo

A segurança em relação ao futuro de nossas gerações é o nível mais alto da fé que podemos alcançar. Nascemos pela fé, aprendemos a viver, caminhar e a lutar pela fé, e devemos morrer com essa fé de gerações que transcende nossa existência. Existem promessas que seus olhos não verão e que você deverá delegar a seus filhos e netos, convencido de que Deus não mente. Ele nos ajuda a acreditar e a esperar mais da morte porque deseja que seus filhos e netos se saiam bem.

13 MUDANÇA DE NÍVEL

Vamos nos atrever e evoluir pela fé.

Imagino Pedro como o mais temperamental dos doze apóstolos de Jesus. Claro que todos tinham um caráter particular, mas Pedro, na verdade, era como um diamante bruto, e Jesus, um ótimo mestre para ele; como Shifu para Kung Fu Panda, no desenho animado da DreamWorks. Pedro sempre dizia o que pensava, não tinha filtro para se expressar e até era meio impulsivo. De fato, podemos notar sua evolução: como deixou de ser alguém com personalidade e emoções difíceis de controlar a ponto de cortar a orelha de um soldado e negar a Jesus, até se tornar o portador das chaves do Reino e um dos guias espirituais da igreja que estava para nascer.

Apesar de todos os seus defeitos, esse homem nos revelou grandes lições de fé. Por exemplo, foi o único que se atreveu a andar sobre a água quando Jesus o chamou numa noite de tempestade; claro que afundou, mas teve a coragem de tentar. Se tivesse ficado no barco com os outros discípulos, não teria quase se afogado, mas também não teria experimentado sua fé em ação e o amor de Jesus a resgatá-lo. Que privilégio!

A raiz de tudo foi a fé, como acontece quando você se lança a uma ação confiando mais nas promessas do Senhor do que nas coisas que vê ao seu redor. Claro que existe a probabilidade de você afundar, mas anime-se porque, ainda que você falhe, Jesus te levantará, como fez com Pedro. Já vimos diferentes níveis de fé, agora devemos renovar o pensamento que conduz nossa fé ao nível no qual o Senhor se manifesta com força.

Não deixe de fazer algo bom por temer o que pode acontecer. Devemos aprender com as experiências passadas, no entanto, acima de qualquer coisa, deve prevalecer nossa fé em Deus, que prometeu nos sustentar sempre, principalmente quando sentimos que estamos afundando por estarmos fracos.

Não confie no barco que te oferece segurança, continue procurando Jesus e avance com passos de fé até Ele!

Refletir sobre o sucesso de Pedro dando seus primeiros passos sobre a água me fez pensar em outra forma de apreciar os níveis da fé – podemos avançar neles como se subíssemos uma escada ou avançássemos por uma colina. O primeiro passo é o de nos aproximarmos de Deus esperando receber algo de que precisamos: saúde, restauração, provisão ou consolo. Quando Jesus operou milagres, como a multiplicação dos pães e dos peixes, muitas pessoas foram abençoadas e a fé delas cresceu. <u>Ao acreditar em Jesus, você nasce de novo e tudo muda para o bem, mas não devemos ficar parados nesse nível de fé</u>[73], mas devemos continuar

---

73 Mateus 14:20-33.

até o segundo nível, que se manifesta quando nossa relação com Deus cresce e o obedecemos, como os apóstolos, quando Jesus mandou que eles fossem para o barco enquanto Ele se despedia da multidão e orava.

Nesse novo nível, já recebemos a bênção do Senhor, vimos seu poder e servimos com amor; poderíamos dizer, então, que "nos enfiamos no barco". Nessa etapa, passamos por tempestades, enfrentamos desafios maiores que não vive quem fica em terra firme sem se comprometer, conformado com o alimento material já recebido. Nesse segundo nível, somos testemunhas de muitos outros prodígios.

O terceiro nível de fé nos permite sermos usados como Jesus foi usado, como aconteceu com Pedro, que viu o Senhor caminhar sobre a água e quis imitá-lo. A princípio, deu alguns passos, mas logo enfrentou sua batalha de fé e começou a afundar. Ao avançar no caminho de confiar no sobrenatural, naquilo que vemos, as batalhas não demorarão a chegar e teremos que enfrentá-las, confiando que Ele já garantiu nossa vitória. Inclusive, podemos perguntar a nós mesmos: "Estou fazendo o correto?". Avançar sobre a água pode nos fazer duvidar, como Pedro, cuja fé se enfraqueceu quando já estava caminhando. Inclusive, com uma relação tão íntima com Jesus, poderíamos cair na armadilha e pestanejar por um momento, poderíamos acreditar que os empréstimos no banco funcionam mais do que a provisão de nosso Pai ou que as palavras de desalento que escutamos são mais poderosas que a promessa que recebemos de Deus. Não confie no barco que te oferece segurança, continue procurando Jesus e avance com passos de fé até Ele!

Mesmo que eu volte a afundar

O quarto nível de fé faz com que confiemos que o Senhor vai nos erguer. Quando Pedro afundou, seu primeiro impulso foi pedir ajuda a Jesus, que segurou sua mão. A Palavra não disse que Ele o levou à barca; imagino que os dois tenham caminhado juntos. Claro que Pedro havia avançado pouco, pois voltou sozinho, mas tomado pelo Senhor.

Por que Pedro afundou? O primeiro nível de discernimento motiva a responder: "Porque duvidou, porque tentou caminhar sobre a água", no entanto, em um segundo nível de discernimento, podemos responder: "Porque ele se atreveu a desafiar sua fé". Se Pedro tivesse ficado na segurança da barca, não afundaria, mas ele foi o único que tentou imitar Jesus. É muito provável que na barca, os outros discípulos tenham feito apostas em relação ao que aconteceria; talvez um tenha dito: "Vocês verão que ele voltará", outro pode ter dito: "Aposto que vai se afogar"; mas, no fim, Pedro voltou a Jesus, não ficou com a incerteza do que seria capaz de fazer em obediência. A fé é maravilhosa, não acham?

Certamente, Jesus se sentiu lisonjeado com a fé de Pedro, porque ainda que, no fim das contas, tenha tido que sustentá-lo, pôde ver sua capacidade de conseguir grandes coisas. É como uma criança que começa a caminhar; certamente cairá de novo, mas se ela insistir e se levantar, não apenas aprenderá a caminhar, mas, um dia, conseguirá correr. Não desanime se for atrevido a ponto de desafiar sua fé; lembre-se de que a mão de Jesus não permitirá que você se afogue.

Renove-se

De novo, vemos que renovar nosso entendimento é o segredo. No caso de Pedro, seu discernimento fez com que ele se sujeitasse à Palavra de Jesus, que o chamou a caminhar sobre a água. O conselho, de novo, é deixar as limitações do mundo e caminhar pela fé; que seus recursos não te limitem e que você se esforce para o que deseja alcançar. Não diga que é impossível conseguir proezas porque você não tem recursos, oportunidades ou relações. A história mostra que alguns homens conseguiram até enriquecer muito, homens que nem sequer frequentaram a faculdade. Claro que é importante se preparar, mas nada deve deter sua vontade de conseguir algo bom em sua vida. Você só precisa investir sua fé no Senhor, não naquilo que te limita.

Mudança de nível

Deleite-se na fé como Pedro fez em sua tentativa de caminhar sobre a água. Ele não precisava fazer isso porque tinha a barca como meio de transporte, no entanto, era uma vontade que ele desejava satisfazer: queria experimentar uma sensação nova, que podia conseguir pela fé, e não encontrou limites em Jesus. Exercite sua fé, estabeleça metas altas na vida, imagine-as e visualize-as ainda que acredite ter tudo, porque para nosso Pai não existem limites. Exerça sua fé, não apenas por necessidade, mas pelo gosto de ver maravilhas sobrenaturais. Ver além do necessário é aumentar a fé, é levá-la a outro nível.

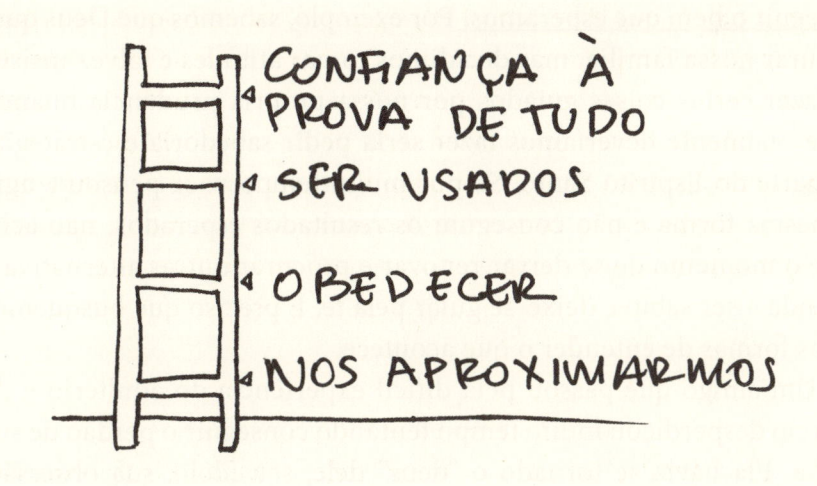

```
    ┌──┐ ◂ CONFIANÇA À
    │  │   PROVA DE TUDO
    ├──┤ ◂ SER USADOS
    │  │
    ├──┤ ◂ OBEDECER
    │  │
    ├──┤ ◂ NOS APROXIMARMOS
```

Devemos ver além de nosso juízo e de nossa razão lógica. Uma demissão pode ser vista como uma enorme tragédia ou como uma oportunidade para se renovar e procurar melhores oportunidades. Não tente entender as causas das coisas que te acontecem, mas afirme que não importa o que aconteça porque você confia que o Senhor tem o controle. A pergunta não é por que você está enfrentando determinada situação, mas para quê, qual o propósito. Não se queixe nem se lamente; encha sua compreensão de fé e chegue ao nível seguinte ao dizer: "Deus tem um plano, algo grande vai se manifestar em mim, Ele está comigo, não me abandonou, me acompanhará sem me deixar cair". Deus quer mudar seu nível de fé, mas você deve mudar sua compreensão e ser positivo.

Avance

Evoluir em nosso nível de fé requer avançar na maturidade e permitir que nosso Pai nos transforme para que sejamos capazes de descobrir qual é a vontade Dele. Para conseguir isso, renovemos nossa mente onde surge todo o pensamento.[74] <u>Devemos pensar diferente para conseguir o bem que esperamos.</u> Por exemplo, sabemos que Deus quer restaurar nossa família, mas decidimos tomar atitudes e talvez insistir em fazer certas coisas guiados por nossa própria prudência quando o que realmente deveríamos fazer seria pedir sabedoria e estratégias por parte do Espírito Santo. Se por muito tempo você pensou e agiu da mesma forma e não conseguiu os resultados esperados, não acha que é o momento de se deixar renovar e procurar outras alternativas? Aprenda a ser sábio e deixe-se guiar pela fé. É preciso que busquemos outras formas de entender o que acontece.

Um amigo que passou pela difícil experiência do adultério e do divórcio desperdiçou muito tempo tentando conseguir o perdão de sua esposa. Ela havia se tornado o "deus" dele, seu ídolo, sua obsessão, porque ele vivia ou morria a depender das reações dela. Por mais bem que tenha feito ao procurar se reconciliar e demonstrar que estava disposto a mudar radicalmente por amor a ela e a seus filhos, enquanto agia para se defender, parecia que o coração de sua esposa ficava cada vez mais duro, arrasada pela dor, pela decepção e pela arrogância que começaram a se instalar. O que eu podia aconselhar a esse amigo se ele já havia tentado de tudo? E mais ainda: o que eu poderia dizer se tudo o que ele tinha feito era bom?

---

74 Romanos 12:2-3.

Mudança de nível

Ele tinha fé e todo dia esperava um milagre de restauração que demorava a chegar. Ele se sentiu sozinho e frustrado, a ponto de jogar a toalha, convencido de que até o fim da vida seria condenado; no entanto, sabemos que Deus não quer isso, mas, sim, que sempre existe esperança. As nossas falhas já foram perdoadas por Sua graça e amor, não porque merecemos. O que faltava ao meu amigo era voltar sua atenção a Deus e não a sua esposa, ter paciência, não agir como o mundo dizia que ele deveria agir, mas buscar profunda intimidade com seu Pai, dar a ele honra e glória, agradecer porque, sem nenhuma dúvida, Ele atuaria com poder sobre sua família em ruínas.

O Senhor devia restaurar meu amigo e sua esposa, eles deveriam morrer para a velha maneira de viver e renascer. O nível de fé deles tinha que aumentar e se fortalecer em meio àquela tenebrosa tempestade, talvez a mais difícil que um homem poderia enfrentar. É disso que se trata renovar nosso entendimento por meio da fé. Sei que alguns pensarão que "é mais fácil escrever do que fazer", mas é em momentos assim que cabe dizer que tudo podemos em Jesus, aquele que nos fortalece.[75]

Muitas vezes, ao esperar um milagre, nos agarramos à promessa de que tudo é possível para quem crê, que podemos mover montanhas se tivermos fé, mas devemos entender que a primeira montanha a ser removida é a que está em nós e que nos faz duvidar diante da decepção. O primeiro milagre de meu amigo deveria ocorrer dentro dele: mudar a mentalidade e o foco, render-se ao Senhor, soltar a carga, a culpa e acreditar ser merecedor do perdão que Deus já havia lhe dado. Quando ele conseguisse dizer com total liberdade: "Pai, sei que a Tua vontade é boa para mim e para minha família, tenho fé, entrego o controle a Ti, Tu atuarás melhor do que eu", seguiria no caminho correto até a restauração, obteria paz e paciência que ultrapassam o entendimento, principalmente porque em assuntos como esse, o processo poderia levar anos, não porque Deus queira nos castigar, mas porque a saúde do coração depende de cada um.

---

75 Filipenses 4:13.

Por isso, dizemos que o entendimento deve ser renovado! Permitamos que a Palavra de Deus reconfigure nossa capacidade de analisar com calma a realidade e nos ajude a tirar boas conclusões, sem exagerar ou interpretar errado. Separemos o tempo para analisar por que é importante compreender algo antes de julgar, pois ao entender errado, nosso juízo também será errado. Muitas vezes, costumamos cometer erros ao julgar uma pessoa sem conhecê-la e, da mesma forma, algumas pessoas julgam Jesus e o interpretam mal sem antes permitir que a leitura do Evangelho afete seu entendimento.

Alguns dizem que Ele foi um cavalheiro, mas quando li sobre os milagres que ele realizava, me dei conta de que realmente fez coisas que hoje em dia pareceriam pouco educadas, como cuspir e fazer barro para curar alguém. Se eu fizesse isso agora, com certeza não me veriam como cavalheiro! Mas ao permitirmos que o Senhor renove nosso entendimento, nossa perspectiva de tudo muda, e mais do que nos ocuparmos em julgar os métodos, apreciamos o milagre.

Não devemos dar espaço aos pensamentos ruins (isso implica aprender ou interpretar positivamente a informação que recebemos e viver confiantes em Seu amor). O mundo nos diz: "Pense errado e acertará", mas o Senhor nos diz: "Pense em todas as coisas boas, justas, puras, amáveis e honestas".[76] A quem você dedicará sua vontade? Repita até que a verdade entre em sua mente: "A vontade de Deus para minha vida é boa, agradável e perfeita, por isso devo buscá-lo com fervor".

Percebamos com fé

Na Bíblia existem muitos exemplos da renovação da mente que o Senhor nos propõe. Um dos milagres da cura que Jesus fez foi a um jovem que nasceu cego. Nesse caso, Ele provocou uma mudança do entendimento dos apóstolos ao motivá-los para que deixassem de pensar

---

76 Filipenses 4:8.

em culpados e se concentrassem em buscar a vontade de Deus, a oportunidade de milagres e salvação que a cegueira do jovem envolvia.[77] Entende como em uma mesma situação é possível mudar a perspectiva e, portanto, o resultado se altera? Nesse caso, a obra de Deus se manifestou em cura, mas em outros manifesta-se em força para superar uma deficiência, como no caso do menino cego que escala montanhas com seu pai. Não são gloriosos os dois relatos? Isto é o que devemos pensar: "Não importa o que aconteça, a glória do Senhor se manifestará em minha vida porque Sua vontade é perfeita para mim e eu o louvarei em qualquer situação".

A situação é como a de um amigo diante de um diagnóstico terrível, esperando um milagre de cura. No entanto, o tempo passava e isso não acontecia, e sua fé começou a fraquejar, até que Deus o ajudou a renovar seu entendimento ao dizer: "Você espera um milagre de cura, mas está vivendo outro milagre: o do meu amor e força em meio a essa provação. Estou e estarei com você". Essa revelação devolveu a ele a alegria e fortaleceu sua fé! Ajudou-o a fazer com que ele se lembrasse de que em Deus não existe desproposito e que, independentemente de qual seja nossa circunstância, Ele tem um plano para nós, só precisamos confiar e alinhar nossa perspectiva com a Dele. Ao fazermos isso, o afã desaparecerá, não lutaremos para que nossa vontade se cumpra, mas esperaremos pelos acontecimentos.

Sem dúvida, as obras de Deus se manifestarão sem mudarmos nossos pensamentos, o que transformará nossa percepção e juízo em relação ao que enfrentamos. Essa renovação levará nossa fé a um novo nível. Se passarmos por uma situação econômica ruim, nosso pensamento deve ser de prosperidade e isso mudará nossa percepção e juízo, pois buscaremos novas opções com entusiasmo e com fé semearemos para colher. Dessa forma, Deus se manifestará e nos erguerá. Aprenda a ver oportunidades de milagres onde outros veem pecado e derrota. A percepção deve ser diferente para que os resultados sejam bons. Eu

---

77 João 9:1-3.

vivi as Noites de Glória (as cruzadas de milagres que organizamos em vários países da América Latina), onde muitas pessoas recebem cura e nem sequer sabem de protocolos religiosos; simplesmente acreditam de todo coração e Deus se manifesta como resultado dessa fé sem limites.

Se desejamos alcançar novos níveis, é importante que renovemos nossa mente, pensemos como Deus pensa e atuemos segundo a Sua vontade. O caso da mulher com hemorragia que foi curada ao tocar Jesus é outro exemplo de como Ele vê as coisas de um ponto de vista diferente do que os outros, porque confirmou que alguém o havia tocado com fé e o poder tinha atuado para o bem, enquanto os outros só se concentraram no desconforto do tumulto e no atrevimento da mulher.[78]

Sabemos que a fé agrada a Deus, que dá bênçãos a quem o procura[79] e não é preciso que nos sintamos livres dos pecados para nos aproximarmos de Sua presença. De fato, quando Jesus curava, primeiro trabalhava em favor das pessoas e depois dizia para elas não pecarem mais para evitar danos maiores, por isso não pense que era preciso fazer mil penitências para pedir ajuda Dele, a única coisa necessária para ser ouvido é ter fé e dar graças a um coração humilde. Claro que se você errou, deve pedir perdão, mas sentir-se indigno de receber o que Ele deseja te dar rouba sua bênção. Por acaso você espera que seus filhos sejam perfeitos para poder amá-los e prover a eles? Aproxime-se de seu Pai para se renovar, demonstre sua fé reconhecendo que precisa Dele para tudo. <u>Não pretenda ser perfeito para aceitar Seu amor e misericórdia</u> porque é difícil conseguir atingir a perfeição, o que significa que passaríamos boa parte de nossa vida – ou a vida toda – afastado do Pai em busca da perfeição, sendo que só Ele pode nos ajudar a atingir a excelência.

Muitas vezes, as circunstâncias nos desanimam e as pessoas dizem a nós: "Desista, você não pode alcançar o que Deus prometeu", por isso devemos tomar cuidado com o que nossos olhos veem; ou seja, os sinais que nos roubam a vontade de seguir adiante e alcançar as coisas

---

78 Lucas 8:43-48.
79 Hebreus 11:6.

Mudança de nível

boas que pedimos. Sabemos que fé é a certeza do que esperamos, a convicção do que não vemos[80], portanto, se está trabalhando em um projeto e se vê em uma situação negativa, significa que sua fé depende do que você percebe, não do que espera que aconteça com seu esforço e com a ajuda do Senhor. Assim, se você orar e ainda assim não vislumbrar o que espera, não pare!

---

80 Hebreus 11:1.

14 FÉ COM AUTORIDADE

Devemos crer e nos esforçar com a autoridade que nos dá o direito de sermos filhos e herdeiros do Senhor.

Sabemos que na Bíblia não lemos sobre homens e mulheres perfeitos, mas, sim, esforçados e valentes, mas com falhas, erros e temores. Sabemos que Abraão, Sansão, Davi e Josué, e até Raabe terminaram bem, por isso, acreditamos que Deus esteve com eles porque lhes deu respaldo, mas a questão é acreditar que Ele quer fazer Sua obra conosco nesse tempo, mesmo sem sabermos o que vai acontecer no futuro. Agora, não construiremos uma arca, nem teremos que vencer Golias, mas enfrentaremos nossos próprios desafios (que não são menos desafiadores): a empresa, o casamento, a família, os amigos. Nessas circunstâncias diárias, agora é que devemos demonstrar que temos fé. E o que garante que essa certeza realmente atue e se manifeste em nossa vida, de decidirmos que assim será? A que me refiro? A realmente superarmos o temor de ver nossa fé em ação.

Não é difícil para nós acreditar que Jesus curou muitos enfermos, mas crer que Ele também deseja nos curar pode ser. <u>A razão nos abandona onde a fé nos dá a mão.</u> Demonstremos que nossa vontade é de perfeita obediência a Deus, que manda que sejamos esforçados e valentes. Este é o momento em que a fé será desafiada para realizar o que você pensa ser impossível conseguir!

Um exemplo forte de fé é a do centurião romano, que mostra autoridade. Para compreender esse caso, é preciso analisar os precedentes e o contexto. Primeiro, vemos que Jesus fazia parte do povo judeu, que nessa época estava sob o domínio de Roma. Então, quando perguntaram se deveriam cobrar de César, tentaram colocá-lo contra a parede, mas Ele respondeu com justiça, dizendo que deveriam dar a César e a Deus o que pertencia a cada um deles.[81]

Jesus ofereceu outro precedente importante quando aconselhou os judeus a terem a humildade de ir além na ordem romana e levar a carga que tinham que levar por mais uma milha.[82] Imagine como eram controversos esses ensinamentos a um povo que desejava ser livre! Mas Ele fazia isso porque pretendia nos ajudar a curar nosso coração e edificar nossa vida. Se te obrigarem a percorrer uma milha com uma carga alheia, seu coração dolorido desejará soltar a carga depois da tal milha, mas quem aprende o código de trabalho do Senhor, à medida que avança para caminhar a segunda milha, pensa sobre a humildade, a paciência e a boa atitude, então talvez agora já não veja com tanta raiva quem impôs a carga, inclusive, no fim, poderia dizer: "A verdade é que não é tão ruim, Deus abençoe quem me desafiou a me esforçar!".

---

81 Marcos 12:15-17.
82 Mateus 5:39-41.

Se quiser que Jesus seja seu mentor, se quiser que Ele apoie sua vida com ideias e autoridade, deve aprender a atuar segundo Suas regras e deixar que Ele cure as suas feridas. Precisamos ser pessoas de coração saudável e sem amargura. Os judeus estavam ressentidos como escravos, mas Jesus os libertou do rancor. Sua doutrina de paz nos liberta porque nos ensina que nos curamos quando damos mais do que nos pediram. <u>Todos queremos uma vida de abundância, mas a primeira coisa que devemos buscar é um coração bem-disposto a dar e uma atitude humilde para sermos fortalecidos.</u>

O imperador romano impôs que os judeus caminhassem uma milha com a carga, no entanto, Jesus disse que deveriam ser duas milhas. Se quisermos ser produtivos, devemos ser daqueles que se esforçam mais do que o mundo pede. É preciso ter visão e paixão porque alguém sem paixão jamais se comprometerá com uma visão. Isso também é uma questão de fé.

Centurião

Ao ler a passagem sobre o centurião, reforçamos a importância de escutar para fortalecer nossa fé, já que esse homem ouviu sobre Jesus e acreditou que poderia curar o servo enfermo. Por isso, Ele insiste tanto para que se alimente da Palavra de Deus quem deseja se erguer e não apenas resolver os problemas do momento. Sua fé deve demonstrar

Fé com autoridade

que você crê em grandes feitos. Lembre-se de que os sonhos são a única maneira de afastar os pesadelos, por isso não tenha pena e receio em deixar as dificuldades para trás.

Não peça apenas para vencer a doença, mas por recursos que te permitam desenvolver uma vida mais saudável quando estiver curado: frequentar a academia, procurar um nutricionista etc. <u>Sua fé deve fazer com que você peça para chegar ao topo, não apenas para sair do poço.</u>

A Palavra diz que Jesus ficou maravilhado com a fé do centurião romano.[83] Tem ideia do que significa que o Todo-poderoso fique maravilhado com alguém? O centurião não era do povo judeu, o que quer dizer que nós também podemos deixar Deus maravilhado com nossa fé, porque Ele está disponível para quem acredita Nele e pede. Isso é algo que aprendemos com a fé do centurião, que se atreveu a pedir a Jesus.

Imagino que, por ser soldado, certamente investigou e soube que era aquele homem que falava com as multidões a respeito do amor ao próximo, mas também ensinava sobre respeito com a autoridade, sobre o pagamento de impostos e sobre oferecer mais do que era preciso. Certamente tudo isso o surpreendeu, por isso mandou que os judeus anciãos o chamassem, sabia que ele não se negaria, porque Jesus era do povo submetido à lei romana.

Quando Jesus estava próximo, o centurião enviou os outros mensageiros para que lhe dessem instruções. Nesse momento, fica claro sua fé quase impositiva. Usou o poder que tinha como romano sobre Jesus e é incrível ver que falou com Ele usando uma parábola que explicava a relação de autoridade: "Senhor, eu não sou digno de que entreis em minha morada, mas sei obedecer às ordens. Digo para irem e vão, como aconteceu com os anciãos que te trouxeram, e a outros peço que venham e eles vêm, como Tu vieste; assim, peço que cures meu servo". Em outras palavras, ele disse: "Respeito teu poder, assim como vejo que tu respeitas o que represento".[84]

---

[83] Lucas 7:3-9.
[84] Mateus 8:5-17.

Esse homem mandou que Jesus operasse um milagre! Diante de tal atitude, Ele não teve como não se encantar com aquela fé tão grande. A segurança e a convicção foram as coisas que impressionaram Jesus. Faça com que sua fé trabalhe da mesma maneira, não permita que ela descanse, coloque-a para trabalhar, abra sua mente, porque tudo é possível se você acreditar com firmeza.

Atreva-se!

Quando o centurião mandou os anciãos buscarem Jesus, sabia muito bem quem buscava. Ao ler a história, tenho muitas dúvidas. Primeiro: por que os anciãos pediram a Jesus que não se negasse a ir à casa do centurião se eram eles que queriam matá-lo? Segundo: desde quando um romano constrói uma sinagoga ao Deus dos escravos? Certamente se César tivesse tomado conhecimento, teria aplicado um grande castigo.

Assim, diante dessas questões, temos duas respostas possíveis: o centurião realmente acreditava no Deus dos judeus ou dirigia tão bem esse povo que se tornava simpático com eles como uma estratégia para ganhar sua confiança. Independentemente disso, sua fé superou a fé de muitos judeus e sua influência agiu para salvar a vida de seu servo, a quem certamente amava muito.

O centurião romano se atreveu a fazer com Jesus o que você não se atreve a fazer, praticamente mandou que ele agisse a seu favor. Sua fé no Senhor era tão grande que não teve dúvida e expôs a situação de seu ponto de vista. Sabia que o poder de Jesus era grande e estava convencido de que tinha autoridade sobre Ele. Não há nada melhor do que ter fé e autoridade sobre alguém com poder.

Todos queremos ter amigos influentes, e que influência poderia ser maior do que a do Filho de Deus? Como é possível que um romano que se julgava indigno por seus pecados tenha se atrevido a mostrar tanta fé a Jesus, enquanto nós, filhos e coerdeiros de Deus, não fazemos

V

e confiam no poder do Senhor, devemos nos preparar, além de abrir espaço para que a fé nos sustente.

Por fim, não se esqueça de enfrentar os desafios sem temor. Eu me lembro de quando uma pessoa me chamou para pedir um conselho. Ela me contou que sua empresa não estava produzindo o suficiente, e para cumprir seus compromissos fiscais, tinham oferecido a ela notas que reduziriam o pagamento de impostos. Obviamente, eu disse que ela não deveria fazer isso e que parasse para analisar se essa situação da empresa não podia ser sinal de alerta de Deus para que ela se movimentasse em busca de outra coisa. Às vezes, pode ser que a mensagem seja para que você mude de direção, portanto, atreva-se a acreditar nas ideias que Deus te dá! A fé não se reduz a regras e ordens religiosas, mas a superar nossas limitações ao confiar em quem não tem limitação nenhuma.

Ainda me custa entender por que, durante séculos, nós nos dedicamos a construir religiões com a Palavra de Deus quando o que devemos fazer é tomar seus ensinamentos para construir vidas. Sabemos que a Bíblia é Sua Palavra e que fala conosco por meio de Sua relação com alguém, mas que é o livro que reúne as histórias de homens e de mulheres com quem Ele se relacionou, que acreditaram Nele e a quem Ele se revelou para nos levar a outro nível.

Espero que você tenha esgotado suas forças e que retome sua fé, porque assim verá sua vida crescer e se erguer como nunca antes. Diga ao Senhor que um romano não vai derrubar sua fé e que você vai crer Nele. Seja um líder que supera seu nível de fé e enfrenta os desafios com autoridade.

tipos, mas o que nos torna um? Uma ideia colocada em ação com excelência e determinação. <u>Os líderes da humanidade têm tido ideias e as tornado realidade.</u> Por exemplo, os irmãos Wright imaginaram que o homem podia voar e assim aconteceu, porque se arriscaram a tentar. Newton, Galileu, Cristóvão Colombo e muitos outros homens tiveram uma ideia e se tornaram líderes. Peça a Deus que inspire sua ideia para colocá-la em prática. Queremos Suas ideias, mas às vezes não mantemos a mente aberta para recebê-las. Nós nos apegamos a certos parâmetros e fechamos as portas para o que Ele quer nos dizer.

Deus só dá ideias a quem tem a disposição para recebê-las. A mente é como um painel de circuitos que podem ser acesos ou apagados, portanto, procure deixar sua mente sempre conectada com o Senhor, para que seus circuitos se mantenham-se acesos. Às vezes queremos encontrar a forma de fazer alguma coisa, mas não temos confiança e acreditamos ser impossível. <u>A fé é o principal ingrediente para receber ideias do Senhor e torná-las realidade</u>. Para receber boa assessoria, você deve confiar na capacidade do assessor. Você tem reservado tempo para escutar de Deus uma ideia que te permita ser um líder produtivo, sem se deixar consumir pela ansiedade?

Além de pedir ideias a Deus, é importante nos ajustarmos à mudança e evitar que nossa profissão e estudos universitários nos limitem. O que um dia te motivou a se formar pode ser seu maior obstáculo se não colocar tudo sob o ponto de vista certo, por isso, o que você aprendeu deve ampliar seus horizontes, não te condicionar a um nível racional que feche a porta ao sobrenatural.

Mais uma vez a fé desempenha um papel determinante, porque permite nos mantermos abertos às possibilidades. Ao ativarmos nossa fé no Senhor, passamos das limitações da terra às infinitas opções do reino dos céus. Com nossa fé voltada a Deus, já não somos deste mundo e nossos resultados se tornam extraordinários. Eu posso dar testemunho dessa afirmação. Conforme nos tornamos mais hábeis e capazes, mais tentados ficamos a tirar a fé de nosso campo de ação, mas isso é um erro. Como líderes que renovaram seu entendimento isso? Se o romano não se deteve nem mesmo pela culpa, por ter dito que não era digno, nada deve deter você, já que sabemos que somos salvos pela misericórdia de nosso Senhor.

Esse homem exerceu seu direito "sobre" Jesus, mas nós podemos exercer nosso direito "sob" Ele. <u>Nossa autoridade tem respaldo na de Jesus e isso é poderoso</u>. O romano, nesse momento, de certo modo, se sentia com direito sobre Jesus. Mas em nosso caso, Jesus está acima de nós, estamos abaixo dessa linha de autoridade divina, é Ele quem tem grande influência e está do nosso lado. Assim, temos vantagem, não a desperdicemos!

Por que nos sentimos mal de pedir para nosso superior, à autoridade de Deus que nos dá respaldo, se o centurião não se sentiu mal de pedir a alguém abaixo dele, a alguém que supostamente deveria obedecer a suas ordens, na condição de escravo? Temos mais direito do que o centurião romano de pedir a Jesus, porque não o vemos como um súdito, mas como nosso todo-poderoso Senhor!

Nosso Senhor sabia de autoridade, por isso não se importou com as palavras do centurião, nem se ofenderá se você se aproximar certo de sua posição de filho, e se disser: "Sou herdeiro dessas promessas e Te peço que elas se cumpram". Então, Ele dirá: "Puxa! Você tem fé!". Nós não temos autoridade sobre Jesus, reconhecemos Sua autoridade, o que é muito melhor. Além disso, reconhecemos que temos os direitos de herdeiros que ele garantiu na cruz do Calvário. Isso me faz pensar que foi esse mesmo centurião quem pediu a Simão de Cirene para ajudar Jesus a carregar a cruz. Assim, esse romano nos ensina a usar nossa autoridade como filhos de Deus e a obter bênção, utilizando a fé que recebemos. Devemos usar esse exemplo para alcançar um novo nível de fé.

Fé com liderança

O centurião era um líder, e isso é algo que não se pode negar, ainda que pertencesse a um regime opressor. Há líderes de todos os

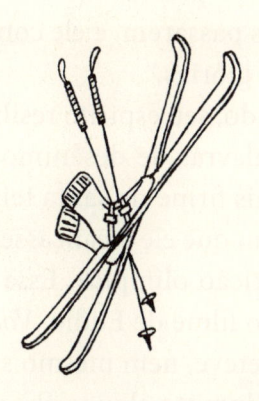

Voando alto

Capítulo 15 **Lógico e ilógico**
Capítulo 16 **No processo**
Capítulo 17 **Há momentos... e momentos**

Não é por vista

Um menino de cinco anos se despede, certa noite, enquanto coloca uma mochila nas costas: "Tchau, mamãe, vou competir nos Jogos Olímpicos". Muito seguro e convencido, com uma expressão grave e olhos travessos, Eddie abre a porta, sai e caminha até a estação de ônibus no pequeno povoado inglês onde nasceu. Parece que não é a primeira vez que faz isso porque depois de três minutos, ele se aproxima do papai, na pequena caminhonete familiar, com cara de "você fez de novo, Eddie". Ele o leva de volta para casa, mas o menino não perde o entusiasmo apesar de os anos passarem, e ele continuar sem encontrar o esporte que vai cobri-lo de glórias.

Eddie não era só obstinado, seu espírito resiliente permitiu que ele superasse os problemas e palavras de desânimo durante toda a vida. De fato não viu ninguém mais firme na santa teimosia para conseguir algo. Essa necessidade fez com que ele alcançasse o sonho de representar seu país em uma competição olímpica. Essa é a impressionante e divertida história que conta o filme de Eddie, *Voando Alto*.

Nada nem ninguém o detêve, nem mesmo suas limitações físicas. Seus joelhos eram fracos e, durante alguns anos de sua infância, teve que usar aparelho corretor nas pernas, por isso andava como um robô com as engrenagens enferrujadas. Definitivamente não era atlético! Não era um Rocky Balboa que acordava às três da madrugada para correr muitos quilômetros e construir músculos de ferro, também não era um Michael Jordan, nascido alto e com habilidade para fazer cestas; Eddie era míope, de estatura média e uma estrutura óssea pouco adaptada ao esforço físico.

Na verdade, era ilógico que pensasse em se dedicar a algum esporte olímpico, mas sua fé era ilógica, louca e sonhadora. Na infância, tentou tudo: salto com vara, corrida com obstáculos, lançamento de discos, lançamento de vara... Não se dava bem em nada, e a caixa que sua mãe havia dado a ele para colecionar suas medalhas serviu para ele guardar os pares de óculos que quebrava. Mas a providência ou a sorte, como você preferir, mais uma vez jogou a seu favor, pois ele acompanhou o pai a uma construção, porque era pintor e gesseiro profissional. Eddie teve uma revelação ao ver a paisagem branca salpicada de pessoas com esquis. Foi assim, admirando quem descia a toda velocidade, que ele decidiu praticar a descida com esqui e tentar se integrar à equipe nacional de esportes de inverno, mas isso foi um novo fracasso. Não se qualificou e mais uma vez ouviu a frase: "Você nunca será um atleta olímpico". Isso o deteve? Claro que não.

Sua nova opção foi o salto com esqui, um esporte perigoso que somente 0,001% dos ingleses praticava, e Eddie viu nisso uma oportunidade quando todos viam uma limitação e um sinal de advertência. É o que deve fazer um jovem apaixonado que tem fé em algo além de sobreviver: procurou especialistas para imitá-los. Ele se arriscou ao máximo, superou todos os obstáculos, incluindo o milagre de enfrentar a morte e sobreviver ao treinamento físico intenso ao se lançar ladeira abaixo várias vezes.

Ele conta que viajava sem rumo, dormia onde podia. Dormiu até em um manicômio onde trocou serviços de pintura por um lugar onde dormir. Claro que não tinha dinheiro para comprar equipamento, por isso pedia emprestadas as botas e outros implementos. Usava até seis pares de meias, também emprestados, para usar as botas de esquiadores de tamanhos maiores. Era tão persistente, que não deixava de treinar nem mesmo enquanto se recuperava de alguma lesão. Chegou a saltar com um colar cervical que sustentava sua mandíbula deslocada. Entre os esquiadores que saltavam, parecia um pinguim em meio a garças.

Seguiu dessa forma até que convenceu – ou melhor, chantageou – o ex-esportista Brandon Par para que o ajudasse a conseguir a marca que permitiria que ele se classificasse para as Olimpíadas de Inverno de Calgari, 1988. Foi um milagre, mas conseguiu.

Foi nessas Olimpíadas que ganhou o apelido "Águia", além de ganhar o coração de muitos. Por seu impressionante desempenho nas ladeiras? Não! Ele se transformou no atleta mais famoso e querido desses Jogos Olímpicos por seu carisma, produto dessa fé que dizia a ele "É seu destino, é claro que vai conseguir o que deseja". Quando conseguiu cair de pé no salto de setenta metros, todos o aplaudiram porque o prognóstico era que saísse de maca da pista. Ao cair de pé, logo comemorou estendendo os braços, como se voasse.

Esse sucesso o deixou tão corajoso que desafiou sua sorte anunciando que ele faria o salto de noventa metros, uma façanha reservada apenas para os especialistas e ousados; mas nada podia vencer a determinação de Eddie, que teve a sorte ao seu lado para conquistar o sonho de representar seu país e muito mais, pois chegaria a quebrar vários recordes nacionais.

É verdade que alcançou esses recordes porque na realidade não teve concorrência: ninguém mais na Inglaterra se atrevera a praticar esse esporte quase acrobático e suicida, por isso Eddie teve mérito duplo ou triplo. Você e eu somos águias, a Palavra diz: podemos desafiar o que parece ilógico, inclusive saltar e voar, se tivermos fé.

15 LÓGICO E ILÓGICO

A vida é um processo e a fé deve te acompanhar sempre. Confie que o Senhor já está atuando a seu favor.

"Mamãe! Estou com dor de cabeça", dizia uma menina pequena de seis anos antes de os médicos descobrirem que ela tinha um tumor na base do cérebro. "Querida, não tenho boas notícias, me despediram", um pai de dois filhos contou a sua esposa grávida. "Hoje inicio o mestrado", contou, feliz, a sua namorada, um empresário com a vida avançando. O que poderiam ter em comum essas vidas tão diferentes, algumas enfrentando terríveis dificuldades e outras melhores na plenitude de seus sucessos? Fé, porque a fé é necessária para todas as situações e problemas. Deve ser o principal ingrediente em algo tão imediato como a saúde necessária para sobreviver a um câncer terminal e também deve ser no processo de criar uma empresa que será a herança de seus filhos. É preciso ter fé para comer hoje para conseguir o trabalho que nos dará o sustento a partir desse momento. Não é a mesma coisa ter fé para passar uma mensagem em meia hora e se formar na faculdade. Precisamos de fé para o imediato e eventual, mas é mais importante que a tenhamos para continuar um processo e vê-lo finalizado.

Um empresário precisa que a fé o ajude a levar seus negócios para a frente todos os dias, que o ajude a vender, pagar suas despesas e ter lucro. Precisamos de fé para enfrentar processos. Os milagres acontecem em um momento, mas se a fé não for constante, esse milagre pode sumir tão depressa quanto chegou. O Senhor pode te abençoar com um bom negócio que seja o início de sua prosperidade futura, assim como também pode destruir uma maldição de uma geração, mas talvez os resultados não sejam vistos imediatamente e sua fé deve te dar sustentação até que o processo termine, ainda que sejam seus filhos ou netos quem finalmente se beneficie com sua constância. A fé atua em situações que nos parecem lógicas e naturais, assim como nas que parecem ilógicas, extraordinárias ou sobrenaturais.

De acordo com o que você acredita

Jesus disse: "Que ocorra de acordo com sua fé".[85] Ainda que seja difícil acreditar, porque o sentimos extrinsecamente, <u>o Senhor também fala da fé para comer e para se vestir, porque tudo, desde o mais elementar até o mais sobrenatural, requer confiança Nele; por isso, gosto de falar da fé lógica e da fé ilógica</u>. Poderíamos dizer que existe uma fé ilógica que opera grandes milagres, como abrir o mar e multiplicar pães, mas também há uma fé lógica que deve operar em assuntos tão corriqueiros como obter sucesso. Ou por acaso tem fé suficiente para

---

85 Mateus 9:29.

acreditar que Deus te deu a vida, mas não para acreditar que também vai te dar o suficiente para sustentar essa vida que te deu? Como é possível acreditarmos em milagres como transformar água em vinho e na multiplicação de pães, mas não acreditarmos que Deus pode nos dar água e alimento?

$$\underset{1+1=2}{\text{LÓGICA}} \overset{\text{FÉ}}{\underset{1+1=1{,}111^3}{\text{ILÓGICA}}}$$

Nosso Senhor, que nos deu um corpo tão valioso, nos dará o que vesti-lo. Ao compreender essa verdade que parece simples, mas que é muito poderosa, nos damos conta de que os filhos de Deus não podem andar nus pela vida. Pode parecer irrelevante, mas a apresentação pessoal deve sempre refletir como somos valiosos. Minha mãe me dizia: "Remendado, mas limpo", o que significa que não precisamos de roupas de grande valor monetário nem de estilista para ficarmos bem, no entanto, sempre devemos nos vestir de modo digno e demonstrar nossa autoestima.

Na última década, vimos surgir muitos programas de televisão que se focam na imagem pessoal. Gosto principalmente de um que em espanhol se chama "No te pongas", cujo objetivo é submeter uma pessoa a uma mudança radical de imagem. Fico surpreso com o argumento de todas as pessoas para andar pelo mundo mal-arrumadas: "Que me aceitem como sou, não me interessa a moda, não sou superficial, o importante é meu interior, não a aparência".

No programa, o principal trabalho dos especialistas é mudar a atitude e forma de pensar. Gravam um vídeo secreto onde fazem alguma atividade para demonstrar que o cuidado que temos por nossa imagem e como nos apresentamos para as pessoas é a única coisa que temos para que alguém se anime a dedicar tempo para nos conhecer. Não se trata de algo superficial ou de aparência, mas de dignidade e respeito próprio. De fato, está comprovado que cuidar de nossa apresentação melhora nossa atitude; nos vermos bem ajuda a fazer com que nos sintamos bem. Enfim, vale essa reflexão em meio a um argumento sobre a fé porque até desse pequeno detalhe de nossa vida o Senhor tem cuidado.

Em 2010, um dos membros da Casa de Deus foi afetado pela tempestade Ágata e a terra engoliu, literalmente, sua fábrica. Quando eu liguei para alertá-lo, fiquei surpreso ao ouvi-lo tão otimista. Pedi que nos reuníssemos e ele apareceu no meu escritório bem-vestido, arrumado e falando que estava começando de novo porque o Senhor havia mostrado a ele que com fé é possível conseguir tudo. Ele disse a mim: "Faz dez anos que vim à igreja, entrei em uma palestra para empresários e Deus me ajudou, por isso abri minha fábrica. Agora tenho sessenta famílias que dependem de mim, por isso sei que vou me levantar para seguir adiante. Acabei de ir ao local da minha fábrica para me despedir do passado, liguei para a minha esposa e pedi que ela não fosse para lá porque não havia o que salvar. A única coisa que pude resgatar foram meus cartões de visita, mas sei que é o suficiente porque o Senhor não vai me abandonar".

E assim foi. Pouco a pouco, foram se abrindo novas portas e alguns meses depois, Deus havia lhe dado outras máquinas e outro lugar para reiniciar seus negócios. Sua fé "lógica" capaz de enfrentar processos era evidente desde que o vi parado na porta de meu escritório, já que ele não estava se queixando nem angustiado, apesar de certamente estar se sentindo assim.

Qual seria sua atitude? Você ficaria irado e deprimido? Você se conformaria dizendo: "Graças a Deus estamos vivos, perdi tudo, mas quer ver como vou seguir em frente?". Muitos aprendem equivocadamente que o Senhor se interessa por nossa vida, mas não por nosso bem-estar material, que podemos acreditar em milagres enormes como saúde, mas não em milagres "pequenos", como a provisão diária ou a bênção para alcançar um sonho. Recordemos que nossa dimensão do grande ou do pequeno não é a mesma para Deus. <u>Ele deseja nos abençoar em todas as áreas. Lógico ou ilógico é Seu amor</u>, depende de como você quiser ver.

Difícil ou impossível

Gosto muito de uma história da Bíblia que fala sobre um general poderoso chamado Naamã.[86] Esse homem era líder de, nada mais, nada menos, do que o exército sírio. Você consegue imaginar? Não era oficial de um pequeno pelotão de soldados, mas um homem de influência, com um posto importante, respeitado, amado pelo rei e temido pelas nações. Infelizmente, estava doente e seu sofrimento era tão forte como sua influência: lepra! Pude ver a agonia na qual ela vivia, já que, ao se dedicar a uma profissão na qual a força física era tão importante, certamente essa doença afetava sua vida e seu desempenho.

Quando ofereceram a ele uma possibilidade de cura, não hesitou em aproveitá-la e não se importou em ter que pedir ajuda a uma nação sob seu domínio. Cheio de esperança e expectativa, foi até onde era possível encontrar saúde, mas o que viveu não era exatamente o que esperava. O profeta Eliseu, que daria a ele instruções para receber cura, nem sequer o recebeu pessoalmente, apenas enviou a ele um mensageiro, sem tantas regras, para dizer o que ele tinha que fazer: tomar banho num rio próximo. Naamã se irritou porque sua expectativa era diferente da que recebeu.[87] As expectativas incorretas podiam gerar amargura, ressentimento ou irritação, por isso as percepções não devem nos definir. Para Naamã, essa expectativa e percepção sobre a

---

86 2 Reis 5:1-7.

87 2 Reis 5: 9-14.

instrução do profeta o haviam limitado a ponto de não receber sua saúde e permanecer leproso pelo resto da vida.

Claro que o segredo não estava no rio Jordão – pois não estava comprovado que suas águas fossem curadoras –, mas na palavra do profeta, mas Naamã se irritou ao se sentir menosprezado. Seus servos fizeram com que ele retornasse à razão: "O senhor é um homem com valentia, se fez algo com muito esforço, por que não fazer isso que é tão simples? Por favor, mergulhe no rio, não queremos vê-lo sofrer com essa lepra". Que bom que o convenceram! Que bom que existem os amigos que, quando estamos irritados, nos fazem pensar. Sempre devemos ter alguém que nos ajude a lidar com nossas emoções para evitar que nos coloquem em uma situação ruim que até nos provoque a perda de um milagre.

Então, Naamã, talvez a contragosto, obedeceu. Ele entrou na água uma, duas, três vezes... e não aconteceu nada. Imagino que os outros estavam nervosos esperando que viesse a saúde que seu amo esperava instantaneamente, mas que exigiu o processo ilógico de mergulhar sete vezes. Talvez para nós isso seja pouco, no entanto, para ele pode ser demais se o que esperava fosse um milagre num estalar de dedos. Por isso tudo depende de nossa perspectiva, que nem sempre está correta. Qual deve ser a perspectiva de nossa fé? "Para Deus não existe nada impossível e farei o que me pedir!"[88] Acredito que da perspectiva do profeta Eliseu, esse processo era ilógico porque nada mais natural do que mergulhar em um rio para ficar limpo, certo? Aprendamos a viver com fé, seja lógica ou ilógica. Deixemos de nos complicar procurando racionalidade diante do poder de Deus.

Claro que para nossa mente humana é ilógico compreender uma cura sobrenatural sem tratamentos médicos, por isso a dúvida se torna lógica e óbvia, o objetivo é acreditar no poder que nosso Senhor e Seu desejo têm de nos ver bem. <u>Por que Deus nos veria como seres racionais se não esperasse que usássemos nossa mente?</u> Ele fica feliz quando

---

[88] Jeremias 32:27.

nos analisamos, quando racionalizamos e concluímos, mas fica ainda mais feliz ao ver que superamos todo o limite de nossa mente para acreditar Nele. Quer que o escolhamos e que desafiemos tudo dizendo: "Sei que é lógico questionar, mas para mim é ilógico sequer pensar que Tu não tens cuidado de mim, que não desejas me ver realizado e pleno com a vida que tu me destes".

Bobby

Durante os primeiros anos de nosso casamento, no bairro onde vivíamos, havia um cachorrinho de rua que chamávamos de Bobby. Não tinha dono oficial, mas vivia muito bem: comia três vezes por dia porque dávamos comida para ele em nossa casa, e os vizinhos da frente e do lado faziam a mesma coisa. Quando fazia frio, ele se enfiava embaixo do carro que chegava por último em uma das casas para dormir no calor e quando chegava a época de vacinação, nós o vacinávamos, assim como os vizinhos da frente e do lado. Só faltava ele ter convênio médico! Um dia, quando eu estava um pouco triste com a provisão, ao ver Bobby tão carinhoso e feliz balançando o rabo, o Senhor disse a mim: "Veja, esse cachorrinho que vive na rua e não deixou de receber cuidado, não deixou de comer e de dormir, por acaso você acha que Eu não cuidarei melhor de você?". Chorei agradecido por esse pensamento tão lógico que derrubava totalmente minha dúvida ilógica à luz do infinito amor de Deus.

É comum que, nas famílias com muitos irmãos, os mais novos herdem a roupa dos mais velhos. Por isso os pais procuram comprar peças de qualidade e a mãe se preocupa em lavá-las com cuidado, para que durem por várias gerações. Claro que isso nem sempre é possível, funciona com camisas, jaquetas e blusas de lã, mas é quase impossível com as calças dos homens, que sempre terminam com remendos nos joelhos. Se você veio de uma família numerosa, sabe a que me refiro. No entanto, com nosso Pai não funciona assim. Ele nos dá com abundância e sem reciclar. Por isso Jesus chamou "gente de pouca fé" as pessoas que se angustiam com a provisão.[89] E se refere a uma fé lógica, não fala de abrir o mar nem derrubar muros, mas de comer e vestir. Quando Deus faz as flores que em uma semana podem murchar, não pensa em desperdício porque para Ele é natural criar essa beleza. Com esse amor, autoridade e poder de criação, Ele te ama e deseja te abençoar.

Uma fé lógica faz com que digamos: "Minha provisão está assegurada". A vida é mais do que comida e o corpo é mais do que a roupa, por isso não se preocupe com o que vai vestir nem com a marca, isso é superficial! Preocupe-se mais com seu corpo, com sua pele, a que vai te acompanhar até a sepultura, a que te cobre. Toque a pele de sua mão, sinta a pele, é perfeita! Não há tela fabricada pelo homem que se compare e é "marca Jeová". A roupa se rasga, desgasta e custa repará-la, mas a pele é tão maravilhosa, criação de Deus que se danificar ocorre um milagre de cura sem que peçamos.

A lepra ensinou Naamã a valorizar mais a pele do que a armadura. Vale a pena repetir: "Se Deus me deu a vida, me dará a comida; se Deus me deu o corpo, me dará a roupa; se Deus me deu Seu Filho Jesus para me salvar, como não vai me dar todas as outras coisas?".[90] Existe uma relação direta entre a vida de fé e o valor que acreditamos ter. Com essa pergunta que Jesus nos faz em relação às flores do campo: "Tu não vales mais do que elas?", na verdade nos diz: "Tu não és mais digno do que elas?". Dignidade, valor e estima são palavras-chave para nós. Jesus derramou seu sangue para nos perdoar e esse foi o preço que foi pago pela nossa salvação, por isso somos muito valiosos porque merecemos ser comprados pelo sangue precioso imaculado do Filho de Deus. Em economia, dizemos que o preço reflete o valor, por isso você deve se convencer de que é o mais valioso que existe no mundo, porque o preço pago pela sua vida é valioso.

---

89 Mateus 6:25-32.
90 Romanos 8:31-32.

Lógico e ilógico

Não acredite que Deus se ofende quando te apresenta um desafio ilógico, como uma doença grave e você sente uma dúvida lógica, mas acho que Ele realmente sente quando ilogicamente duvidamos de Seu desejo lógico de nos prover. Não se descontrole, pois Ele não quer que você separe as águas do mar nem que derrube os muros de uma cidade! Só pede que você acredite em seu sustento, em sua vida, em seus projetos e sonhos, porque Sua promessa é nunca nos desamparar, não importa o momento ou o processo que estejamos enfrentando.

Claro que também não se trata de ficar esperando sentado que tudo caia do céu, mas de se levantar todos os dias acreditando, porque Ele abençoará seu trabalho e te dará em abundância, porque você tem certeza de Suas promessas e vive de acordo com Sua sabedoria. Quando eu me preocupava com minha família porque Ele me chamava a viajar levando Sua Palavra e Sua unção, eu dizia: "Se eu dei a seus filhos, não vou oferecer respaldo para cuidar de você?". Eu me lembro de que quando apresentei o desafio de viajar à minha família, meu filho mais velho tinha mais ou menos oito anos. Os olhos se enchem de lágrimas quando lembro de eu dizendo a eles que Deus me chamava para levar a Sua mensagem e organizar as cruzadas de milagres fora da Guatemala. Então, meu filho se aproximou de mim, abraçou-me e me disse: "Papai, estamos com você. Se Deus está pedindo, nós te apoiamos!". Não houve melhor confirmação do que essa! Deus estava me dizendo que tudo ficaria bem, para que eu não temesse. Através do meu filho, Ele fortalecia minha fé. Agora não me canso de agradecer a Ele porque, de fato, cuidou da minha família. Claro que enfrentamos dificuldades e desafios, não somos uma família perfeita, mas nossa fé nos manteve. Meus três filhos cresceram nos vendo entregues em servir a Deus e, cada um a seu tempo aceitou o chamado do Senhor para se dedicar ao ministério.

Sejamos um pouco mais lógicos para crer em Deus! A incredulidade ilógica, diante do lógico de Seu amor, é a pior das incredulidades. Nosso Pai se entristece quando duvidamos de Seu amor. Diz a Bíblia que Lázaro, a quem Jesus amava, estava doente e morreu, por isso não é correto pensar que Deus não te ama porque você está doente ou porque algo ruim está acontecendo. Se você enfrenta um momento de incredulidade, se você duvida do Senhor nas coisas mais simples da vida, hoje te dou uma palavra de alento: acredite no amor Dele!

Descarte essa dúvida tão ilógica, porque o mais lógico é acreditar no que está escrito, já que Ele não mente e Sua Palavra é eterna. Diga convencido: "Senhor, Tu e eu somos maioria, Tu me acompanhas, és minha defesa, meu sustento, meu provedor, meu curador, minha justiça. Obrigado por me amar".

16 NO PROCESSO

A fé nos sustenta em todo momento.

Não me canso de citar Pedro caminhando sobre a água porque é evidente que esse ato exercitou sua fé, mas fez isso imediatamente e não foi suficiente. Foi uma fé lógica que teve que se transformar em ilógica. Se sua fé é de momentos e não de processos, você poderia perder o milagre que recebeu tão rápido quanto ele veio. Muitas pessoas que recebem cura e logo depois voltam a adoecer se decepcionam, mas o que realmente faltou a elas foi a fé para ver além do momento. A dúvida pode levar aquilo que o Senhor te deu.

<u>Deixe de se angustiar com o que não tem.</u> Reforce sua confiança para se sentir

tranquilo, já que, em meio à maior escassez, ainda tem a fé de que vai conseguir se sustentar e se motivará a buscar soluções nos momentos difíceis. Compreenda que a fé é um estilo de vida, não um momento de milagres. Pedro precisou de fé para viver o milagre de caminhar sobre a água e também precisou dela para continuar e não conseguiu. Você pode dar um passo de fé e se surpreender, mas também pode perdê-lo em menos de vinte e quatro horas.

Conheço uma família que passou mais de um ano e meio sem recursos financeiros porque o pai e a mãe ficaram desempregados em uma das mais difíceis crises financeiras vividas na Guatemala. Durante o primeiro mês, eles foram otimistas e sempre diziam que essa situação não duraria muito, mas não foi assim. As semanas se passavam, os meses se passavam e não encontravam trabalho! Você acha que eles se afastaram do Senhor, irritados porque "Ele não respondia às preces"? Não! Inclusive, quando cortaram sua energia elétrica e a água, inclusive quando não conseguiram matricular a filha mais velha na escola porque não tinham dinheiro nem para o sustento diário, eles seguraram com força a mão de Deus, convencidos de que seria uma fase passageira.

O que aconteceu? Deus cuidou deles. Sempre tiveram uma mão amiga para lhes dar apoio, por exemplo, o dono da casa onde moravam esperou oito meses pelo pagamento do aluguel e, quando eles menos esperavam, aparecia alguém tocando a campainha para trazer mantimentos. Foram perseverantes em sua fé, encontravam uma maneira de ir à igreja todo domingo, sem se importar se era de carona com parentes, com frio ou calor, chuva ou sol, eles não deixavam de ir. Alimentavam-se da Palavra, estudaram as Escrituras mais do que nunca, uniram-se a um grupo na igreja, fortaleceram a relação familiar e superaram o processo.

Não foi um milagre instantâneo, mas deu certo. A filha mais velha lavava a mochila para que estivesse limpa quando chegasse o momento em que seus pais teriam dinheiro para pagar seus estudos. Para eles, era comovente vê-la fazendo isso e perguntavam: "Meu amor, por que lava a mochila? Ainda não temos dinheiro para pagar a escola". E ela respondia: "Porque sei que a usarei em breve". Fizeram de tudo, venderam comida na porta de sua casa, pintaram placas, apesar de ambos terem formação universitária. Enfrentaram a adversidade como puderam e sua fé foi recompensada.

Depois de dois anos de escassez, os dois conseguiram emprego. Conseguiram seguir em frente, mas não foi fácil. Tudo parecia conspirar contra! Entende? Realmente choro de emoção ao descrever isso porque não existe só um, mas, sim, muitos relatos que eu poderia citar sobre a fidelidade do Senhor. A Casa de Deus, o ministério que nosso Senhor nos deu a felicidade de erguer para Sua honra e glória, é uma casa de fé onde abundam histórias de restauração, provisão e saúde. Não falo de teorias abstratas, meu desejo não é me desculpar, não quero te convencer de que é razoável acreditar em Deus. Desejo contagiar a todos vocês com essa paixão que muitos sentem pelo viver pela fé, convencidos de que nada nem ninguém poderá nos amar como nosso Pai nos ama.

Esse e muitos outros testemunhos me fazem lembrar da história bíblica de José, um dos doze filhos de Jacó, que fez coisas erradas durante, mais ou menos, uns quinze anos. Anos e anos de frustração apesar de ter uma promessa de eminência e liderança. Ele era o preferido de seu pai e tinha o dom dos sonhos, mas isso despertou a inveja de seus irmãos, que pensaram em matá-lo, mas decidiram vendê-lo como escravo. Assim, caminhou pelo deserto com os mercadores, sofreu com a fome, sede, cansaço e frio, além da forte dor da traição e do desprezo. No Egito, ele foi vendido a um homem importante, que depois de um tempo notou sua educação e deu a ele um cargo de administrador. Sua situação começou a melhorar? Mais ou menos, porque chamou a atenção da esposa de seu chefe. Sabe como é, um homem jovem, musculoso, esculpido pelo trabalho físico, educado... nossa! Mas ela, ao ser recusada, acusou-o de abuso e ele foi preso injustamente. Que complicação! Qualquer um sucumbe diante da tentação de uma mulher bela e com boa posição, não? Mas José tirou força de sua fraqueza e resistiu. Assim continuou o processo. Potifar, chefe e esposo ofendido, o mandou à prisão. Na prisão, ele interpretou o sonho de outro prisioneiro, o que valeu a ele a aproximação do faraó. E assim foi que realmente começou sua escalada até chegar a se transformar no homem mais importante do império, mas a Bíblia diz que isso aconteceu apenas quando já tinha trinta anos, por isso, faça a conta: sua fé teve que perseverar durante um bom tempo.

Não viva de instantes nem de momentos fugazes como Pedro sobre a água, essa não é a fé que se aplica nos processos extensos da vida. Pode receber o milagre de que seu esposo volte à casa, mas sem uma verdadeira mudança, com certeza seus problemas continuarão, por isso você deve demonstrar sua fé com um comportamento diferente, paciente, apaixonado e amoroso, cheio de estima e valor. Uma mulher estéril pode receber o milagre de conceber e ter um filho, mas sua fé deve ser constante porque vai precisar dela também para educá-lo e fazer dele um homem de fé. <u>Sua fé não pode ser fugaz, acredite sempre no Senhor.</u>

Abraão, o patriarca da nação de Israel, demonstrou ter fé nesse difícil processo de ter um filho quase ao final de sua vida. Acreditou, apesar da dúvida de todos. Seu milagre era mesmo difícil de se imaginar, não havia antecedente de algo parecido e nada podia garantir que seria possível, mas sua fé o manteve até o fim.[91] Talvez nosso problema atual seja que podemos ler os testemunhos na Bíblia e sentir que não somos dignos como aqueles homens, mas o Senhor nos diz que sim, é possível. Abraão não tinha áudios com pregações e não podia escutar a Palavra em um programa de televisão, apenas estava conectado com o Senhor e acreditou. Não dê sua esperança como perdida.

---

91 Romanos 4:17-22.

No processo

Esperança diante de todos os obstáculos

O caso de Abraão é singular porque Deus estava pedindo para que ele acreditasse em algo que naturalmente era impossível. Tinha que exercer a fé para um processo cada vez mais ilógico conforme os anos se passavam. Ou seja, sua fé tinha que ser cada vez mais forte porque a situação não melhorava, pelo contrário, piorava. O desafio não era vencer uma guerra nem conquistar uma cidade, pois talvez conseguir algo assim tivesse sido mais fácil, mas o que o Senhor mandava era que ele confiasse em seu próprio corpo de mais de noventa anos. No entanto, mesmo sendo um ancião impotente, acreditou que poderia engravidar Sara, sua esposa estéril. Isso não é uma fé ilógica, mas, sim, louca em um processo ainda mais louco! E dessa confiança nasceu Isaque, e com ele, todo o povo de Israel. Eu me alegro tanto com esse milagre, que inclusive imagino Sara ouvindo a promessa de Deus diante de seu esposo, entusiasmada com a ideia de conceber um filho apesar da idade dele, porque disse: "De novo terei prazer com meu senhor"[92]. Eles são meus heróis, com razão Deus chama esse homem de "meu amigo".

A fé de Abraão se fortaleceu inclusive ao pensar que, se conseguisse procriar, certamente não teria forças para ver seu filho crescer nem para educá-lo. Ninguém, nem seu próprio corpo, estava pronto para ver o milagre, no entanto, foi fiel e acreditou. Da mesma maneira, você deve se comportar, sua fé deve ser inquebrantável, inclusive quando outras pessoas, as circunstâncias e até sua própria carne disserem que é impossível.

Transformar-se em uma pessoa de fé, que esteja além dos instantes milagrosos, requer enfrentar um processo difícil no qual inclusive estaremos sozinhos, sem mais nada além de nosso esperança, que lutará contra outra esperança adversa. Tudo para sermos merecedores de ver realizado o sonho de Deus em nossa vida. Não se desiluda nem se amargure se estiver sozinho e pensar que não tem apoio de ninguém.

---

92 Gênesis 18:12.

Eu passei pela mesma coisa. No começo, quando o Senhor me chamou, eu ia pregar onde dava, inclusive em ônibus, ainda que ninguém me escutasse, mas era preciso persistir. Lutei contra toda a esperança alheia à minha e saí vencedor com um novo caráter, pronto para ser um homem de fé, capaz de ver as maravilhas do Senhor. Não se conforme com ter apenas momentos de fé, mas enfrente o processo para se tornar um homem de fé pronto para receber e manter as bênçãos.

> *Não se conforme com ter apenas momentos de fé, mas enfrente o processo para se tornar um homem de fé pronto para receber e manter as bênçãos.*

Os problemas devem nos fortalecer, não nos enfraquecer. Demonstre que você é feito da matéria-prima que Deus criou e enfrente os obstáculos com fé. Tudo depende de você e da confiança que tiver Nele. Não se deixe vencer pelo primeiro problema, lute para construir sua empresa, alcançar seu título universitário e realizar seus sonhos. Nos esportes, seja vitorioso. Por exemplo, no mundial de futebol, podemos ver o que acontece quando o pânico toma conta da garra. Muitas equipes não sabem lidar com a pressão de um empate ou de um placar desfavorável, perdem a cabeça e, com isso, a possibilidade de avançar em direção à meta, que é ganhar a copa do mundo. Abraão se concentrou no que tinha que fazer para receber seu milagre, não tinha medicamentos para lhe dar vigor, tinha apenas a fé no Senhor.

Não tenha medo de analisar as circunstâncias, assim como Abraão analisou seu próprio corpo e não deixou de acreditar. Se você for ao médico e o resultado do exame apontar um tumor maligno, diga com fé: "Não importa, Jesus me garante que por Sua ferida fui curado e eu acredito".[93] Observe a crise sem se enfraquecer. Se te chamarem ao escritório do chefe e existir uma grande probabilidade de te demitirem devido à crise

---

93 Isaías 53:5.

No processo

econômica, olhe para o problema e diga: "Não importa, quando Deus fecha uma porta, sempre abre outra, por isso seguirei em frente".

Abraão não se deixou assustar porque sabia que a nação que o Senhor tinha prometido continuaria com seu filho. Ele sabia do problema que significava ter um filho naquela idade, mas pensou nas possibilidade e nas dificuldades. Você também deve falar de soluções e não se afogar nos problemas. <u>Coloque lenha no fogo da fé, não no fogo do desespero.</u>

FÉ   DESESPERO

Há pessoas que vêm me contar várias vezes o mesmo problema e nunca propõem soluções. Essa atitude não ajuda muito e enfraquece até quem tem ânimo para seguir em frente. Não se deixe manipular por crenças contrárias às suas, acredite no Senhor e enfrente seu problema. Imitemos Abraão, sejamos homens e mulheres de fé forte e sã e dispostos a enfrentar os processos difíceis que nos ajudarão a crescer e a ver muitos milagres. Nossa fé deve ser lógica para o que consideramos pequeno e rotineiro, como o alimento diário, e também ilógica para acreditar nos grandes milagres, como a cura sobrenatural.

A obra já está feita

Quando Deus falou a Abraão sobre sua promessa, a primeira coisa que o Senhor fez foi mudar seu nome, dando a ele um nome que significa "pai de multidões", apesar de faltarem muitos anos para o nascimento de seu filho. Pensemos nos verbos que nos revelam algo muito poderoso. Deus não disse: "*Farei* de ti pai de multidões", mas, sim, "Te *fiz*". O verbo está no passado porque para Ele a promessa já estava cumprida.

Quando Ele promete, temos que ter a segurança de que já está feito, ainda que não vejamos realizado. Em outras palavras, Deus fala do futuro no passado porque tudo já foi feito. Para declarar a Abraão seu futuro, ele falou no passado. É como ter um *déjà-vu*, aquela sensação de estar vivendo algo que ocorreu antes. Por esse motivo, o profeta Isaías tinha tanta certeza do futuro que o profetiza no passado, diz: "por Sua chaga *fomos* curados", e não "*Seremos* curados".

O livro do Apocalipse diz: "E o Cordeiro de Deus que foi imolado antes da fundação do mundo".[94] Isso quer dizer que quando Jesus chegou à cruz, para Deus isso já havia acontecido. <u>Fé é ter a convicção de que Deus já viu seu futuro bom e que você o verá realizado</u>. Um tempo antes de inaugurarmos o novo templo, eu conseguia ver a congregação ali, eu nos via adorando o Senhor, trabalhando em Sua obra, compartilhando Sua Palavra. Isso é falar com fé. O que Deus fará contigo já ocorreu e é grandioso. O Senhor já te abençoou além do que você pode sentir e pensar. Dê graças pelo que fez em sua vida e acredite com todo o coração que será capaz de alcançar esse futuro de paz e prosperidade que Ele já te deu. Nosso Senhor primeiro executa e depois revela. Seu plano perfeito em sua vida já foi executado e será revelado quando você acreditar.

---

94 Apocalipse 13:8.

17 HÁ MOMENTOS... E MOMENTOS

> Se você confiar no Senhor, poderá superar qualquer situação difícil.

Danilo Montero, um amigo e compositor, escreveu uma canção que diz: "Há momentos que não deveriam terminar, há segundos que teriam que ser eternos". Todos já vivemos um momento agradável que gostaríamos de perpetuar. Certamente cada um poderia enumerar belos momentos de sua vida; é agradável recordar o dia em que nos apaixonamos, por exemplo; o frio na barriga, o primeiro beijo e a lua de mel, mas ninguém quer pensar na separação nem na morte. Há momentos de tristeza, de doença e de más notícias dos quais não podemos fugir. Nesses casos, o recomendável é aprender a viver e superá-los com a ajuda e a força que Deus pode nos dar. De novo, a vida se funde em momentos e processos de fé.

Tudo tem seu tempo. A Palavra do Senhor é clara: há tempo para nascer e para morrer, e para todo o resto que se pode fazer durante a existência.[95] Vale a pena orar e pedir para que os tempos difíceis passem depressa para poder desfrutar dos bons momentos. Aprenda a viver seu tempo, <u>não importa se o momento é de riso ou de pranto, é preciso vivê-lo intensamente</u>. É assim com a morte. Evitamos enfrentá-la porque não a vemos como parte da vida, mas ela também tem sua hora.

Na Bíblia, lemos sobre Noemi, uma viúva que passava por um momento terrível: a morte de seu esposo e de seus filhos. Restaram suas duas noras; uma era Orfa, que aceitou seu conselho de procurar novo esposo; a outra era Rute, que decidiu ficar ao seu lado e apoiá-la. Quando Noemi declarou sua situação, fez isso baseando-se no que sentia. Sua aflição era tão grande que inclusive queria mudar seu nome; pedia que a chamassem de "Amarga", por mais que seu nome significasse "prazerosa".[96]

Podemos comparar a situação de Noemi com a de outro famoso personagem bíblico, Jó, que também passou por um período terrível e sombrio. Ficou sem nada! A sua desgraça se somou a sua doença e a alguns amigos insensatos. No entanto, nada disse contra o Senhor.[97] Observe a diferença: Noemi se sentiu despojada e prejudicada por Deus; Jó, por sua vez, reconheceu com humildade sua origem nua e bendisse ao Senhor, por mais que, com sua boa intenção, tenha se equivocado porque não foi Deus, mas, sim, o Diabo, quem tirou o que ele tinha. E isso devemos ter bem claro, já que na vontade de nosso Pai não existe despropósito nem maldade. As situações ocorrem como consequência do que provocamos, do que provocam outras pessoas ou simplesmente porque é tempo de ocorrerem. Por exemplo, todos morremos, mas

---

95 Eclesiastes 3:1-8.
96 Rute 1:20-21.
97 Jó 1:20-22.

não é Deus quem nos mata, simplesmente chega o momento de irmos encontrá-Lo.

A verdade é que Noemi se deixou dominar pela tristeza, mas Rute foi valente e ficou com ela, apesar da desgraça que enfrentavam. Se não tivesse feito isso, não teria conhecido Boaz e não teria continuado a linha de descendência de Jesus! Assim, devemos aprender a ver além do momento. Ainda que não compreendamos, nossa confiança no Senhor deve ser mais forte do que a dor. Não permita que seus pensamentos te traiam. Se um momento ruim faz com que você se sinta triste, confuso e irritado, viva suas emoções, mas feche a boca e use-a apenas para falar bênçãos.

Declare o que você sabe: "Tudo ajuda a quem ama o Senhor".[98] Proclame seu futuro sem temor, dê graças pelo que vive e adore a seu Pai porque toda obra para o bem é Dele. Por outro lado, se deixar de amá-lo e servi-lo, se não perseverar em sua comunhão com Ele, essa promessa se torna inválida, porque só quem ama o Senhor verá que tudo o que acontece atuará para a bênção.

Quando tenho que enfrentar situações difíceis, primeiro vivo o momento – choro e desabafo sem afetar ninguém. Depois, medito, busco calma e peço sabedoria para tomar boas decisões. Aí, faço uma declaração correta de fé e, por fim, falo com Deus para escutar Seus conselhos. Claro que não é fácil esquecer e superar a dor, mas é possível recordar com o coração são, sem ressentimento nem tristeza. Se você perdeu um ente querido, vai se lamentar pelo resto da vida, no entanto, conforme o tempo passa e ao declarar o correto, seu coração vai sarar e poderá se entregar ao que está por vir.[99] Lembre-se de que para iniciar um novo capítulo, primeiro você deve encerrar o anterior. Deixe para trás o passado e vá para a frente, para o que virá.

---

98 Romanos 8:28.
99 Filipenses 3:12-13.

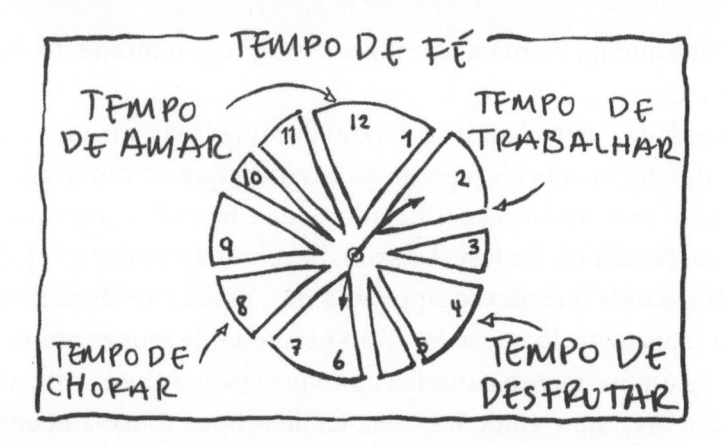

```
┌─────────────────────────────────┐
│         TEMPO DE FÉ             │
│  TEMPO        12      TEMPO DE  │
│  DE AMAR   11    1    TRABALHAR │
│          10        2            │
│           9          3          │
│            8       4            │
│  TEMPO DE   7  6 5    TEMPO DE  │
│  CHORAR               DESFRUTAR │
└─────────────────────────────────┘
```

O filho pródigo, o jovem que pediu sua herança e a gastou mal, relutou para se aproximar de seu pai com arrependimento.[100] Há momentos difíceis que não podemos evitar e há outros que nós provocamos. Se você sofre com algum vício, se vive problemas conjugais por ter uma vida desordenada, está enfrentando as consequências de suas decisões e deve resistir para iniciar o processo de restauração. Não espere chegar ao fundo do poço, abra os olhos e saia desses momentos amargos que você mesmo provocou. Nosso Pai é misericordioso e nos perdoa, mas devemos tomar a decisão. Imite a atitude e declaração do filho pródigo, levante-se e tome o caminho para o Pai porque Ele sempre te mostrará caminhos de bênção e justiça. Tudo o que você viveu já passou, agora deve ver com otimismo o que começa e aprender a viver o tempo que tem para viver com fé. <u>Deus te ajudará a viver momentos e processos se você pedir, levará você para avançar confiando em Suas promessas.</u>

Administre sua fé

Os acontecimento acontecem ou deixam de acontecer de acordo com aquilo em que você acredita. Você vai superar essa tempestade

---
[100] Lucas 15:17-18.

de acordo com a confiança que tiver e projetar em cada momento específico desse processo. Jesus operou milagres em instantes. Curou o leproso, o cego, o paralítico, quando os tocou, multiplicou os pães e os peixes, transformou água em vinho e acalmou a tempestade em segundos. O centurião romano que entendia de autoridade não apenas recebeu o milagre da cura para seu servo, mas também teve a honra de ser amparado por sua fé. Às vezes queremos aplicar a mesma fé para o imediato e para enfrentar processos, mas não é possível.

Há diferença entre a fé para alcançar algo lógico, como uma oportunidade de emprego, e a fé para alcançar algo ilógico, como a multiplicação sobrenatural da provisão. A fé para nos casarmos não é a mesma para nos mantermos unidos a nossos cônjuge por toda a vida, assim como existe uma fé para nos inscrevermos na faculdade e outra diferente para terminarmos a carreira e nos formarmos. A mesma coisa para comprar uma casa; a confiança que nos faz pagar a entrada não é a mesma que nos manterá durante o tempo necessário para terminar de pagar tudo. A diferença? O caráter e a força que desenvolvemos ao aprofundar nossa relação com Deus. Sabemos que o que podemos conseguir com uma pessoa depende de nossa relação com ela. Por mais que um professor ame seus alunos, sem dúvida não os amará tanto quanto ama um de seus filhos. Uma mulher tem mais confiança em pedir algo a seu esposo do que a seu chefe. Assim, o segredo para amadurecer em nossa fé é buscar intensamente nosso Pai e desfrutar da nossa relação com Ele.

Eu tive fé para iniciar o ministério, mas devo exercer uma fé ainda mais profunda e madura para me manter na obra e lutar apesar das dificuldades. Claro que a dúvida me visita, mas não a recebo, não me acomodo ao seu lado nem sirvo café a ela, ao contrário, eu a tiro depressa porque na minha casa e na minha família acreditamos no Senhor e em suas promessas. Eu me casei com Sonia porque a amo, mas construímos um casamento estável porque tivemos fé para acreditar que seguiríamos em frente no processo da vida compartilhada.

Não é por vista

Acredite em Deus por milagres que ocorrem em um instante e também exerça fé para ser capaz de mantê-los e não perder o que recebeu. Além disso, acredite nas promessas que demoram para se cumprir. Abraão teve fé durante anos e a mulher siro-fenícia teve fé durante seu breve encontro de cura com Jesus. São dois casos diferentes, ainda que poderosos. Demonstre que você tem caráter para ver cumpridas as Suas promessas e que consegue mantê-las vivas porque alcançou o nível de fé de que precisa para transcender.

IV

VI

JOGO PERFEITO

Capítulo 18 **Muito fácil para ser certo**
Capítulo 19 **Imite a fé**
Capítulo 20 **Como será isso?**

Não é por vista

Que ótimo seria se nossa vida fosse como dizem no beisebol: um jogo perfeito. Em um desses, o arremessador é quem fecha os nove *innings*, e tem um desempenho tão bom que a equipe adversária não tem a possibilidade nem sequer de marcar uma única corrida. Quem nos dera ser os únicos a bater, fazer *home runs* e correr.

Foi exatamente isso o que conseguiu a equipe infantil de beisebol de Monterrey, México, em 1957. *The Perfect Game* é o filme que relata essa história comovente: eles ganharam o Campeonato Mundial da liga infantil dos Estados Unidos, por mais que tivessem tudo contra eles, inclusive a discriminação racial e a falta de recursos. No entanto, sobrava fé e paixão; e quando digo que sobrava, não é exagero. Em seu pequeno e caloroso povoado com ruas de terra cujo coração era a indústria metalúrgica, as crianças sonhavam em jogar beisebol, principalmente Ángel, que se via como o melhor *lançador* de todos os tempos.

Durante as tardes, eles se reuniam no pátio da pequena igreja, ao redor do rádio do padre Esteban, para ouvir os jogos das famosas equipes norte-americanas: Yankees, Dodgers, Medias Rojas, Cardenales... E dessa última equipe foi despedido César, um jovem que depois de ser despedido voltou a sua cidade, a mesma onde vivem as crianças.

Ángel e César se encontram, ou melhor, Ángel entra ruidosamente na vida de César quando começa a praticar sua batida com a bela bola de beisebol que encontra entre arbustos. Ao vê-la, ele a pega com delicadeza, como se tivesse encontrado o tesouro mais valioso, e era mesmo. O que fazia uma bola como aquela no povoado no meio do nada?

Sem perder tempo, Ángel procura um lugar para praticar. Decide fazer isso onde acredita que não vai perturbar ninguém: entre as casas onde vivem os funcionários da fábrica de metal. A bola bate insistentemente nas telhas do quartinho onde César faz sua siesta. O primeiro encontro é rude, mas assim começa a amizade que se transforma na relação treinador-aluno. Não é fácil convencer César de que vai ensiná-lo a jogar, ainda mais quando propõe a ele a ideia de formar uma equipe com seus amigos. As crianças fazem tudo o que ele coloca como condição porque ele se nega a se envolver com um grupo de ingênuos que nunca tocaram numa luva ou num taco de beisebol.

Eles se organizam para arrumar o pátio de terra da igreja como se fosse um campo e reúnem mais crianças para completar a equipe. "Certo, vamos treinar", aceita César, sorrindo. A paixão e a obediência dos meninos o convencem, além do apoio do padre do povoado, que se transforma em cúmplice da aventura. Se César manda que eles deem dez voltas no campo, eles obedecem; se pede que eles cheguem cedo, eles chegam. Os meninos o admiram e obedecem, inclusive depois de descobrir que ele havia mentido, pois não foi treinador dos Cardinals, mas um simples auxiliar de roupeiro.

Por meio de César, a equipe consegue patrocínio e se inscreve no campeonato, mas assim começam os verdadeiros desafios. Sem muitos recursos, no começo o grupo passa fome e frio, além de sofrer o desprezo de quem os julgavam mal por serem mexicanos. No entanto, pouco a pouco, e conforme vão sendo notados – pois avançam depressa nas posições –, encontram aliados que os abençoam com abrigo e alimento.

A fé cega das crianças é o impulso que move toda a engrenagem porque, na realidade, ninguém acreditava neles; no entanto, durante os treinos, cada um vai descobrindo seu potencial, especialmente Ángel, que na última partida, ou seja, na final pelo título, consegue um desempenho perfeito, e ganha a aprovação e o respeito de seu pai, além de ganhar a admiração dos dois países: Estados Unidos e México.

Quando temos fé e somos obedientes às instruções de nosso treinador, com segurança conseguiremos um jogo perfeito.

18 MUITO FÁCIL PARA ESTAR CERTO

A fé de que Deus pode fazer o impossível deve te motivar a obedecer a Suas simples instruções.

Mãe e filho viram quando a porta se fechou e escutaram os passos que se afastavam. Era momento de virar a página e seguir em frente, mas como fazer isso? Infelizmente, a família havia se separado e ela queria que alguém lhe desse instruções. Seu esposo, o pai de seu filho, não voltaria; parecia mentira, mas era verdade. Como explicar a um menino de cinco anos que seu super-herói, o homem que ele considerava um gigante forte e bom, agora tinha apenas metade da guarda e que a partir daquele momento só o veria aos finais de semana? Em um momento assim, era difícil dizer "Tenha fé". Era difícil pensar que tudo ficaria bem porque havia dor, vidas que se desfizeram, corações machucados e incertezas em relação ao futuro.

O que acha que essa mãe diria, essa mãe que de repente se viu sozinha e a única instrução que recebeu no momento foi "Confia em mim e não vai se machucar"? Acho que ela preferia ouvir algo mais específico, talvez se sentiria melhor se alguém dissesse, passo a passo, como ela poderia sair do poço dentro do qual havia caído e onde a única coisa que fazia era chorar. Nosso Senhor sabe que desejamos que alguém pegue nossa mão e nos direcione quando não sabemos o que fazer. E Ele faz isso! Só é preciso que tenhamos ouvidos atentos a Suas instruções, que acreditemos nele e que nos preparemos para obedecê-lo porque, sem dúvida, o que pedirá não será nada complicado.

Já conhecemos Naamã, general do exército sírio que se decepcionou porque a instrução que o profeta ordenou era pouco digna de sua posição, pois ele era uma pessoa importante. Talvez tenha pensado que o profeta invocaria solenemente a Deus e faria algo como soltar fogos de artifício ou realizaria uma manifestação chamativa, mas Eliseu simplesmente o enviou para que se banhasse no rio, algo que o general sírio considerava insignificante. Da mesma forma, muitas vezes, nossa estrutura mental limitada fecha as portas ao que Deus quer fazer. Sua resposta nos desconcerta porque nos dá uma instrução muito simples para o que esperávamos.

É muito comum pensar que temos as melhores opções para obedecer às instruções de Deus. Nós pensamos que somos capazes e autossuficientes, mas somos arrogantes ao concluir que podemos seguir em frente sem Ele.

Prova de fé

Curiosamente, os criados convenceram Naamã dizendo que ele deveria tentar, pois se estava disposto a fazer algo mais difícil, não perdia nada se obedecesse a uma ordem tão simples. Ele os escutou e se curou. É incrível que às vezes não sejamos capazes de obedecer a uma instrução porque é muito fácil de realizar. Pelo contrário, se mandam você fazer algo difícil, você acredita e faz, mas não acredita que realizar algo fácil pode resolver uma situação difícil. Somos capazes de fazer o difícil, mas não de acreditar no fácil. Quando nos dizem que para curar só devemos abrir as mãos, acreditamos estar diante de um charlatão, porque ter fé implica em morrermos e confiar no poder de Deus. Quando os israelitas entraram na terra prometida, a instrução que receberam de Deus para derrubar as muralhas de Jericó, a primeira cidade a conquistar, era marchar ao seu redor durante sete dias. Certamente o exército inimigo dava risada, mas ao final da sétima volta do sétimo dia os muros caíram!

Davi derrotou Golias com uma simples pedra porque tinha fé. Uma mulher com hemorragia se curou apenas tocando o manto de Jesus. Gideão venceu os midianitas com trombetas e tochas acesas entre cântaros, gritando: "Por Jeová e por Gideão". Sempre o mais simples, o que o senhor mandava, era a opção que operava maravilhas. <u>Obedecer à instrução que acreditamos ser muito fácil é nossa prova de fé.</u>

Naamã queria que o profeta tivesse autoridade sobre a lepra, mas não sobre ele. No entanto, para ver obras poderosas em sua vida, você deve ter a humildade de obedecer às ordens mais simples, ainda que pareçam ilógicas.

O senhor nunca ofereceu métodos difíceis, porque espera que acreditamos no simples e poderoso.

Como conseguir isso? Voltando a ser como crianças, com um coração que confia e vive intensamente seus sonhos. É fácil ver milagres se acreditarmos que podem ocorrer! O senhor nunca ofereceu métodos difíceis, porque espera que acreditemos no simples e poderoso. Nosso Pai nos deu a mente para pensar e o coração para acreditar. O milagre estará perto quando você acreditar que é fácil consegui-lo.

Deus é especialista no impossível, não no difícil.[101] Para quem crê, pede e obedece, tudo será possível. Por que quer tornar complexo o que Ele veio a simplificar? Alcançamos a salvação e a vida eterna apenas aceitando a Jesus como nosso Senhor, mas custamos tanto a acreditar nele que insistimos na arrogância de pensar que são nossas obras o que nos salvarão. É preciso acreditar que o amor e que a misericórdia de Deus é tudo de que precisamos para mudar nossa forma de pensar e de viver.

Terceira opção

Quando Moisés finalmente conseguiu convencer o faraó a soltar os israelitas, tudo parecia estar indo bem. Bem, sabemos que não foi exatamente Moisés, mas as terríveis pragas que Deus mandou ao Egito, o que fez com que o faraó fizesse sua vontade, mas também sabemos que quando se recuperou da dor da perda de seu primogênito, o coração do rei voltou a se encher de amargura e ele mandou seu exército perseguir os recém-libertados. Então, vemos milhões de pessoas diante de uma encruzilhada, a primeira de muitas que deveriam superar durante sua viagem.

Moisés ia à frente quando chegaram diante do Mar Vermelho. Era um bom momento para um descanso e para tomar decisões, mas não houve tempo para se sentar e deixar que a brisa do mar espalhasse as ideias. Como pólvora, correu a notícia de que o exército egípcio se aproximava e não era com a intenção de desejar a eles uma boa viagem, vinham com a espada em punho, prontos para cortar cabeças! E ali estavam todos, encurralados. Era questão de minutos para que começasse a carnificina. Claro que havia homens armados e que uma batalha ocorreria, mas com a mentalidade de escravos, pouco conseguiriam.

Quase consigo imaginar Moisés na frente do mar com cara de "Oh, céus! E agora, o que faremos?". Aparentemente, ele tinha duas

---

101 Jeremias 32:27.

opções: pedir que mais de dois milhões de pessoas nadassem até a outra borda ou buscar armas para lutar contra seus perseguidores. Mas clamou a Deus, e Ele lhe deu uma terceira opção: levantar as mãos e ordenar que o mar se abrisse para dar passagem a eles.[102] Suas primeiras duas opções praticamente o teriam levado à morte, no entanto, a terceira, aquela dada pelo Senhor, era a mais simples de se executar, mas também a mais difícil de se acreditar.

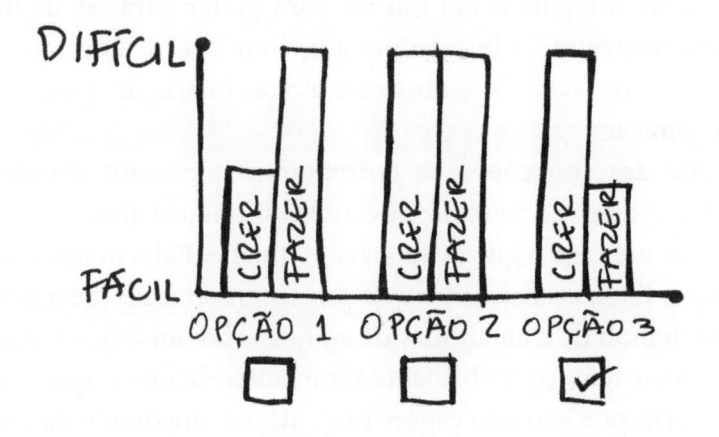

Se você acredita ter forças para o difícil, demonstra que tem fé para obedecer ao fácil. O Senhor te pede: "Traga o impossível porque não há nada difícil mim". Às vezes, você opta pela solução mais difícil porque se o que deve fazer é fácil, acredita que se sentirá ridículo. Além disso, procura o reconhecimento de seus esforços, sendo que deveria deixar que Deus opere para que a glória seja Dele. Diante das situações da vida, você terá três opções: duas serão caminhos que você pode seguir com a sua força e a terceira será acreditar e obedecer a Deus. Parece fácil, e é, mas exige fé para ver o impossível ser feito.

Acredite, acredite, acredite! Não se canse de acreditar porque temos Deus ao nosso lado, que tudo pode quando demonstramos que

---

102 Êxodo 14:15-16.

somos capazes de obedecer ao que ele pede para fazermos. Tenha fé que ele vai fazer com que você prospere, que ele vai te curar, restaurar seu lar. Corra o risco! Não veja a circunstância que parece difícil, escute a Sua voz que diz: "É fácil, não existe nada impossível para quem acredita". Não se deixe levar por seus sentidos, seu Pai te fez parte da natureza divina para que você use o poder de sua fé.

Deixe-se levar a um novo nível de obediência. Deixe de lado a "estrutura mental de Naamã", que pensa ser irracional fazer algo tão simples como mergulhar em um rio para poder curar-se de uma enfermidade terrível. Escolha sempre a melhor opção, a de acreditar no Senhor de olhos fechados e obedecer a Suas instruções por mais simples que pareçam.

Diante das situações que enfrentamos, devemos clamar como Moisés fez e dizer ao Senhor: "Reconheço que existem soluções que ignoro, mas me diga o que devo fazer e farei". A Palavra nos diz que se clamarmos, Ele nos ensinará o que não conhecemos.[103] Se a resposta é que não é tempo de clamar, mas de agir, já sabemos o que fazer. Notemos que nesse tempo não havia nenhum antecedente de que o mar poderia se abrir, por isso não espere um antecedente diante da instrução que recebe de Deus, já que Ele pode dar a você uma nova fórmula para resolver qualquer situação.

No caso de Moisés, o que era mais fácil? Cruzar o mar nadando ou levantar as mãos e confiar? Claro que levantar as mãos! Mas em qual opção era mais difícil acreditar? Também levantar as mãos! Então, podemos ver que as soluções que Deus dá são fáceis de realizar, mas difíceis de crer, porque precisamos de fé para vencer nossa razão e pensar que tudo é possível por mais simples ou ridículo que pareça.

Na vida, todos devemos nos preparar e nos educar, no entanto, não queira que sua razão substitua sua fé. Se sua situação está complicada, é o momento de simplificá-la com fé de que o impossível pode ocorrer.

---

103 Jeremias 33:3.

A mulher acometida por uma hemorragia nos ensina que para ter fé devemos escutar, porque quando ela escutou sobre Jesus, ela o procurou para que Ele a curasse. Nesse caso, também não havia antecedente de que ao tocar a roupa de Jesus, alguém poderia se curar, porém ela não pensou nisso, mas, cansada de ter tentado de tudo, deixou ser levada pela fé no impossível. Escute a Palavra do Senhor, principalmente a que motiva sua fé, porque é a única forma de avançar. Essa mulher já tinha superado a parte difícil: procurar cura durante doze anos, assim, só lhe restava fazer o mais fácil: tocar o manto de Jesus. Claro que isso requer fé e acreditar não é fácil, mas ela fez isso e se curou.[104] Talvez você se dê conta de que a solução para seu problema passou diante de seus olhos e você não viu, porque é muito fácil não acreditar! Jesus nunca complicou nada a ninguém. Para receber bênção, as pessoas têm apenas que acreditar que o simples ou ridículo é possível.

Outro exemplo é o do pai que se aproximou de Jesus para pedir a Ele que libertasse seu filho do demônio que o torturava e que o ajudasse a acreditar.[105] Proclame agora que nenhum demônio, nenhum vício ou pecado escravizará seus filhos. Se você acreditar que é impossível, seu nível de fé deve aumentar e isso só vai ser possível se conseguir se aproximar mais do Senhor, se ler Sua Palavra e se buscá-lo intencionalmente em oração. Ao nascer de novo nessa vida de fé, garanto que você receberá forças para conseguir o que deseja. Você se tornará especialista na santa teimosia de insistir por seu milagre até que ele seja feito!

Se lermos o antecedente dessa história, vemos que o pai do jovem afligido pelas forças sobrenaturais foi primeiro aos discípulos de Jesus, mas como eles não puderam ajudá-lo, ele se aproximou do Senhor.[106] Jesus disse: "Podes fazer tudo se puderes acreditar que ao seguir minhas instruções simples obterás grandes conquistas". Esse pai se aproximou de Jesus perguntando se podia fazer "algo", mas Ele podia fazer "tudo". Não tenha fé para algo, mas para tudo. Não acredite apenas em

---

104 Marcos 5:24-29.
105 Marcos 9:21-24
106 Marcos 9:17-18.

sua cura, mas em sua prosperidade, na restauração de seu lar, na felicidade de suas gerações! É esse o nível de fé que Deus quer ver em nós. Então, vemos dois casos, o da mulher que disse: "Se eu apenas tocar seu manto...", e o do pai que disse: "Se o Senhor puder fazer algo...". Ela confessou que era possível, ele confessou que esperava que fosse possível. Vê a diferença? <u>Está em você que Deus faça algo. Ele quer fazer, mas é você quem destrava a bênção ao crer e ao confessar que o impossível será feito.</u>

Na vida seus pais podem falhar, seus irmãos, seu esposo, seu sócio, seus amigos ou companheiros, mas Jesus não falha. Esqueça-se dos fracassos porque o Senhor pode fazer tudo se você demonstrar que acredita com o coração. Não se dê por vencido, dê-se por vencedor! Diga: "Eu sei que Tu podes operar maravilhas em minha vida". Não duvide Dele, Ele sempre te dará a melhor opção.

19 IMITE A FÉ

> Aprender com outros é obedecer, reconhecer com humildade que alguém sabe mais.

Como pastor, oro e me preparo continuamente. Sempre estou anotando ideias pontuais que o Senhor deseja transmitir, ainda que minha preparação não se origine no processo de ler rapidamente dois ou três livros, mas em minha constante atenção ao escutar Sua voz. A mensagem que nosso Senhor deseja transmitir se busca diante de Sua presença.

Sem dúvida, é preciso saber a quem vale a pena escutar, imitar e obedecer. Há pessoas de quem podemos tomar exemplos de fé[107], o que também implica uma enorme

---
107 Hebreus 13:7-8.

responsabilidade. A Palavra de Deus que pode ser compartilhada entre aqueles que decidem imitar e obedecer é como uma semente que produz fruto abundante se for cuidada e regada. Seria impossível falar de fé sem resultados que a tornem evidente, já que a mensagem do Senhor não é uma bela embalagem para uma caixa vazia, mas um presente com muito conteúdo que se reflete em obras. Siga e imite quem pode respaldar seu discurso com resultados visíveis. Nesse caso, sua confiança deve se fundamentar no que podemos ver e comprovar, do contrário, seriam apenas palavras vazias.

> *Siga e imite quem pode respaldar seu discurso com resultados visíveis.*

De fato, você pode crer no Senhor com toda a força porque Seus resultados saltam à vista desde o início dos tempos. Ao dizer que devemos viver pela fé e não pelo que vemos, a Escritura se refere ao nosso futuro, não à falta de um histórico confiável, porque se alguém puder dizer: "Eu me submeto às provas", esse é Deus. Ou você acha que tudo o que foi criado, o universo, sua vida e tudo o que existe, não é prova suficiente de Seu poder? Portanto, dê a Ele o benefício de sua fé e de sua obediência.

Por experiência, posso dizer que obedecer não é fácil, já que requer humildade para reconhecer que existe alguém que sabe mais e tem o controle da situação, e ceder esse controle é muito complicado. Tenho visto pessoas que não conseguiram, talvez não por arrogância, mas porque estão acostumadas a tomar decisões e a seguir em frente como melhor conseguem. Por isso adoro ver na igreja empresários cristãos que alcançaram proezas pela fé e demonstram sua mudança de caráter ao cederem o controle a quem tudo pode.

Eles têm exercido dois tipos de obediência: uma vertical e outra horizontal. Vou explicar a que me refiro. Costumo dizer a minha equipe que eles têm o chefe mais obediente que poderia ter, já que tenho o costume de me cercar dos melhores profissionais de sua área, assim escuto e obedeço seus conselhos porque eles são especialistas. E tenho certeza de que minha obediência a Deus e as boas ideias de minha equipe são o segredo do sucesso que a Casa de Deus alcançou. Sou como um "coletor de talentos" ou colecionador de talentos guiado pela mente mestra de meu Pai. Então, eu também pratico os dois tipos de obediência: a vertical, porque escuto e me submeto à minha autoridade suprema; e à horizontal, porque escuto e levo muito em conta a sabedoria de meus pares, meus colaboradores que não são exatamente minha autoridade, mas que têm mais conhecimento e experiência que eu cada um em sua área. Temos sido tão criativos e empreendedores que temos planejado e construído nossos próprios edifícios, fabricamos nosso concreto para baixar custos. São ideias que têm vindo de Deus, que sempre provê as pessoas e os recursos.

Garanto que não existe conselho mais certo do que o de Deus, por isso, devemos obedecer às Suas instruções inclusive quando estamos no meio de um processo difícil que não compreendamos, como uma fraude ou estafa, a rebeldia de um filho, a mentira de um sócio ou um divórcio. Eu realizo projetos para o ministério de acordo com as instruções que recebo do Senhor e estou convencido de que poderemos vê-lo funcionando porque foram ditados por Ele. Eu só me encarrego de buscar a melhor equipe e executar Seus planos. Alinhar-me aos desejos do coração de Deus é minha garantia de êxito. Como diriam meus filhos: "Não tem como dar errado".

<u>Ninguém imita alguém por quem não tenha admiração, e eu admiro meu Pai, por isso eu o imito.</u> Assim acontece com os filhos menores de doze anos, certo? Querem ser como seus pais porque estes são o modelo deles! Por isso a seguinte frase está tão certa: "As palavras convencem, mas o exemplo arrasta". Qual exemplo pode ser melhor do que o do Criador do universo? Aqui é onde o assunto da fé se torna uma corrente de valor quando começamos a vê-la além de nossas circunstâncias e procuramos compartilhá-la através de nossos resultados. As obras que realizamos em obediência inspiram outros a acreditar e

essa projeção é o que finalmente faz com que a fé mova montanhas, porque contagia e age em benefício de muitos, de milhares, de todos.

Não se trata apenas de ter fé, mas de sua vida ser um testemunho que outros desejem imitar. Procure líderes que possa admirar para aprender com eles e imitar sua fé, então você mesmo se transformará em um líder que outros admirem e queiram imitar. Uma senhora que vai à igreja fielmente há mais de vinte anos se aproximou de mim, certo dia, para me dar um abraço tão emocionado e carinhoso que me fez chorar. Nunca tínhamos tido a oportunidade de conversar, apesar de eu sempre vê-la muito atenta em nossas reuniões dominicais, nos congressos que organizávamos e em todas as atividades que propúnhamos. Nesse dia, ela me disse: "Pastor, te dou infinitas graças por tudo o que o senhor me ensinou. Quem me conhece sabe que vim à igreja sem minha família, sem recursos, sem amigos, sem nada, mas nesses anos tenho seguido ao pé da letra todas as instruções e não me arrependo. Se o senhor diz que é o momento de falarmos com uma pessoa a quem devemos pedir perdão, eu obedeço; se o senhor diz que é o momento de ser generoso, sem duvidar, procuro alguém para ajudar; se o senhor diz que devemos nos preparar e estudar, eu me matriculo em algum curso; se nos desafia a sair na rua e orar por nosso país, eu me reúno a um dos grupos, ainda que me digam não, devido à minha idade, mas insisto e vou. Minha colheita tem sido farta, pastor. Quando me perguntam como tenho conseguido seguir adiante dessa forma, digo que ser obediente é a chave". Ela, de fato, tinha desvendado o mistério da fé!

Imito os modelos valiosos que demonstram força e convicção no Senhor. Não tenho imitado quem ri diante da adversidade de uma crise econômica nem diante de uma decepção amorosa. Claro que sou humano e, como todos, vivos grandes desafios, mas eu os enfrento com uma atitude positiva e cheia de fé. A Bíblia testemunha que os homens de Deus viviam em um contexto difícil e que a fé era o que tinham em comum. Encontraram respaldo divino quando acreditaram e demonstraram a nós que podemos imitá-los agindo da mesma maneira.

Bênção para muitos

Seus projetos têm grandes chances de se realizar quando se alinham com os de Deus e significam bênção para muitos. Inclusive, um milagre de cura, que é algo muito pessoal, tem um objetivo multiplicador porque essa vida restaurada será um poderoso testemunho do amor de Deus, sem contar que a pessoa que recebeu o milagre, sem dúvida, terá um novo coração com desejo de ajudar os outros. Esse é o poder de Deus operando através de nossa vida!

Não adianta ter uma fé egocêntrica e só ver o benefício pessoal. Certamente nosso Pai deseja nos abençoar, nos criou por amor e esse é nosso fundamento, mas viver pela fé não significa tentar buscar com uma atitude egoísta o que eu desejo, porque o fim será eu e somente eu. Quem é o centro do universo? Se você acredita que é você, é preciso rever seus fundamentos. Fomos criados para manter, por vontade própria, uma relação íntima com Deus, essa é nossa razão de ser, o resultado de gozarmos disso será uma vida plena, com tudo o que isso implica.

Devemos nos concentrar em aperfeiçoar nossa relação com Deus: procuremos a pessoa e o que essa pessoa quer nos dar, sem dúvida virá. Esse é o significado do conselho que Jesus deu: "Primeiro busque o reino de Deus e sua justiça, e então, todo o resto será alcançado". Claro que Deus deseja nos ver prosperando em tudo, mas isso será resultado de nossa íntima relação com Ele.

Eu amo minha esposa, acredito nela, a procuro, a aceito, dedico atenção a ela, escuto seus conselhos e obedeço às orientações que ela pode me dar porque respeito sua opinião. Sou feliz pelo tempo que passamos juntos e, além disso, desfruto de tudo o que ela me dá e que é consequência lógica de nossa relação íntima. Isso é diferente de procurá-la com um fim utilitário e egoísta, simplesmente esperando o que ela pode me dar. Deus espera que você o procure e o ame, muito além do que Ele possa lhe dar!

Viver pela e para a fé

Para sermos obedientes às instruções de nosso Pai, devemos nos submeter a suas orientações, a Sua Palavra, que nos revela tudo o que devemos saber e fazer. O Evangelho se revela pela e para a fé, ou seja, pela fé o aceitamos e para que seja testemunho de fé o vivemos.[108] Nossa convicção no amor de Deus deve ser reforçada e demonstrada, caso contrário, seria apenas um conceito abstrato e sem impacto, mas a fé é concreta e efetiva para mudar radicalmente nossa circunstância se formos como crianças que amam, admiram, acreditam e obedecem.

Quando ensinei meus filhos a nadar, a primeira coisa que fiz foi me jogar na água com tudo. Essa atitude acabava com a incerteza e abria as portas para a diversão. Ver-me com essa atitude de completo controle da situação dava confiança aos meus filhos e quase não me dava tempo de emergir a tempo de pegá-los, porque eles se jogavam logo depois de mim. Não teria sido a mesma coisa se eu entrasse na piscina com cuidado, segurando-me nas grades, pouco a pouco, permitindo que o contato com a água me causasse choque e frio. Assim é a vida de fé, um mergulho total em um ambiente novo que requer audácia porque obedecemos cegamente, com a certeza de que as instruções vêm de quem realmente sabe o que faz e o que queremos para nós.

A palavra *fé*, em hebraico, significa fidelidade. Ter fé em Deus é expressar fidelidade, o que nos transforma em pessoas justas, ou seja, corretas; por isso, em mais de uma ocasião, a Palavra diz que o justo, por sua fé viverá.[109] Por que é importante estarmos convencidos de que viver pela fé nos torna justos? Porque aceitar isso implica humildade ao reconhecer que não são nossas obras, mas nossa atitude de total confiança o que nos dará salvação e vida em abundância. Portanto, sejamos fiéis ao Senhor e não duvidemos de obedecer a Suas simples instruções, porque o que Ele escreveu se aplica para a nossa vida e não é Palavra distante nem alheia. Aproprie-se dessas promessas! Se nas Escrituras está escrito que há vida longa e futuro bom para quem

---

108 Romanos 1:17.
109 Habacuque 2:4.

honra seus pais, tome essa promessa para si mesmo e obedeça à instrução.[110] Se está escrito que riqueza, honra e vida são o pagamento para os humildes e para aqueles que respeitam a Deus, assim é![111] É uma orientação clara e simples, certo? Claro que não é fácil cumpri-la, por isso viver pela fé requer força e decisão, é para quem deseja conseguir proezas.

O segundo significado da palavra *fé* é firmeza. As pessoas que creem se mantêm firmes e estáveis, sem flutuar. Em inglês, essa palavra se traduz como *steady*, o que me faz lembrar das *steady cam* que utilizamos para gravar os programas de televisão. Elas são capazes de seguir uma ação e gravar a imagem com estabilidade, sem importar qual seja o movimento. São as câmeras que utilizamos nas Noites de Glória, cruzadas de milagres nas quais as pessoas correm, saltam e dançam de alegria ao receber sua cura. <u>Quando alguém tem fé, mantém-se firme sem se importar com a força da tempestade porque seu olhar permanece fixo no Senhor.</u> Essa estabilidade foi o que faltou a Pedro quando caminhou sobre as águas e já não via o Senhor em meio às ondas. Não permita que a estabilidade te falte no meio das dificuldades. Confie no Senhor acima de suas capacidades. Todos os homens que Bíblia traz conseguiram suas façanhas por fé e para a fé.

---

110 Efésio 6:2-3.
111 Provérbios 22:4.

Não é por vista

Para erguer uma nação, Abraão saiu de sua terra obedecendo à instrução de Deus. Davi chegou a ser rei obedecendo ao que Deus indicava que ele fizesse. Cada um dos homens de fé procurou Deus para receber instrução e conselho; Ele foi o recurso e refúgio deles.

Que Sua obra seja feita depende de nossa confiança e obediência. Para Ele não é bom ver que retrocedemos. Creia sempre e acima de qualquer situação, por mais difícil que pareça, porque isso te dará vida, ânimo e energia para lutar. A fé nos ajuda a pensar melhor, nos levanta e impede que nos acomodemos. Pelo contrário, quando deixamos de crer, nós nos sentimos tristes, irritados e frustrados. Deus precisa de nossa constância porque devemos recordar que a fé é certeza do que é esperado.[112] Um casamento precisa de mais fé do que aprendizado em cursos especializados; superar as circunstâncias requer mais fé do que conhecimentos e as doenças incuráveis requerem mais fé do que ciência.

Abraão, José, Isaque, Noé, Sara, Jacó, Esaú, Moisés, Davi, Jefté, Sansão, Barac e os profetas dos quais nos fala a Bíblia são heróis. Se nós os reuníssemos em uma conferência, se nós os convidássemos a dar palestras em universidades, todos diriam que tiveram apenas confiança no Senhor, que foi o que os ergueu e fez com que fossem vencedores, como você e eu.

---

112 Hebreus 10:35-39.

20 COMO SERÁ ISSO?

A fé nos guia para acreditar no que faremos e nosso Pai nos ensina a fazer isso.

Uma jovenzinha arriscou sua vida ao aceitar o desafio de ser instrumento do Senhor. Seu nome é Maria, a mãe de Jesus, que ao receber a notícia de sua concepção nos ensinou que para ter a misericórdia de Deus devemos ser humildes.[113] A graça do Senhor é o que nos permite conceber nosso propósito, o que Ele deseja que façamos, assim como aconteceu com Maria. Relembramos que Ele humilha os soberbos e dá graça aos humildes[114], então o ego não deve se apoderar de nosso coração porque

---

113 Lucas 1:30-36.
114 Tiago 4:6.

colocaria a perder os projetos que poderíamos conceber e tornar realidade.

Quando decidi que queria pregar, eu criei um plano completo, mas o Espírito Santo mudou tudo e me disse: "Não quero que você se veja pregando a multidões, quero que veja multidões caminhando aos Meus pés". Nesse momento, parei. Eu lembro que estava em um piso de granito e disse: "Como esses pequenos e infinitos pontos que vejo na pedra de granito, assim será a quantidade de pessoas que virão a ti". Essa mudança em minha vida e essa nova forma de ver o ministério provocou uma mudança drástica que se materializou no que agora é a Casa de Deus; por isso não despreze as pequenas mudanças que podem gerar melhores resultados.

"Como será isso?", perguntou Maria, porque não compreendia de que maneira poderia ter um filho se não "conhecia um homem". Sua dúvida era válida, mais ainda se considerarmos sua situação, mas sua atitude ao perguntar foi correta, mas não arrogante. É muito difícil fazer algo se nossa mente diz que não podemos, no entanto, no momento em que diz: "É possível", o Senhor te dá ideias para que assim seja. É como se alguém abrisse a nossa mente e colocasse soluções dentro dela. É assim que funciona a fé: primeiro acreditamos e depois procuramos uma forma de conseguir, diferente de como age a razão humana, que primeiro analisa se é possível conseguir algo para depois acreditar.

Maria primeiro recebeu a notícia do *que* aconteceria para depois ter a explicação de *como* aconteceria. E a resposta que recebeu foi simples. Não tinha que fazer nada mais do que se dispor com valentia ao que teria que acontecer, porque o Senhor é assim: nos dá instruções simples.

Simples assim!

Se revisarmos as Escrituras, vemos que Deus quase nunca chama seu povo a fazer algo difícil. Ao contrário: suas obras nos conduzem ao

Como será isso?

fácil ou quase ao ridículo. O milagre da concepção de Jesus ocorreria simplesmente com a chegada do Espírito Santo. Simples assim! A criação inteira surgiu simplesmente com Suas palavras, foi assim. Moisés abriu o Mar Vermelho apenas erguendo as mãos e crendo. Deus realizará grandes obras para quem acreditar Nele com ingenuidade. Eu prefiro acreditar que o mar pode se abrir a pensar que Ele mente.

Assim podemos relacionar muitos outros casos na Bíblia. Naamã, para se curar da lepra, só devia se banhar sete vezes no rio. O cego só deveria se lavar no tanque, os leprosos deviam apenas caminhar para se apresentar diante do sacerdote. As instruções do Senhor são tão simples, que nos desafiam a crer e a nos arriscarmos a fazer o ridículo, mas realmente a fé é para mentes superiores.

Às vezes dizem que somos tontos por acreditar nos milagres, mas somos inteligentes porque obedecemos ao mais inteligente, ao Rei que tudo pode e que planeja cada passo para que nós apenas obedeçamos. Use sua inteligência para obedecê-lo!

> *As instruções do Senhor são tão simples, que nos desafiam a crer e a nos arriscarmos a fazer o ridículo, mas realmente a fé é para mentes superiores.*

Em outro trecho da Bíblia, vemos que Zacarias, esposo de Isabel, prima de Maria, também recebeu a visita do anjo com a notícia de que sua esposa conceberia um filho apesar de sua idade e de ser estéril.[115] Esse filho se chamaria João, seria grande diante de Deus e prepararia o coração do povo. Mas em seu caso, a incredulidade foi evidente porque por ser sacerdote e homem experiente, conhecedor da vontade de Deus, perguntou como seria possível em suas circunstâncias. Essa dúvida fez com que ele ficasse sem fala até que as palavras

---

115 Lucas 1:5-20.

do anjo se cumpriram. <u>Nossa boca deve proclamar com fé que se cumprirá o que Deus nos prometeu.</u>

Chamaram Maria de bem-aventurada e a Zacarias deixaram mudo. O que te impede de usar sua fé? O medo fez com que você se equivocasse? Pois então equivoque-se e recomece! Que a dúvida dos que te cercam não te limite, tampouco o medo de ficar mal diante deles. Aja de acordo com a fé que você proclama porque Zacarias falava bonito, mas falhou quando chegou o momento de demonstrar sua fé.

Sabemos que Abraão é outro exemplo de alguém que recebeu promessa de descendência. Nos três casos, recebeu a mesma mensagem, mas cada um o recebeu de modo diferente. Em uma, ficou mudo, em outra foi pai de um povo e ela foi mãe do Salvador. Nossa fé determina que recebamos, sem duvidar!

Fé para seguir, fé para sair

O caso de Zacarias é digno de ser apreciado e analisado um pouco mais a fundo. Ele e sua esposa eram justos, servos intocáveis do Senhor. Pensamos que certamente um casal assim não enfrentava problemas nem angústias, mas ela não podia ter filhos. Diante disso, nós nos questionamos: "Servem ao Senhor e são bons, por que não podem receber a bênção de um filho?". No entanto, em uma situação assim, quando temos fé devemos saber que Deus fará o milagre quando chegar o momento certo.

Certa vez, um amigo me ligou porque seu sobrinho tinha sofrido um derrame cerebral e estava na UTI de um hospital. Cheguei o mais rápido que pude, mas não me deixaram entrar, assim fiquei com a família na sala de espera, dando força e compartilhando sobre a fé. Eles estavam muito tristes e contrariados. Acredito que não interpretaram muito bem minhas palavras porque assumiram uma atitude defensiva: "Acha que não temos fé depois de tudo o que passamos?". Então, o Espírito Santo me disse: "Eles têm fé para aguentar os problemas, mas não para sair deles". Voltei no dia seguinte, a família não estava e me permitiram entrar na UTI. Naquele quarto escuro e silencioso, eu me aproximei da cama, inclinei-me para falar ao ouvido do jovem dizendo as palavras do Espírito Santo: "Olá, sou seu amigo Cash. Não vai morrer, vim te levantar em nome de Jesus". Ele despertou algumas horas mais tarde e começou sua recuperação.

Já sabemos que temos uma medida de fé, para que você usa a sua?[116] Para suportar a dor ou para enfrentá-la e superá-la? É como o jogo do tiro ao alvo: você deve apontar para ver o que consegue e qual prêmio receberá. Assim é a fé, você decide o que quer, se aguentar o problema ou sair dele ou até realizar um sonho. Também é como um carro que avança, mas não decide a rota. A fé vai para onde a levarem. Aonde você quer chegar?

Se você tem tido fé para suportar o problema, aponte para a solução, para conseguir o que tem desejado. Não se acomode no sofrimento. É verdade que no meio de uma situação difícil, você atrai pessoas que gostam de você e que te dão conselho, mas ser a vítima não é uma boa forma de receber atenção porque serve por um tempo, mas mais

---

116 Romanos 12:3.

cedo ou mais tarde, as pessoas se cansam disso. Deixe-se desafiar, não seja conformista e muito menos critique quem consegue seguir em frente com fé no êxito que alcançarão. Sare suas feridas e liberte-se do ressentimento para ser quem verdadeiramente pode ser.

Terra fértil

Conheço pessoas que escutam muito a Palavra de Deus, mas que não são terra fértil porque não fazem a vida com elas. As promessas do Senhor se cumprem e são poderosas, mas sem a fé necessária e sem obediência, essas pessoas morrem vítimas de seus problemas e complexos. Imagine meu caso, se eu tivesse me conformado com buscar a Palavra, mas não a aplicasse nem buscasse minhas promessas, não existiria a Casa de Deus nem poderíamos abençoar tantas pessoas. Por ser de um país pequeno, por ser baixo e por ter uma voz que definitivamente não é de orador, eu teria me desenvolvido como empresário, não como pastor. Por isso, <u>nada de conformismo! Levante-se, confie na Palavra de Deus e lute para seguir em frente.</u>

No caso de Isabel e Zacarias, justos, irrepreensíveis e virtuosos, vemos que não tinham recebido seu milagre de descendência porque ainda não era a hora certa, mas Deus faria isso, pois Seu plano era que eles fossem pais do homem que prepararia o caminho para o Messias! Como ela engravidaria antes do momento certo para anunciar a Maria que seria a mãe de Jesus? Tudo se encaixou no momento perfeito. Claro que eles não compreendiam, mas Deus sabia o que fazia. É como se lhe dissesse: "Não posso te dar seu filho porque ainda não é a hora de nascer o meu".

Não duvide que as coisas têm um tempo e que os tempos de uns determinam o tempo de outros, por isso não se afobe, apenas confie. Pais, ensinem isso a seus filhos. Os jovens se desesperam para encontrar um par quando o melhor é dizer, como dizemos na Guatemala: "Machete, estate en tu vaina", o que quer dizer "Calma, tudo chega

Como será isso?

na hora certa". O anjo garantiu que João seria grande diante de Deus. Não tema a grandeza quando ela vier das mãos Dele, pelo contrário: aproveite-a para abençoar quem te rodeia.

Lembre-se do que já falamos sobre a corrente de fé que recebemos e compartilhamos. Digo isso porque é preciso aplacar a ideia "evangelicoide" de alguns que afirmam que ser humilde significa não fazer grandes obras, quando é Deus que nos manda empreender para o crescimento de Seu reino. Isso seria como pedir a nossa equipe de futebol que não tente fazer a maior quantidade de gols possível. Se estiverem ganhando de 5 x 0 e relaxarem, talvez a outra equipe empate ou até vença. Saia de sua zona de conforto e não procure a segurança que leva ao fracasso; insista até triunfar porque Deus quer te elevar.

Virtude e fé

Essa passagem sobre Zacarias também nos ensina a descobrir a diferença entre a virtude e a fé. Sabemos que ele era irrepreensível e virtuoso, no entanto, ficou mudo por não acreditar nas palavras do anjo, por isso é possível ser justo e irrepreensível, e ainda assim precisar da fé necessária para receber milagres. São duas áreas nas quais devemos aplicar a obediência para ver nossas promessas cumpridas.

Os problemas morais são resolvidos com nossa postura justa e irrepreensível, mas os problemas de fé só se resolvem com fé. Zacarias era sacerdote, seu trabalho estava intimamente relacionado com a fala e ele ficou mudo, não pôde exercer seu sacerdócio durante esse tempo. Essa foi uma lição pesada a sua falta de fé.

E então? Deus fará milagres se você for justo e irrepreensível? Não. Ele os fará apenas se você demonstrar que confia em Seu amor e em Sua misericórdia. A fé não substitui a vida virtuosa e em graça, assim como ser justo e virtuoso não substitui a fé. Claro que é preciso se esforçar para ser mais justo, mas sem fé não verá o milagre de que precisa. Sua personalidade poderia se atrofiar por falta de fé, como a boca de Zacarias. Por acaso você quer ficar sem sua capacidade de trabalhar por falta de fé?

Uma determinada senhora é a mulher mais virtuosa que conheço. É cristã, vai à igreja todos os dias, ora pontualmente e faz muitas obras de caridade. Sua vida é irrepreensível, mas não se explica por que o Senhor não operou o milagre de curá-la de seus joelhos. Será que falta fé para ela? Ela vive muito deprimida, sente-se sozinha e abandonada, não tem conseguido perdoar as pessoas que lhe fizeram mal, entre elas, seu ex-marido. Sua oração é: "Meu Deus, estou cansada, já não quero mais viver, leve-me contigo". Acredito que ela poderia usar melhor sua fé.

Em situações assim, é onde vemos que para alguns não é tão simples viver conforme sua fé porque isso significa ter paz e alegria em qualquer circunstância. Nenhuma pessoa que de fato confie no Senhor viverá amargurada. A orientação é simples, mas obedecê-la pode não ser tanto quando vai contra nosso estilo de vida. Essa amável senhora tem se acostumado a se ver como vítima e, de certa forma, manipula com sua doença. A situação dela é delicada e depois de muita oração e conselhos, cheguei à conclusão de que apenas o Senhor pode tratar e curar seu coração para que seu corpo se cure, mas realmente é preciso que ela mude de atitude. Caso contrário, Deus não poderá completar Sua obra, por mais que deseje vê-la sã.

Ajude-se e deixe-se ajudar. Às vezes parece irônico que vivamos preocupados com o futuro e nem sequer sabemos se ele existirá. Não sabemos se amanhã ou depois de amanhã abriremos nossos olhos, por isso precisamos usar nossa fé agora. Peça seu milagre, obedeça ao Senhor e se esforce para alcançá-lo. Não permita que as feridas de seu passado bloqueiem sua capacidade de acreditar. Foi esse o problema de Zacarias: estava bloqueado por seu passado, por uma juventude infértil, e não confiava que teria um filho apesar do que Deus estava assegurando. Confie e não se desanime!

Como será isso?

A serva do Senhor

Como já vimos, Maria demonstrou mais fé do que Zacarias porque, apesar de ser quase uma menina – o que justifica sua pergunta sobre como poderia ter um filho sendo virgem –, ela acreditou e se confessou disposta a fazer o que Deus mandava, ainda que essa obediência tivesse consequências terríveis até a morte se José, seu prometido, a humilhasse por estar grávida. Você entende a diferença?

Zacarias inclusive tinha o antecedente de Abraão e Sara – que também conceberam fora do tempo, segundo os padrões do mundo – ainda assim, conhecedor da lei e sendo sacerdote, duvidou. Quer ficar "mudo", limitar suas capacidades por não acreditar, apesar de saber o que o Senhor é capaz de fazer? Ou quer "engravidar" de uma promessa de Deus e ser bem-aventurado por aceitar Sua vontade, ainda que isso traga desafios a sua vida?

Acreditar nos torna bem-aventurados, ou seja, duplamente alegres.[117] Todos somos alegres por ter o Senhor, mas quando acreditamos, recebemos porção dupla de glória e se cumpre o que Ele disse que acontecerá. Maria acreditou e disse o que Zacarias não pôde porque ficou mudo; ela exaltou o nome do Senhor e o honrou com sua obediência que se tornou esta linda declaração: "Engrandeça minha alma ao Senhor, e meu espírito se regozija em Deus, meu Salvador. Porque ele viu o tamanho de sua serva; e aqui, a partir de agora, me dirão bem-aventurada, todas as gerações. Porque tem me dado grandes coisas, o Poderoso; Santo é seu nome".

Você estaria disposto a fazer a mesma coisa, inclusive sabendo que essa promessa coloca sua vida em risco? Busque ser bem-aventurado, não mudo. Cada vez que não acreditamos Nele, algo se atrofia em nosso ser. Se você acreditar, poderá cantar um salmo, mas se não, sua mente e seu coração se atrofiarão.

---

117 Lucas 1:45-49.

Fé para compartilhar

Também nos lembremos que convidar quem não pode nos recompensar é outra forma de sermos bem-aventurados, porque dessa maneira demonstramos fé no fato de o Senhor ser aquele que nos dará recompensa.[118] Por fim, exercer nossa fé para irmos à frente e além, exercê-la para compartilhar nossos recursos com quem precisa deles, garante que sejamos duplamente alegres.

Procuremos ser justos e irrepreensíveis, mas também nos esforcemos para demonstrar que somos obedientes, que temos fé para nos superar e compartilhar a bênção. Sejamos bem-aventurados por crer, não atrofiados por duvidar. Ao descobrir essa revelação, só pude exclamar: "Obrigado, Pai, porque Tuas promessas se cumprirão quando eu obedecê-lo!".

Na Casa de Deus, a missão tem sido levar multidões aos pés de Jesus, e a construção de um templo maior era uma das respostas para conseguir, já que a multiplicação nos leva a buscar um bom lugar para receber as pessoas que querem o reino.[119] Muitas vezes pedimos a Deus que nos acompanhe aonde formos, mas em questão de desafios de fé, somos nós quem devemos avançar, seguros de que Ele nos acompanha.

Vejo isso no caso do povo que o Senhor tirou do Egito, mas foi o povo, com fé e determinação, quem deveria se armar de valor e conquistar a terra prometida, porque Deus disse a Josué: "Aonde você for, eu irei". O Senhor espera sua iniciativa e sua fé para avançar até as conquistas que Ele permitiu. Agora a pergunta é: Quando você decidirá caminhar com fé para chegar ao lugar em que Ele deseja que você esteja? De novo vemos essa obediência vertical e horizontal em ação, quase poderíamos dizer que Ele "te obedece", ou seja, que te segue, que espera com paciência até você querer avançar. Se você avançar, Ele avança. Jesus disse: "Estarei com você até o fim do mundo". Não faça com que Ele espere mais!

---

118 Lucas 14:12-14.
119 Isaías 54:2-3.

Como será isso?

[Gráfico manuscrito: eixo vertical "OBEDIÊNCIA VERTICAL", eixo horizontal "OBEDIÊNCIA HORIZONTAL", seta diagonal apontando para "SABEDORIA"]

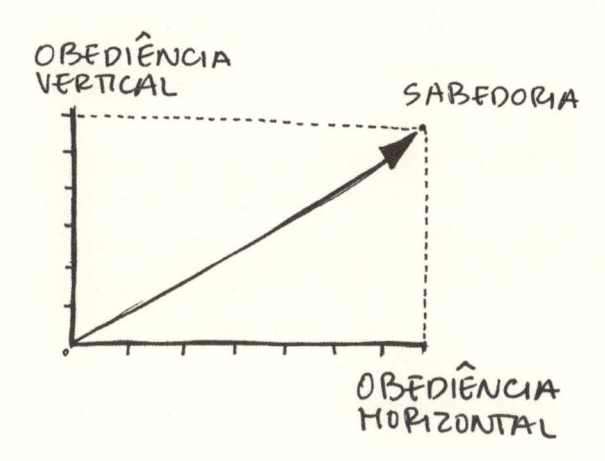

Deixe de fazer tantas perguntas e procure o valor de iniciar e fazer crescer os projetos que colocou no coração. Ele vai aonde você for. Aceite novos desafios! Nós, filhos de Deus, fomos criados para desafiar, para avançar e fazer a diferença. Abraão e Moisés saíram dessa zona de conforto à idade avançada, não há desculpa nem da idade nem dos recursos, porque somos líderes e devemos buscar o crescimento e a multiplicação.

Claro que também haverá momentos de tensão. Nós, por exemplo, os enfrentamos ao construir o novo templo. Certa vez, durante uma viagem, eu estava chorando e o Senhor me fez lembrar que Ele havia me embarcado naquele projeto porque precisava de um homem com valor para chegar ao nível seguinte de liderança que viria, por isso agradeci e renovei minha fé. Então, quando alguém me perguntou: "Você viu que há muitos templos vazios?", perguntei ao Senhor sobre isso e ele me respondeu: "Tem razão, mas também há grandes templos que não são suficientes para a quantidade de pessoas que se reúnem, que tipo de ministério será o seu? Onde está aprendendo a falar assim? Eu não te ensinei a falar com desânimo e pessimismo". Claro que comecei a proclamar vitória porque Deus me fez lembrar que Ele não tinha me ensinado a duvidar, mas, sim, a crer. Fale de fé ainda que não saiba como será. Sua confiança no Senhor te dará coragem para obedecer a suas orientações simples, mas poderosas.

VII

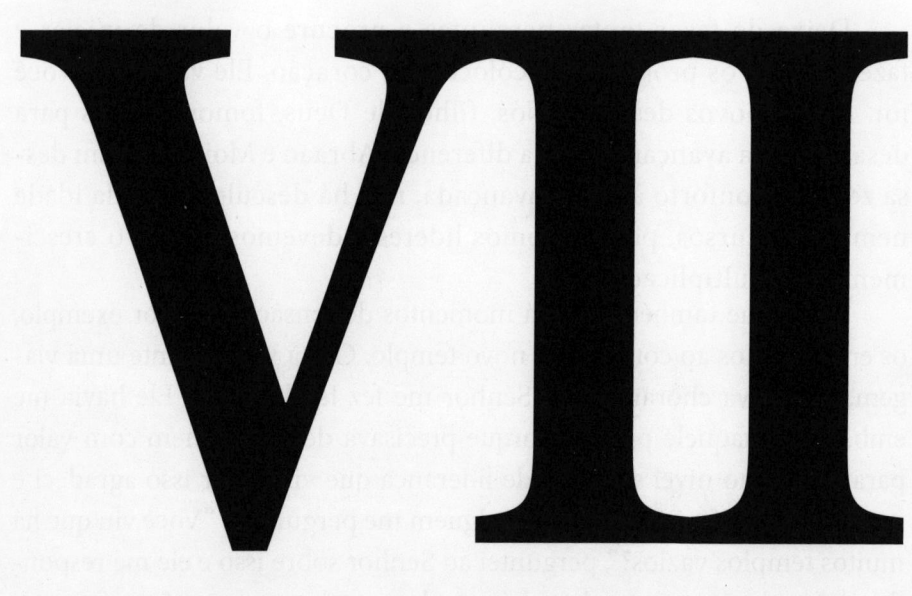

A 100 PASSOS DE UM SONHO

Capítulo 21 **O melhor cozinheiro**
Capítulo 22 **Abre-se a temporada**
Capítulo 23 **Fé corporativa**

"Não sou chef, sou cozinheiro", afirma o jovem Hassan Kadam ao oficial de migração que o interroga antes de deixá-lo entrar na França. Ele viaja com seu pai, seu irmão mais velho, sua irmã adolescente e dois outros irmãos: menina e menino. Grande família de amantes da cozinha! Todos acomodados da melhor maneira que podem em uma pequena e desmantelada caminhonete.

Viveram na Inglaterra, onde "os vegetais não têm vida". Saíram de Mumbai, Índia, sua terra natal, depois da trágica morte da mãe em um incêndio provocado por gente furiosa que protestava por algo e que destruiu seu restaurante. Que travessia! Ela era o coração da família, a herdeira da tradição culinária e quem transmitia esse presente valioso a seus filhos.

Essa família viajante é protagonista do filme *A 100 passos de um sonho*, excelente opção se, como eu, você gosta de boa comida e da atuação genial de Helen Mirren. A verdade é que se essas opções não se aplicam a você, também recomendo da mesma maneira, porque é uma bela produção que fala sobre otimismo, tenacidade e paciência em meio a paisagens brilhantes do sul da França.

Eles quase morrem quando a caminhonete na qual viajam perde o freio em uma campina francesa. E assim conhecem Marguerite, bela jovem que os ajuda a rebocá-la e serve a eles um delicado prato de vegetais, queijos e pães frescos, em sua casa. Claro, já sabemos que ela e Hassan se apaixonaram, mas a história de amor se deixa levar pela história da paixão culinária que também os une.

A jovem é *sous-chef* no *Le Saule Pleureur*, restaurante de madame Mallory, que não reage muito bem quando a família Kadam decide ficar na vila e abrir um restaurante de comida hindu exatamente na frente do seu! Assim, dessa distância de cem passos nasce o título do filme, porque é o que separa os dois restaurantes; inevitavelmente, surge a rivalidade.

Paciência? Sim! Fé? Muitíssima! Hassan é quase como um monge para enfrentar as situações, sempre bem-disposto e sereno, inclusive quando madame Mallory joga no lixo seu delicioso prato de ave com molho de trufas e o envergonha na frente de todos na superequipada cozinha de seu elegante restaurante. Com paciência, ajuda seu pai e seus irmãos a montar o restaurante e lê um livro de receitas de culinária francesa que Marguerite pede. Em um belo dia, à borda do rio, com o sol acariciando cada milímetro de espaço, Hassan afirma: "Quando eu o leio, só escuto sua voz".

Com toda a paciência do mundo, ele experimenta essas receitas, as prepara e até melhora com seu tempero pessoal, como é o caso da omelete que prepara e que vale o respeito da dama que uma vez o humilhou! Dá gosto ver sua forma de misturar os ingredientes que trata com tanta delicadeza e respeito, sem pressa, desfrutando o momento. Essa dedicação faz com que ele conquiste a fama e uma segunda estrela Michelin. Sua fé, temperada com paciência para exaltar o bom gosto de suas habilidades e sua paixão na cozinha, abriram portas a eles.

Nossa viagem de cem, mil ou dez mil passos até as bênçãos que Deus tem para nós requer que a fé seja temperada com paciência para dar sabor à vida que estamos destinados a desfrutar.

21 O MELHOR COZINHEIRO

Se Deus não te tirou do poço é porque a situação é pior do lado de fora. Confia em Sua sabedoria e no amor Dele por ti! Ele vai te tirar quando for o momento correto.

Ali estava então, a jovem mais linda de que ele se lembrava ter visto, ela tinha apenas dezessete anos. Suave em seus movimentos, entrou na sala junto com outras amigas; com seu olhar brincalhão e radiante, parecia iluminar o lugar. Pode parecer exagero, mas era essa a sensação. Se algo assim não te aconteceu, amigo, antecipo que quando acontecer, sua vida nunca mais será a mesma. Como não se apaixonar instantaneamente? Como não se arriscar a sorrir e se aproximar para conversar? Fez isso, jogou-se na água ainda que suas pernas tremessem, e se de fato tivesse que nadar, teria se afogado. Estranhamente, ela virou a cabeça na direção dele e sorriu quando escutou uma voz, quase um sussurro: "Olá". A reunião de amigos na casa de uma prima se simplificou para eles ao se transformar em um diálogo entre dois jovens que se gostavam. Assim, do nada, com a naturalidade dos hormônios em ebulição, começou uma história de amor única e à primeira vista, como milhões que ocorrem a cada segundo ao redor desse mundo colorido e diverso. Ah, o amor! Indecifrável e essencial, impetuoso, desesperado. Qual é a sua história de amor?

É assim! Pode haver alguém mais impaciente do que uma pessoa esperando para ver o amor de sua vida? Talvez uma mulher com 37 semanas de gravidez ou pais de primeira viagem com seu filho ardendo em febre no consultório do pediatra sofrem mais de impaciência, mas um apaixonado que não vê a hora de estar com sua amada é realmente alguém passando por uma tortura chinesa.

Isso me faz lembrar da história de Jacó, um dos netos de Abraão – o outro se chamava Esaú. Jacó foi quem criou a genealogia do povo de Israel. Acontece que, exatamente por brigas da família, esse jovem teve que fugir de casa e chegou à região onde vivia seu tio Labão. Ali conheceu sua prima Raquel e se apaixonou loucamente por ela. Tanto a amou desde que a viu, que não perdeu tempo e a pediu em casamento. Para poder se casar com ela, cumpriu a condição que lhe impuseram: trabalhou sete anos! Depois desse tempo, efetivamente, Labão deu a mão de sua filha, mas não a de Raquel, e sim, a de Lea, a irmã mais velha. Isso foi um golpe baixo! A justificativa foi que não podia dar a mão da filha mais nova se a mais velha ainda estava solteira. Assim, fizeram um segundo acordo, de dar a mão de Raquel também em troca de mais sete anos de trabalho.[120]

Sim, sim, eu sei, parece abusivo, mas esses eram os costumes da época, da cultura da região. Não quero nem imaginar o desespero de

---

120 Gênesis 29:16-30.

Jacó durante o segundo período! Claro que cumpriu os sete anos, mas já tinha recebido a mão de Raquel, então o martírio foi menor. Muitos acham que a mão de Raquel foi dada a ele depois de cumpridos os catorze anos de trabalho, mas, de fato, já estavam juntos antes. Esse homem apaixonado foi paciente porque tinha certeza de que a recompensa era de grande valor e também sabia que também estava fazendo por merecê-la. Esse é um amor bom!

Desesperadamente paciente

Jacó sabia que se estivesse desesperado, só se desgastaria porque inclusive sentiria o tempo passando mais devagar. De que nos serve a ansiedade? De nada! Só nos atrapalha e boicota nossos planos. Uma pessoa ansiosa não toma boas decisões, o que aumenta a possibilidade de cometer erros. Por isso, a Palavra diz que a impaciência enaltece a necessidade.[121] Por serem impacientes, muitos jovens derrubam seus sonhos e projetos tendo relações sexuais antes do casamento, vendo-se obrigados a assumir a responsabilidades que ainda não sabem enfrentar, como colocar filhos no mundo quando eles mesmos ainda são jovens. Por sermos ansiosos, impacientes e precipitados, nós nos metemos em grandes problemas. Então, como curar a ansiedade?

Com humildade! Justamente a atitude necessária para viver pela fé, já que é preciso reconhecer que as respostas não estão em nossas mãos, mas, sim, nas mãos de Deus. Ele nos exaltará no momento certo porque tem cuidado de nós.[122] Mas como é difícil ser humilde! Sejamos sinceros e reconheçamos isso. É mais "fácil" andar pela vida com uma atitude altiva e arrogante – inclusive essa aparência dura nos protege das decepções – mas não da humildade. Quem se acha autossuficiente está cavando o poço onde vai cair. Que necessidade há de isso acontecer quando é tão bom sentir-se protegido por nosso Senhor?

---

121 Provérbios 14:29.
122 1 Pedro 5:6-7.

O que mais queremos se Deus nos diz que deixemos a ansiedade com ele, que confiemos em Sua sabedoria e em Seus tempos? Eu prefiro ser humilde para me aproximar de Deus e estar protegido a ser arrogante e me ver longe Dele, à mercê da vida. Sem dúvida, vale a pena aprender humildade e deixar a ansiedade de lado, que é um estado mental caracterizado por grande inquietude, muita excitação e extrema insegurança. Qualquer um pode dizer que parece mais fácil do que é, e de fato, deixar a ansiedade de lado é muito difícil, ainda mais se a situação for desesperadora, se precisamos colocar comida na mesa ou se a doença nos enfraquece. Portanto, <u>é preciso ter uma intensa relação com Deus para obter paz em meio a qualquer circunstância.</u> Como pastor, uma de minhas atribuições é apaziguar as ovelhas, ou seja, dar paz às pessoas, mas digo ao Senhor, de modo brincalhão, que os desesperados desesperam!

Se, apesar de tudo, tivermos a atitude arrogante de tentar seguir em frente sozinhos, sem Deus, e nossos passos nos levarem a cairmos em um poço onde nos desesperemos, nunca é tarde para pedir ajuda, mas nessa situação é quando devemos ter mais paciência.[123] Quando me ligaram de uma empresa de software para me candidatar ao posto de líder de um importante projeto, fiquei emocionado porque os candidatos eram mentes brilhantes. E me emocionei mais quando me disseram que eu tinha sido o escolhido! Nesse tempo, também estava decidindo sobre meu chamado para servir na igreja e me vi diante de uma encruzilhada.

Se aceitasse a responsabilidade do projeto, seria difícil me dedicar ao Senhor. Quando conversava com minha esposa, certa noite, com minha cabeça em seu colo, ela me disse: "Tenha paciência. Decida sem pressa porque, assim que Deus te chamar a servi-lo, Ele abrirá seu caminho e tirará você de onde você estiver trabalhando". Essas sábias palavras me tranquilizaram e me ajudaram a decidir com fé. Agradeci e recusei a proposta porque sabia que havia outros planos para mim.

---

123 Salmos 40:1-2.

O melhor cozinheiro

Ele está contigo

Em meio aos desafios é fácil cair no poço do desespero e nos perguntarmos até quando ficaremos ali. Quando me coloquei à frente do Senhor para perguntar por que era tão difícil pedir ajuda, Ele me respondeu: "Você deve confiar. Se você cair no poço e não for retirado dali, é porque do lado de fora está pior". Nossa! Sua resposta contundente me desarmou. Claro, ainda que nos pareça terrível estar ali, com certeza se buscarmos sair antes do que convém, os inimigos que estão do lado de fora à nossa espera podem nos causar mais danos.

Devemos confiar que o Senhor nos tirará do poço quando o lado de fora estiver seguro. Por isso Ele nos pede humildade para sermos pacientes e reconhecer que Ele sabe o que acontece fora e em que momento será melhor que saiamos. Não sabemos quando, mas garanto que ele está cuidando de nós lá dentro. Fiquemos com Ele, aproveitemos esse tempo para conhecê-lo mais. Quando enfrentamos adversidade parece que nos sentimos mais dispostos a buscá-lo porque nos encontramos sensíveis e desejamos consolo. Erroneamente, alguns dizem: "Deus mandou essa prova para você meditar e procurá-lo", mas não é assim. Ele nunca nos enviará problemas, simplesmente enfrentamos circunstâncias difíceis que são consequência de nossas decisões ruins. A verdade é que esses momentos de vulnerabilidade nos tornam mais sensíveis à voz de Deus.

Por experiência, posso dizer que o melhor antídoto contra a ansiedade e o desespero é passar tempo com nosso Senhor em louvor e adoração. Afirmo porque isso aconteceu comigo. Meu tempo diário a sós com Ele não é negociável, mas em momentos difíceis eu o busco ainda mais em oração para dar graças porque ele sempre cuidou de mim. Além disso, peço a Ele que me ajude a ser paciente, para que a angústia não me consuma. Clamo com o salmo 42:5. "Por que está abatida, ó, minha alma, e por que te perturbas dentro de mim? Espera em Deus, pois ainda o louvarei pela salvação da sua face". A alma abatida cai em desgraça e a cura para a ansiedade é a Palavra de Deus;

escute-a, leia, medite com ela e aprenda-a para que seja o fundamento de sua vida em todos os momentos.

> *A cura para a ansiedade é a Palavra de Deus; escute--a, leia, medite com ela e aprenda-a para que seja o fundamento de sua vida em todos os momentos.*

Se soubermos esperar, sem dúvida veremos os benefícios. Sem nos precipitarmos, devemos descansar sob a poderosa mão de Deus, já que quando chegar o momento, Ele nos levantará. Claro que não é fácil, mas esse tempo é valioso para formar nosso caráter; se você orar com fé, garanto que sairá de dentro do poço.

Que o desespero e a aflição não te dominem. Adore ao Senhor com um coração humilde, confie em Sua sabedoria, proteção e amor. Desenvolvemos uma vida de tanta confiança que realmente poucas coisas nos desesperam. Parece bonito ouvir e dizer que não existe justo desamparado, nem que veremos a família mendigar pão[124] até vermos a geladeira vazia, mas precisamos compreender que os triunfos e os fracassos vêm no mesmo pacote e devemos aprender a viver bem em ambas as situações. Eu te motivo a escrever em uma folha aquilo que te mata de desespero, dobre a folha, enfie-a em um envelope e guarde-a; verá que depois de um tempo, quando encontrar e ler o papel, vai sorrir e dar-se conta de que o que te angustiava é prova superada.

Um dia, eu estava muito triste devido a uma situação que vivi com uma pessoa dentro do ministério. Eu me sentia decepcionado e frustrado, até fiquei doente. Pensava: *Como posso falar de fé agora se duvido das pessoas em quem deveria confiar?* Então me ocorreu a passagem que diz que Jesus é o mesmo hoje, ontem e sempre[125], e tive que reconhecer que Ele não muda, que as pessoas podem nos decepcionar, mas Ele, não, assim nossa fé no que o Senhor nos garante não deve minguar.

---

124 Salmos 37:25.
125 Hebreus 13:8.

Além disso, Ele nos enviou ao Consolador, ao Espírito Santo[126], porque sabia que cedo ou tarde precisaremos de consolo em meio a situações difíceis. Procure suas forças em Sua Palavra, nunca fora!

Cada um com seus desafios

Precisamos de coragem e paciência para usar a fé. Com frequência, escuto as pessoas se lamentarem pelo que não fizeram porque faltou a elas coragem para isso. Anime-se! Só temos uma vida para nos esforçarmos, crer e alcançar nossos sonhos. Pode ser que tenhamos fé, mas nos falte paciência e coragem para usá-la. Lembre-se de que uma coisa é crer e outra, agir; como uma coisa é ter pernas e outra diferente é usá-las para caminhar, assim como ter mente é diferente de pensar. Sempre devemos falar e proclamar, mas também fazer e colocar em prática. Você vai passar a vida vendo como os outros fazem algo ou será dos que fazem coisas que os outros possam ver? <u>Você decide se é espectador ou protagonista das proezas que Deus prometeu que conseguiremos.</u>

Às vezes, nós nos desesperamos porque menosprezamos nossa fé, essa medida pessoal que Deus nos deu e que devemos desenvolver porque é exatamente o que precisaremos para sair do poço no qual podemos ter caído. Quando Jesus estava prestes a iniciar o processo de paixão e morte, ele disse a Simão, um de Seus discípulos, sobre a tentação que enfrentaria. Disse que seria dominado porque, de fato, o nome Simão significa "junquilho levado pelo vento".[127] Isso nos revela que Satanás pode nos impor tentações se dermos a ele a matéria-prima. Simão era instável, por isso o diabo pôde dominá-lo, mas Jesus sabia disso e por isso disse a ele que rezasse, porque sua fé não falharia, já que era essa medida de fé a que o faria superar o desafio de voltar, transformar-se no grande apóstolo que conhecemos e confirmar a seus irmãos. Inclusive,

---

126 João 15:26.
127 Lucas 22:31-32.

mudou seu nome para Pedro[128], que significava "pedra", e assim ele profetizou sua transformação.

Quando temos fé, nem o pecado pode nos deter. Sigamos adiante! Confiemos em Jesus, que não nos condena, pelo contrário: ele nos oferece ajuda e intercede por nós para que nossa fé não falte. Não somos perfeitos e enfrentamos tentações, mas se caímos em pecado, não joguemos a toalha porque Ele reforçará nossa fé para que superemos a prova. Não se desespere, tenha a medida de fé e a capacidade necessária para calcular os desafios e os problemas que enfrentará.

Todos os homens e as mulheres sobre quem a Bíblia fala tiveram a medida de fé para superar seus próprios desafios. Noé teve fé para construir uma arca, não para ter um filho como aconteceu com Abraão. Somente Davi precisou de fé para vencer o Golias. Ninguém além de Neemias precisava de fé para reconstruir os muros de Jerusalém. Você precisa de sua própria fé para esse desafio pessoal, ativá-la para encontrar como resolver cada situação.

A mente é como um favo, com pequenas divisões hexagonais, cada pedacinho está aceso ou apagado. Quando você diz: "Acredito ser possível", são acesas as partezinhas e começa a buscar a solução para que se consiga aquilo que é possível. Lembre-se de que se já definimos o "que" encontraremos o "como". Quando Thomas Alva Edison disse que era possível criar uma lâmpada elétrica, sua mente começou a trabalhar até que conseguiu. Não só você, mas muita gente será abençoada quando você puder conseguir o que se propõe a fazer. Quem tem fé é mais criativo e exitoso porque pensa de forma distinta, desafia a razão e se concentra em encontrar soluções para conseguir o que visualiza. A fé é a energia pura que devemos usar para conseguir nossas metas!

---

128 Mateus 16:17-18.

O melhor cozinheiro

Paciência que tempera a fé

Cada pessoa sobre quem a Bíblia fala teve fé, mas também paciência para se esforçar e alcançar uma meta que nunca foi instantânea.[129] Sabemos que a paciência é a capacidade de esperar até conseguirmos aquilo em que acreditamos. Noé acreditou e também teve paciência para construir uma arca durante muitos anos e foram tempos nos quais teve que suportar problemas; não acredite que teve o apoio de sua comunidade. Abraão também teve paciência durante anos para tentar ter o filho que seria a semente de sua descendência, e se tornou pai de multidões, homem de forte esperança (sempre disse que certamente o céu deu pulos de alegria e admiração quando esse ancião de cem anos decidiu crer). José foi paciente e enfrentou a escravidão, a prisão e a desonra até chegar a ser o homem mais influente no Egito. As promessas são obtidas através da fé e paciência. A fé se tempera com paciência, que gera esperança e não envergonha.

---

129 Hebreus 6:11-12.

Às vezes temos fé, acreditamos que podemos e não nos preocupamos, mas logo deixamos de ter paciência suficiente para que o sonho se realize. Queremos resultados imediatos porque nos afundamos nos problemas. A paciência é para a fé como os temperos da comida típica de cada país. Na Guatemala, temos uma quantidade enorme de pratos regionais e nos orgulhamos disso, a mesma coisa acontece em outros países. Gosto muito do que chamamos de "chiles rellenos", que são pimentões recheados com carne temperada e envoltos em ovo batido. Outra delícia que adoro? Carne desfiada com arroz branco, o Pepián... Agora que parei para pensar, são muitos pratos! Como filhos de Deus, nossa fé tem seu tempero: a paciência. Acreditamos que se orarmos, os doentes se curam, acreditamos em semear para colher, acreditamos na nova vida que Jesus nos dá. As provas que enfrentamos nos levam à paciência que, somada à fé, nos tornam herdeiros das promessas de nosso Pai.

A vergonha é o risco da fé

A Bíblia diz que a esperança não envergonha.[130] O tempero da fé é a paciência e o risco é a vergonha. Às vezes você não se arrisca a ter fé para evitar a vergonha, mas as Escrituras nos mostram que houve muita gente que acreditou e se arriscou para conseguir a bênção.

O que teria acontecido se, ao terminar de construir a arca, não chovesse? O que Josué teria feito se depois de dar a volta a Jericó durante sete dias os muros não tivessem caído? O que teria acontecido com Abraão se depois de anunciar tanto não chegasse o filho que ele esperava? Certamente teriam feito o ridículo, no entanto, eles se arriscaram pela fé. Moisés preferiu a vergonha e a humilhação a viver no Egito, Jesus sofreu o opróbrio e sofreu na cruz para nos salvar,

---

130 Romanos 5:2-5.

mas no terceiro dia, acabou a vergonha e veio a glória. Por esse motivo ele é conhecido como o autor e consumador da fé.

$$PROEZA = (FÉ + PACIÊNCIA)^2 - (VERGONHA + RISCO)$$

Quando usamos nossa fé e nossa paciência, nós nos arriscamos a passar vergonha, mas devemos tentar. A vida é um risco, inclusive ao nascer, você se arriscou porque não sabia quem eram seus pais, mas sobreviveu porque tem um propósito a cumprir. Tenha paciência e não se envergonhe de sua fé. Quando organizamos as cruzadas de cura, temos fé e paciência, eu não penso na vergonha que passarei se os milagres não acontecerem, porque confio na promessa do Senhor. A Bíblia nos diz que Deus não deixará envergonhados aqueles que Nele confiam. Assuma seus riscos! Deus não te deixará sozinho, sempre estará com você. Nosso Pai quis contar a história das pessoas que acreditaram Nele para que nós seguíssemos seu exemplo e para que confiássemos da mesma forma. <u>Acredite e tenha paciência porque sua história se contará como exemplo de uma fé que consegue proezas.</u>

22 A FASE ESTÁ COMEÇANDO

Atenda e obedeça a Sua Palavra. O restante virá no tempo certo.

Quando estamos prestes a entrar no inverno, nós nos preparamos para a chuva; quando entramos nas férias, nós nos preparamos para descansar, e assim cada época passa. Ao falarmos de paciência, inevitavelmente nos referimos ao tempo: horas, dias, semanas, meses e anos que devemos esperar e também nos esforçar. A vida é isso: tempo e fases.

Às vezes há épocas ruins, como quando dizemos que tudo acontece junto, mas ao descobrir tanto sobre a fé, garanto que a partir de agora uma época de bênçãos em

A fase está começando

sua vida terá início. Você vai ver tantas portas abertas que não vai saber por qual entrar! O problema não será a falta de alguma coisa, mas o fato de não saber o que fazer com tudo o que terá. Ao abrir sua mente e seu coração para a fé no Senhor, você deve se preparar com sabedoria para administrar todas as coisas boas que virão.

Fases, dias e horas. Os seres humanos falam do tempo, nos preocupamos com ele e procuramos acelerá-lo, mas nos esquecemos de que tudo tem seu momento.[131] Estar em uma fase não é a mesma coisa que saber que chegou a hora da boa colheita, da bênção. O dia e a hora para renascer chegarão.[132] Você tem planejado projetos, empresas e sonhos, e o Senhor diz que chegou a hora de renascer. Chegou a hora de algumas situações morrerem e de outras nascerem ou ressuscitarem. Você precisa estar atento para a colheita.

Sabemos que Deus não mede o tempo de forma linear[133], não o vê como nós o vemos. Precisamos de respostas em nosso tempo, mas Ele se move em dimensões diferentes. Um ano pode ser um dia, e vice-versa. O tempo habita em Deus, não o contrário. É importante compreendê-lo porque nos ajuda a dimensionar essa fase que está começando. Procuremos entender a percepção do tempo de Deus para lidar com nossa ansiedade e desenvolver nossa paciência.

De acordo com nossa percepção limitada, pensamos que Deus está tardando, mas não é assim, porque para Ele, mil anos são como um dia; por isso, espere, e ainda que não entenda, tudo acontecerá! Não é fácil esperar, mas persevere, porque o que esperamos poderia

Procuremos entender a percepção do tempo de Deus para lidar com nossa ansiedade e desenvolver nossa paciência.

---

131 Eclesiastes 3:1-2.
132 Mateus 24:22.
133 2 Pedro 3:8-9.

estar muito próximo, bem quando estamos prestes a chutar o balde e a nos dar por vencidos.

Não é hora de morrer

A ressurreição de Lázaro é um bom exemplo da dimensão do tempo de Deus. Na terceira parte deste livro, falamos desse milagre enfatizando a atitude de Marta. Ela e Maria, sua irmã, esperavam um milagre de cura, mas Jesus sabia que o plano era uma ressurreição, para que a glória de Deus fosse indiscutível. Marta não entendeu, pensou que Ele havia se atrasado e se questionou, mas o modo como as coisas ocorreram foi ideal para mostrar que Ele era a ressurreição e a vida. O plano de colheita do Senhor sempre será melhor do que o nosso, não duvide disso!

Vejamos alguns detalhes. Quando Lázaro adoeceu, as irmãs enviaram a ele uma mensagem a Jesus. Quando é possível dizer que o pressionaram com a frase: "Aquele que ama", que realmente queria dizer: "Parta correndo, seu amigo pode morrer". E sua reação foi ficar mais dois dias onde estava.[134] Quando Jesus chegou à casa de Lázaro, Marta não saiu para recebê-lo e abençoá-lo, mas, sim, a confrontá-lo e culpá-lo pela morte de seu irmão, porque Ele não havia chegado a tempo.[135] Os dois dias que Jesus demorou antes de chegar foram determinantes. Agora também são porque esse tempo que parece "atrasar" a realização de algo é essencial para que você possa ver a glória de Deus em sua circunstância. Jesus vai mudar seus planos para o bem, ele sabe lidar com a pressão e deseja nos ensinar a controlar nossa impaciência.

Jesus disse que a doença de Lázaro não era fatal, mas ele morreu, portanto, chegou a ressuscitá-lo, e não se ressuscita o que não morreu.[136] Pode ser confuso, <u>mas faz parte da vida nos recuperarmos das confusões e perseverar na fé</u>. Eu também tenho me sentido confuso.

---

134 João 11:3-6.
135 João 11:20-21.
136 João 11:43-44.

A fase está começando

Já contei o que aconteceu quando Deus me mostrou o terreno para construir o novo templo, fizemos a negociação e depois não conseguimos concretizar a compra. Depois, Ele me levou a compreender que tinha um plano melhor e estamos agradecidos porque nos deu respaldo para obter um lugar excelente e construir uma boa obra para Sua glória. Ele ressuscitou o projeto que eu considerava morto, pois para Ele ainda tinha muita vida. Assim também o Senhor está a ponto de erguer para você o que parece estar morto; apenas espere Nele e goze dessa vitória.

O tempo é um mistério, não tentemos resolvê-lo.[137] Quando acreditamos no Senhor, as coisas podem ocorrer em um piscar de olhos. A fé no tempo de Deus cai contra a inteligência natural que busca glorificar nosso ego. Usemos nossa mente espiritual para discernir os tempos de Deus. Vamos nos entregar a servi-lo sem condições, sem contratos, sem limites de tempo e sem nenhuma dúvida; só então compreenderemos Sua dimensão das épocas de colheita. Ele é justo para nos dar muito mais do que compreendemos e pedimos.

Épocas e fases

A Bíblia nos conta um milagre de pesca que nos oferece valiosos detalhes.[138] Jesus pregava, mas Pedro e os outros pescadores se dedicavam a seu trabalho e não escutavam a Palavra. Parece familiar? Sua ansiedade para conseguir resultados financeiros e provisão te afastaram de buscar o Senhor? Então, Jesus deu instruções pedidas por Simão, que era pescador e tinha se esforçado a noite toda. Certamente não ia muito bem a economia e ele tinha que produzir para a família, mas seu esforço não deu frutos. Se sua necessidade de trabalhar rouba seu tempo a sós com Deus, garanto que a preocupação partirá e a provisão chegará quando colocar o Senhor em primeiro lugar.

---

137 1 Coríntios 15:51.
138 Lucas 5:1-7.

Deus vai te abençoar, mas você deve dar prioridade a Ele. Eles estavam em temporada de pesca, no entanto, não havia chegado sua hora. Espere sua hora porque, assim, você pescará muito! As redes chegarão a se rasgar devido à quantidade de peixes. Chegará o momento para você, como chegou para Moisés, para Josué e para todos. Primeiro, busque Seu reino e Sua justiça, então tudo será obtido. Pedro conseguiu em um minuto o que não tinha conseguido durante toda a noite com suas próprias forças.

Quando falamos de tempo, também nos referimos a épocas e a fases. Sansão, por exemplo, esse homem de força sobrenatural que Deus tinha destinado para ser líder em Israel, acabou na prisão ao descobrir o segredo de sua unção a Dalila. Era o homem mais forte do mundo, mas em sua melhor época não conseguiu fazer para Deus aquilo que fez em sua pior época quando estava derrotado, como ser humano.[139] A fase é uma coisa, mas o dia é outra diferente. Sansão teve seu melhor dia em sua pior fase, quando estava à mercê do inimigo e era o motivo de risos do rei depois de ter sido admirado, um campeão que fazia o que queria e como queria.

Nessa fase ruim, viveu o melhor dia para o Senhor, já que pediu que sua força voltasse e pôde cumprir seu propósito de destruir os inimigos do povo de Deus. Em sua pior fase, o Senhor pode dar a você o melhor dia de sua vida! Em sua época mais escassa ou de maior preocupação, em um momento de doença, o Senhor poderá agir ao seu favor. No Novo Testamento, podemos ver que Pedro, em sua pior fase, teve seu melhor dia de pesca, e que Jesus viveu com a crucificação Sua pior fase, assim como a mais dolorosa: foi traído, ferido, humilhado e martirizado, mas também viveu seu melhor dia quando cumpriu a Sua missão e deu o passo definitivo para alcançar a Sua vitória. Que um dia ruim não destrua sua fase e que uma fase ruim não evite que você se prepare para seu melhor dia.

---

139 Juízes 16:30.

A fase está começando

Sempre espere o bom dia de sua fase, seja esta boa ou ruim. Sempre busque primeiro a Sua Palavra e, depois, o resto. Sem a Palavra de Deus, o resto não funciona; sem a Palavra não há pesca. Este é o ano das agradáveis surpresas! É o melhor ano para sua vida, para sua família e para seus sonhos. Deve partir a angústia pelas fases ruins e vir o gozo pela expectativa do melhor dia. É temporada de colheita e o melhor dia está por vir!

NA PIOR FASE, SEU MELHOR DIA

O tempo certo

Cumprir os tempos é algo que todos buscamos. Somos filhos de um Pai que tem o controle do espaço e do tempo. A Palavra diz que Deus enviou Seu Filho quando terminou o tempo e foi a maior mudança na história da humanidade. Jesus nos trouxe perdão e salvação por meio da graça.[140] Para que isso acontecesse, tive que esperar, mas aconteceu, e essa graça de Deus é também a que nos habilita a realizar tudo na vida. Quando a graça do Senhor opera, as portas se abrem e quem tinha as bênçãos se afastam. Você vai entender que o que a graça abre, ninguém pode fechar. Até quem não te aceitava vai te abençoar.

---

140 Gálatas 4:4-7.

Não é por vista

O que trará toda essa graça e favor? A fé e a paciência que tínhamos demonstrado, inclusive em meio às dificuldades, porque o Senhor nos pede que tenhamos muita alegria ao enfrentar várias provas.[141] Quem é feliz em meio a problemas? Ninguém! As pessoas dizem: "Como vou ficar feliz, se estou muito complicado?". É uma loucura, mas manter a alegria em todos os momentos é uma mostra de fé porque demonstramos segurança de que a obra será feita. Muitas vezes, abortamos projetos por impaciência e por ansiedade de ver resultados mais rápidos, mas agir dessa forma não é a decisão certa, já que as fases podem se prolongar.

Vivemos em uma sociedade que nos pressiona a sermos impacientes. As pessoas costumam se irritar porque não respondemos a uma mensagem no mesmo instante. Poderíamos dizer que essa é a época da constante interrupção e da pressa. Já não cumprimentamos com um "Bom-dia" ou "Boa-tarde", mas vamos direto ao assunto e exigimos uma resposta imediata. Se nos deixarmos levar pela impaciência só nos angustiaremos e não resolveremos nada. Deus continua igual, Ele não se apressa com a nossa impaciência. Suas promessas se cumprirão em Seu tempo.

Devemos ser inteligentes, sábios e entendidos no *timing*, como a Bíblia diz que eram os filhos de Issacar, um dos doze filhos de Jacó, de quem desceram os povos de Israel.[142] Claro que não é fácil. Eu era desesperado; como dizia minha mãe, era "tudo para ontem", empreendia muito, mas não tinha paciência para perseverar. Eu gostava muito de iniciar as coisas e precisei formar caráter para terminá-las. Você concorda que janeiro é o mês dos começos? Todo mundo inicia alguma coisa, faz planos, especialmente a dieta, mas poucos chegam a fevereiro com a mesma convicção. <u>Para perseverar, nossa emoção deve estar no nível de nossa fé, não o contrário.</u>

Quando o Senhor me chamou ao ministério, meu deu um sonho. Eu me via em uma colinazinha; lá embaixo, em um vale, uma

---

141 Tiago 1: 2-4.
142 1 Crônicas 12:32.

A fase está começando

pequena casa branca chamou minha atenção. A madeira das paredes estava desgastada, com a pintura descascada. A janela perto da porta estava com o vidro prestes a cair, por um fio. Dava para ver que ninguém morava ali. Era uma cabaninha abandonada no meio de um bosque de ciprestes aromáticos.

Eu queria chegar ali e andei muito rápido procurando a melhor maneira de conseguir. Eu passava entre os pequenos arbustos, avançando com cuidado no terreno irregular. Havia escolhido o caminho mais acidentado, mas também o mais direto, em linha reta. Então, escutei que me disseram: "Esse não é o caminho". Era uma voz pouco audível, quase falando em segredo. Apesar da instrução, continuei descendo. Conforme me aproximava, meu coração se acelerava a ponto de, quando cheguei à frente da porta de madeira úmida e fria, estava me sentindo como se tivesse corrido vários quilômetros.

Com cuidado, como se tentasse não perturbar ninguém, empurrei a porta e a abri. A madeira do piso cedeu e se quebrou quando meu pé direito a pressionou. Assim, ao dar o primeiro passo para dentro da casa, meu pé ficou preso. Estava tentando tirá-lo do buraco quando senti a presença de alguém. Olhei para a frente e, bem ao meu lado, uma pessoa vestida de branco dizia com muita naturalidade: "Você gostaria de ter isso na igreja que darei a você?". Quando eu disse que não, ele me respondeu: "Então, aprenda a seguir pelo caminho comprido, porque a rota de seu ministério será comprida. Estou procurando servos promissores, pessoas que dediquem a vida a demonstrar que a fé traz resultados e isso só se consegue com tempo e paciência". Quando acordei, meu coração continuava batendo com força, como se adormecido, tivesse descido a colina.

Um tempo depois, uma empresa avícola me contratou para desenvolver um software. Os escritórios ficavam na mesma área de produção, por isso era um ambiente campestre muito agradável. Na hora do almoço saíamos praticamente para fazer um piquenique, e comíamos sentados às mesas dispostas para os empregados, sob as sombras das árvores. Um dia, eu não almocei porque estava em jejum – costumava jejuar uma vez por semana – e decidi caminhar um pouco. Quando encontrei um espaço bonito, deitei-me de barriga para cima. Era agradável sentir o sol em meus olhos e cílios. Uni as mãos atrás da cabeça e comecei a orar. Não sei explicar exatamente o que ocorreu, mas senti uma presença ao meu lado. Pensei que um de meus companheiros do escritório havia se aproximado, mas ao abrir os olhos, não vi ninguém.

Eu me sentei e, para minha surpresa, mais ou menos a cem metros colina abaixo, estava a casinha branca com a qual eu tinha sonhado! Talvez não tão desconjuntada, mas eu a reconheci logo: madeira branca, descuidada, com o vidro da janela quase caindo e a porta entreaberta. Sem acreditar, comecei a analisar por onde era melhor descer. Poderia ir direto através do campo ou caminhar por uma pequena área que cercava a base. Eu me lembrei da instrução que tinha recebido no sonho, por isso decidi tomar o caminho rodeado de pessegueiros. Conforme avançava, mais uma vez meu coração batia muito forte. Quando cheguei diante da porta eu a empurrei e tive mais cuidado para dar meu primeiro passo. Procurei andar onde via que a madeira era mais sólida. Em meio ao pequeno espaço vazio onde certamente daria para acomodar uma mesa e cadeiras, comecei a orar com os braços esticados. Nesse momento, minha mente se abriu como se o sol que eu havia sentido em meu rosto alguns minutos antes tivesse tomado cada um de meus neurônios.

Tinha ideias claras, cheguei a muitas conclusões e tomei decisões sobre meu futuro. Sorri, ri muito, me senti feliz, tranquilo e confiante com minha ideia de ser paciente, de me concentrar em fazer com que minha fé produzisse bom fruto, porque do resto, meu Pai se encarregaria. O projeto que desenvolvi na avícola durou apenas dois meses, foi como se tivessem me contratado apenas para viver aquele momento espetacular que determinou minha atitude em relação ao futuro.

Não existe coisa pior do que se adiantar à vontade de Deus. A história de Saul, o primeiro rei de Israel, não teve final feliz. Perdeu o trono, não por ser adúltero nem assassino, mas por ser impaciente. O profeta não chegava e ele, desesperado, fez o que podia: apresentar a

A fase está começando

oferta a Deus para avançar na conquista. Peçamos ao Senhor para que nos dê paciência assim como Ele tem paciência conosco. A impaciência destrói muitas coisas! Inclusive na pior circunstância, Jesus está sereno, em total controle e não te deixará sozinho.

Em 1984, o evangelista Luis Palau foi à Guatemala. Ao terminar de pregar no Estádio Nacional, eu fiquei mais um tempo e perguntei: "Senhor, quando usarás um guatemalteco dessa maneira?". Em 1999, dezesseis anos depois, eu estava na primeira cruzada de milagres. Tive que esperar, mas fui bem-sucedido.

A mesma coisa aconteceu com meu processo como orador. Eu era muito impaciente, queria fazer tudo depressa, por isso decidi pregar no zoológico La Aurora, na cidade da Guatemala. Sonia preparou uns folhetos e combinamos com um amigo que cantava. Ao chegar ao zoológico, procuramos um lugar amplo e movimentado. Sonia entregava folhetos a quem passava e meu amigo Arturo começou a tocar acordes de seu violão para acompanhar uma linda canção que falava sobre a ressurreição de Lázaro. Ninguém parou para ouvir!

Quando acabou, eu me preparei para nos retirarmos, mas ao ver minhas intenções, ele perguntou: "Aonde você vai?". Quando eu disse que deveríamos ir embora porque não havia ninguém, ele me respondeu: "Ah, não, nada disso. Eu fiz minha parte, já cantei, agora você deve fazer a sua parte e pregar!". Assustado e realmente surpreso, eu me armei de coragem e comecei a pregar sobre a história que compara o reino de Deus com um tesouro que alguém encontra, e que vende tudo o que tem para poder comprar o terreno onde o tesouro está enterrado. Nesse momento, a sério, compreendi o que Moisés sentiu quando teve que superar seus medos e limitações para falar com o faraó.

Tive que pregar para o vento porque não chegou ninguém para me escutar. Desesperado para compartilhar a mensagem do Senhor, fui até os brinquedos mecânicos e ali, sim, as pessoas que, sentadas, esperavam que seus filhos subissem e descessem dos brinquedos me escutaram. Com veemência, eu os incentivava a receber Jesus em seu coração. Eu me lembro que um irmão misericordioso me disse: "Vá em paz, continue com essa paixão".

Todos os projetos que desenvolvi exigiram paciência. Com meu primeiro livro, *En honor al Espíritu Santo*, foi assim. Comecei a escrever o primeiro capítulo dez anos antes de sua publicação. Naquele tempo, entre muitos pregadores surgiu uma espécie de febre para se transformar em escritor. Muitos deles já estavam distribuindo seus livros e as editoras se aproximavam de mim perguntando quando eu publicaria um, mas eu esperei com uma ideia em mente: "Devo confirmar que a unção me acompanhará". Quando o livro finalmente saiu, foi premiado durante cinco anos consecutivos como o melhor livro cristão escrito por um hispano. Da mesma forma aconteceu com o programa de televisão, a construção do templo, as redes sociais e a rádio. Aprendi a ter paciência, a servir com amor, a identificar os momentos certos e Deus tem sido bom ao me dar respaldo.

Declaremos que a época de bênção não vai mais demorar.[143] O tempo se acelera para aquele que espera, mas demora para quem se desespera e quer arrumar tudo com suas próprias forças, mas não se preocupe, porque coisas que pareciam perdidas vão ser recuperadas, situações positivas que pareciam perdidas se transformam para o bem, bênçãos que pareciam mortas ressuscitarão, mas aconselho serenidade usando uma frase que minha mãe dizia quando me via desesperado: "Paciência, menino, que a noite é longa". Lembre-se de que o desespero não é bom conselheiro.

O rei Davi se perguntava: "Por que estás abatida, alma minha, por que te perturbas? Espere em Deus".[144] Se você passa por momentos de desespero, se sente a ansiedade até no corpo por estar com os músculos tensos, peça ao Senhor que te ajude e acelere Seu tempo. Ficar desesperado não resolve nada. Quando alguém está se afogando, o salva-vidas diz que essa pessoa precisa parar de se debater porque, caso contrário, os dois vão acabar se afogando.

---

143 Amós 9:13.
144 Salmos 42:5.

As emoções são enganosas. Por acaso Jesus não disse aos discípulos que eles deveriam se acalmar em meio à tormenta? Somente Ele pode nos dar essa paz que está além de todo entendimento em meio à chuva e ao vento forte. Se você puder ser paciente, vai receber muitas bênçãos.

A toda prova

Uma pessoa tem paciência quando, independentemente de quanto tempo se passe, continua esperando, mas também se coloca em ação, não assume a paciência como uma atitude passiva. A paciência é um dos fatores que mais contribuem para o êxito.[145] Na psicologia do esporte, os treinadores ensinam os jogadores a pensar e a jogar. Mostram a eles como ter paciência e controle para não se frustrarem diante de uma possível derrota. Um jogador de basquete não faz um escândalo e sai da quadra ao ver que não consegue fazer a cesta que queria, pelo contrário: ele procura se concentrar mais e persevera até conseguir a vitória.

A paciência faz sentido quando algo não acontece no momento e você tem que esperar. A Palavra diz que "pacientemente se espera no poço do desespero". Quando li esse salmo pela primeira vez, me confundi um pouco porque me parecia contraditório isso de "pacientemente no desespero", mas logo entendi que é isso mesmo. Justamente ao esperar estamos impacientes e precisamos exercer a paciência. O exemplo claro é quando levamos nossos filhos doentes ao pediatra. Temos que esperar com paciência para que o médico chegue e até que seja nossa vez de entrar na consulta. Esperamos pacientemente em meio ao desespero em uma sala com muitas crianças chorando e mães angustiadas, mas não saímos de lá enquanto nosso filho não é atendido. Assim acontece com qualquer situação que exige paciência.

---

145 Hebreus 6:12.

Não é por vista

 As pessoas que herdam uma promessa são aquelas que não deixam de esperar por mais desesperada que estejam, porque sabem que Deus não falhará. Ele, às vezes, tarda, mas sempre chega a tempo. Com fé e paciência poderá enfrentar qualquer dificuldade. O Senhor te dará paciência se você se mantiver acreditando. <u>Não seja como os que oram: "Deus, dê-me paciência, mas já!". Tudo alcançaremos com paciência e perseverança.</u>

 Não me cansarei de repetir porque é nas provas que demonstramos de que somos feitos: <u>não se renda nas circunstâncias adversas, não acredite no mundo, mas, sim, no Senhor.</u> Sempre existirão obstáculos, mas pense que não há fé sem uma força contrária que a coloque à prova.

23 FÉ CORPORATIVA

Unidos adoremos nosso Pai, agradeçamos e peçamos pelas necessidades de todos.

Quando, na Casa de Deus, iniciamos um novo projeto, sempre procuro consenso porque acreditar nele e desenvolvê-lo é um trabalho em equipe. É verdade que Deus deu uma medida de fé a cada um, mas também é possível somar a fé de todos para alcançar uma bênção (claro, se tivermos paciência para agirmos de acordo).

Assim aconteceu quando começamos a implementação de "O modelo de Jesus", um sistema de evangelização e discipulado que o Senhor me mostrou por meio das Escrituras e que procura ganhar, cuidar e consolidar às pessoas, como Ele fez. Quando fiz o planejamento da equipe, claro que houve dúvidas e foi necessário que todos o analisasse, lesse de forma a nos preparar para que o modelo se tornasse realidade. Foram sessões de intenso trabalho e esforço em conjunto que geraram grande fruto de bênção já que temos alcançado milhares de pessoas que se transformaram em multiplicadores do amor de Deus. E mais: agora ensinamos esse modelo de discipulado a igrejas e ministérios que desejam replicá-lo em países diferentes. Tudo tem sido resultado da paciência, da decisão e da ação em unidade.

Na Bíblia, lemos o milagre da cura de um paralítico conseguido graças à ajuda de quatro amigos, que abriram um buraco no telhado da casa onde estava Jesus e o passaram por ali para que Ele pudesse curá-lo.[146] Todos precisamos de ajuda para acreditar, amigos que estejam dispostos a ter paciência de nos levar e de nos acompanhar no processo que vivemos. Ofereça a sua fé para que ela se some a de outros e sem dúvida receberá a mesma coisa. Coloquemo-nos em sintonia com amigos e familiares para crer e nos apoiar! A fé se fortalece e multiplica seus resultados quando dois ou mais se unem para alcançar o mesmo sonho. Deus gosta quando nos vê acreditando e nos esforçando juntos.

---

146 Marcos 2:3-12.

Talvez para o paralítico não tenha sido fácil permitir que o levassem na maca, talvez tenham tido que convencê-lo porque os argumentos sempre surgem: "O que acontece se me levarem? Vieram, nem sequer eu pude entrar!". Mas se você for um amigo de verdade, vai dizer: "O que mais pode acontecer? Pior do que está, não fica". Você pode ser instrumento para que outra pessoa receba seu milagre! E outras pessoas, sem dúvida, são o instrumento que Deus utilizará para te abençoar.

Em unidade

Jesus viu a fé dos amigos do paralítico e o curou. Vamos nos unir para pedir pelas necessidades de todos. Reze sozinho ou também reze com os outros para conseguir mais na empresa, na família, na sociedade. Ativemos nossa fé corporativa! Esses quatro amigos não eram sacerdotes, profetas nem líderes em destaque, mas pessoas simples, certamente eram trabalhadores como muitos do povoado, mas tinham uma fé poderosa que os movia com essa "fome" para obter um milagre de cura, ainda que isso significasse realizar algo fora do comum. Eles fizeram o que tinham que fazer, planejaram uma estratégia e atuaram em favor de seu amigo.

Eu os imagino esperando com paciência pelo momento oportuno para caminhar entre a multidão, colocar o amigo no telhado, abrir o buraco e descê-lo para deixá-lo exatamente onde chamaria a atenção de Jesus. Por acaso existe algo mais forte do que isso? Talvez atuar da mesma maneira em favor de um inimigo. De qualquer forma, essa fé corporativa requer muito mais paciência e concentração porque é um desafio coordenar esforços.

Sacrificar-se para beneficiar os outros é realmente uma forma de buscar o reino de Deus e colocar nossas convicções em ação.

Sacrificar-se para beneficiar os outros é realmente uma forma de buscar o reino de Deus e colocar nossas convicções em ação.

Essa história de fé nos mostra um Evangelho urbano, que se manifesta na rua, nas casas, na comunidade; um Evangelho que não precisa falar de modo requintado, com terno e gravata, para que Jesus se manifeste com poder. É a fé que se compartilha com naturalidade, sem trejeitos, e que alcança milagres, sinais e prodígios. Coloque-se de acordo com alguém que crê e garanto que você verá Deus fazer maravilhas!

Perdoemos e mantenhamos a convivência pacífica porque é determinante viver em harmonia, sem brigas e com humildade, caso contrário, será impossível nos unirmos para fortalecer nossa fé e pedir com autoridade o que desejamos. Jesus garantiu que estaria onde dois ou mais se reunissem em Seu nome[147], por isso o problema não é Deus estar onde nos reunimos, mas que o façamos com o coração correto, sem rancores e com boa disposição.

Em um dia 24 de dezembro, às vésperas do Natal, uma amiga me chamou para me pedir para ir ao hospital orar por seu pai. Cheguei ao hospital que ela me indicou, mas ele não estava mais ali. Fui informado de que o haviam transferido para outro porque era certo que ele faleceria.

Quando cheguei, não queriam me deixar entrar, então eu disse à enfermeira: "Se o estado dele é tão grave, o que podemos perder? Por favor, me permita orar por ele". Finalmente me deixaram entrar. Orei e repreendi a morte. Ao sair da UTI, encontrei os familiares. Minha amiga se aproximou para me agradecer: "Que bom que você pôde entrar! Estamos orando para que Deus receba meu pai". Fiquei um pouco incomodado, porque se eles estavam esperando a morte do homem, teria sido melhor que eu tivesse ficado em casa com minha família! Expliquei que nossa fé deve ser sempre para a vida: "Não devemos orar pedindo por aquele que tem mais chances de ter sucesso. Devemos orar pedindo saúde. Se ele morrer, será acreditando e escutando

---

147 Mateus 18:18-22.

Fé corporativa

palavras de vida. Não posso concordar com vocês para que ele morra. Não se preocupem com a possibilidade de isso acontecer, acreditem! Não devemos explicações a ninguém". Então, oramos juntos, dando graças a Deus pela vida que daria naquele momento. Quando o pai de minha amiga se curou, sua família deu a ele o apelido de Lázaro, porque os médicos disseram que ele ressuscitou.

Eu me uno a você para dizer: "Graças, Pai, por essa fé corporativa, porque juntos obteremos feitos em Teu nome. Escute-nos, somos um para pedir, nos colocamos de acordo para que Tu faças a obra. Declaramos saúde, unidade familiar e descartamos a divisão que nos afasta de Teus planos".

A Palavra diz que somos irmãos e que devemos nos ajudar. Dou graças a Jesus, porque apesar de nossas fraquezas, não se envergonha de nos chamar de irmãos.[148] Eu também te chamo de irmão! Fazemos parte da mesma família com Jesus, que nos ama como somos. Unam-se conosco ao louvor, à adoração e aos pedidos a nosso Pai.

Por último, nos lembremos que os costumes se transformam em hábitos, por isso, façamos da paciência, da oração em unidade e do trabalho em equipe um hábito que marque positivamente nossos resultados. Precisamos de uma fé urbana, corporativa e de coração limpo, que lhe motive a trabalhar com poder e agrade a Deus!

---
148 Hebreus 2:11-12.

VIII

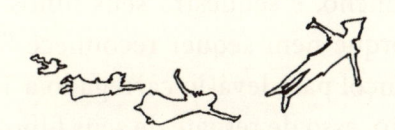

HOOK – A VOLTA DO CAPITÃO GANCHO

Capítulo 24 **Vale a pena**
Capítulo 25 **Da ansiedade à vitória**
Capítulo 26 **Sem temor**

"Pense em algo que te faça feliz, Pedro, assim poderá voar!"

Esse é o sábio conselho de Sininho a Peter Pan, o menino que se negou a crescer e que vive na Terra do Nunca com as crianças perdidas, as sereias, a tribo de índios e em eterna guerra com os piratas. Para o diretor de cinema Steven Spielberg, Peter Pan crescer – foi assim que aconteceu no filme *Hook – A volta do Capitão Gancho*. Essa é uma versão que pega emprestado os personagens da história original para relatar o que aconteceria se Peter Pan crescesse.

No filme, vemos o eterno menino transformado em um banqueiro frio casado com a neta de Wendy e que tem dois filhos aos quais não presta muita atenção. A vida roubou sua identidade, ele perdeu o coração de menino! Afundado em suas responsabilidades, volta como adulto onde tudo começou: à casa de Wendy, onde, certa noite, aparece seu arqui-inimigo, o capitão Gancho, e sequestra seus filhos. Parece que Peter perde a memória, porque nem sequer reconhece Sininho, que tem que enrolá-lo em um lençol para levá-lo carregado à Terra do Nunca. O filme mostra todo o processo de resgate de seus filhos, mas a primeira coisa que ele deve fazer é se lembrar de quem é para recuperar suas habilidades como Peter Pan.

Em 1991, quando o filme foi lançado, eu enfrentava uma crise de confiança que me fez duvidar do meu chamado. Alguém chegou a dizer para mim: "A você, eu não daria um centavo como pastor. Talvez como orador, mas não como pastor". Peter Pan sempre foi um de meus personagens preferidos desde a infância – cheguei a me fantasiar de Peter Pan na escola –, sempre gostei da ideia de voar, por isso, numa tarde de quinta-feira em que me sentia muito desanimado, um desses dias em que acreditamos que teria sido melhor ficar na cama, liguei para a minha casa e disse: "Meu amor, preciso de um tempo sozinho, vou chegar mais tarde em casa... Estou bem, por isso não se preocupe. Te amo". Sem muita ideia do que fazer, decidi ir a um cinema que ficava próximo dali. Para minha surpresa, estava passando o filme em que Robin Williams interpreta Peter Pan, Dustin Hoffman, o Capitão Gancho, e Julia Roberts, a Sininho. Nunca pensei que aquelas duas horas e pouco seriam tão importantes para mim!

Cada cena me dizia alguma coisa. Eu fiquei impactado ao ver Peter em dúvida, desorientado e assustado, invadido pelo afã da vida e da ilusão da riqueza, com o desejo de salvar seus filhos, que eram mal influenciados pelo Capitão Gancho. O menino que tinha se tornado pai se via derrotado e sem esperança porque, apesar de ter habilidade de voar, poder lutar e resgatar sua família, tinha perdido a confiança. Também me falava muito forte a figura de Sininho, intercedendo por ele, pedindo mais tempo para se preparar, para se lembrar de quem era e para recobrar seu ânimo, fé e poder. Eu realmente sentia que Deus falava comigo em cada cena. Não era por acaso que eu estava vendo aquele filme.

No momento crucial, o que realmente me desarmou – a ponto de várias pessoas ao meu redor na sala de cinema conseguirem ouvir meus soluços – foi quando Peter descobriu, dentro do tronco de uma enorme árvore, o quarto onde, em outra época, dormiam Wendy, John e Michael. Nesse momento, ele começa a recobrar a capacidade de voar – e consegue fazer isso ao conversar com Sininho – e abrir a mente a pensamentos felizes. De fato, ao abrir o coração e expor suas dúvidas, abrindo caminho para a fé, sem perceber, já estava pairando no ar, pronto para praticar as acrobacias de antes! Exatamente nessa cena, Deus me disse: "Se você não se tornar um menino, não poderá ver o reino. Se não tiver a fé de uma criança que pode imaginar até mundos fantásticos, não poderá visualizar os planos que tenho preparados para que você os realize. De nada adianta que todos creiam em você se você próprio duvida; e não importa que ninguém acredite em você se você estiver convencido de que te preparei. Enfim... vai acreditar em mim e voar?".

Minha resposta foi: "Sim, Senhor, agora encerro o capítulo de minhas dúvidas e me entrego por completo à ideia que o Senhor tem para mim. Sabes que sou como uma criança que acredita em ti. Tenho meus defeitos, mas acredito no Senhor. As dúvidas dos outros e o afã não me roubaram a fé. Sei que o Senhor age sobre a minha ilusão, não sobre a minha preocupação, e sorrio imaginando o que conseguirei para tua honra e glória. Decidi e agora decido ser feliz. Use-me, estou disposto a tudo!".

Assim, minha preocupação a respeito do que os outros pensaram sobre meu chamado foi por água abaixo. Nesse momento, meus olhos espirituais foram abertos e o resto já se sabe como se deu. Depois de anos de muito serviço na Fraternidade Cristã, a igreja onde nascemos na vida de fé, minha esposa e eu tomamos a decisão de seguir o caminho que Deus nos mostrava. Aceitamos o convite de uns amigos que não se reuniam em nenhuma igreja para dividir com eles a Palavra, e o que em 1994 era uma reunião de algumas famílias na sala da casa de um deles se tornaria o que agora é a Casa de Deus.

24 VALE A PENA

A fé vence a dúvida, o temor, o afã e o medo.

Eu também venci o Capitão Gancho! Diga-me se não valia a pena lutar contra esse pirata que pretendia roubar minha identidade, visão, capacidade de voar alto e o futuro de minhas gerações? Tudo dependia da minha fé no que Deus havia colocado em mim e no que o Espírito Santo sempre me disse: "Eu acredito em você, sei que consegue voar". Sem Ele não teria chegado a lugar nenhum, assim como Peter Pan não teria conseguido voar sem Sininho. Afinal, alcançar nossos sonhos e a visão que Deus tem para nós, ou seja, que consigamos voar, depende de dois fatores. O fator externo – o "pó de pirlimpimpim", a Palavra de Deus e a unção do Espírito Santo – e o fator interno – nossos pensamentos felizes, nossa fé e decisão para focarmos no positivo e na bênção, o que tira a dúvida, a decepção, a ânsia e o medo.

Convido você a ser criança! Decida ser feliz, desfaça-se dos pensamentos tristes que afogam sua fé, procura seu Pai, medita em Sua Palavra, faça suas as promessas Dele e não haverá nada que te prenda a esta terra, porque o céu é seu destino. Voe, voe!

No filme, os piratas eram crianças que tinham envelhecido porque perderam a capacidade de imaginar e sonhar. É por isso que Jesus disse que para entrar no reino dos céu, deveríamos voltar a ser como as crianças, ou seja, com a capacidade de imaginar e sonhar, com essa fé ingênua e total que acredita no maravilhoso. Assim também nos ensina o romance *O pequeno príncipe*, que trata de outra criança famosa que nunca cresceu e cujo autor é o conde, aviador e escritor francês Antoine de Saint-Exupéry. Nessa pequena joia filosófica – uma parábola cheia de imagens que descreve a natureza humana em todo o seu esplendor e tristeza, como o leitor quiser ver – o menino que vem do Asteroide B612, o Pequeno Príncipe, tem imaginação suficiente para interpretar um desenho que o aviador mostra a ele, pois a história fala sobre o encontro entre um piloto de avião que acaba perdido no meio do deserto do Saara e um menino com quem estabelece uma conversa reveladora.

Acontece que esse aviador tinha o sonho de ser pintor, mas desistiu ao comprovar que ninguém entendia seus desenhos, alguns são mostrados no livro. Um deles parece uma saliência com extremidades alargadas e que os adultos, olhando de longe, sempre confundem com um sombreiro sendo que, na realidade, trata-se de uma jiboia que engoliu um elefante. "Os adultos não entendem nada sozinhos. É cansativo para as crianças ficarem sempre explicando as coisas para eles.", disse o aviador, desanimado. Incrível! Eu me senti muito identificado porque eu também me lamentava de desenhar algo que imaginava para o futuro que acabava sendo difícil de explicar.

Retomemos essa ingenuidade que nos faz crer como crianças já que um ingrediente vital para crescer na fé é ter a capacidade de imaginar e visualizar o que ocorrerá. De fato, eu me atreveria a dizer que corremos o risco de morrer quando essa chama se apaga, essa paixão por imaginar e sonhar. Explico como cheguei a essa conclusão: se o justo vive por sua fé, pela certeza do que se espera e pela convicção do que não vê, significa que vive porque tem a capacidade de imaginar e visualizar o que ainda não é realidade. Vivemos de sonhos, de nos projetarmos ao futuro e nos entusiasmamos com o que conseguiremos; portanto, quando perdemos essa capacidade, a vida acaba para nós, nós nos consumimos, envelhecemos. Por isso tanto foi dito a respeito de a juventude não ser um número de anos cumpridos, mas, sim, uma atitude e estado de ânimo. Nosso Pai nos quer vivos, Jesus veio para nos dar vida em abundância, por isso pede que perseveremos na fé, que confiemos que nosso futuro será bom e para agirmos de acordo com essa certeza.

Quando a dúvida aparecer

Bem, ainda que pareça estranho, ao falar de dúvida, falamos também de fé, assim como ao falar de morte, também falamos de vida e ao nos referirmos à cor preta, estamos associando ao branco por se tratarem de ideias complementares. Se você nunca teve dúvida, como sabe que tem fé? Ainda que você fosse o melhor vendedor do mundo, isso não significa que sempre foi assim.

Se você nunca teve dúvida, como sabe que tem fé?

Usemos nossa fé para superar a dúvida da mesma forma que temos pernas e as usamos para caminhar. Viver confiando é acreditar ter algo que não tem e que espera alcançar. Quem tem fé não vive no passado nem no presente, mas se projeta para o futuro, e quando um projeto termina, já tem o seguinte em vista; não fica parado porque se fizer isso tem a impressão de que deixou de viver, como se cortassem seu oxigênio.

Em 2017, inauguramos a Arrowhead – os escritórios para a equipe de trabalho que se integra ao novo templo –, além de dar muitas graças a Deus, comecei a colocar em prática os projetos que continuavam e que configuravam o que o Senhor tinha planejado para o ministério durante as décadas seguintes. Cash Luna já tinha 55 anos e mil planos na cabeça. Precisávamos nos organizar estrategicamente para avançar em relação ao futuro, continuar com a inovação, envolver as gerações emergentes e nos fortalecermos institucionalmente. Havia muitas decisões a tomar. Não podíamos parar! A fé sempre nos desafia e se pararmos, se diminuirmos o ritmo, damos espaço à comodidade que gera dúvidas e desânimo, porque vemos mais o passado e o presente do que o futuro.

Confiança em meio ao caos

Temos falado de David, que chegou a ser rei de Israel depois da queda de Saul. Às vezes pensamos que logo depois de matar Golias, ele recebeu o trono, mas, na realidade, não foi bem assim. Davi teve que enfrentar batalhas e perseguição, inclusive do próprio Saul que, com inveja, o procurava para matá-lo. A vida desse homem é muito interessante, pois foi fraco em muitos sentidos, cometeu grandes erros e sofreu as consequências de seus erros, no entanto, Deus disse que ele era "um homem de acordo com Seu coração", porque sua fé e dedicação por Deus eram suas maiores virtudes. Realmente, ele confiava no Senhor, a ponto de ser capaz de dizer que dormia em paz no meio da guerra[149], pois confiava na proteção divina.

---

149 Salmos 4:8.

Muitas vezes, a insônia é sintoma de pouca fé, a não ser que você não consiga dormir porque seus sonhos e projetos te mantenham muito entusiasmado. Eu sempre disse que a única forma de vencer um pesadelo é com um sonho. Se você está aflito porque seus filhos andam por caminhos errados e usam drogas, somente o sonho de vê-los habilitados e renovados fará com que o pesadelo desapareça e dará espaço a uma realidade melhor. É preciso sonhar que o que vem é melhor do que o passado.

Devemos ser como Davi, capazes de dormir com confiança; não apenas quando tudo está bem e o salário do fim do mês está garantido, mas também quando seus cobradores estiverem ligando e quando as pessoas que devem dinheiro a você não paguem. Demonstremos fé quando o negócio quebrar ou não for bem. Nesses momentos, você deve dizer: "Dormirei tranquilo porque o Senhor está comigo". Isso se chama confiança, a ponte pela qual avançamos em meio aos momentos de fé.

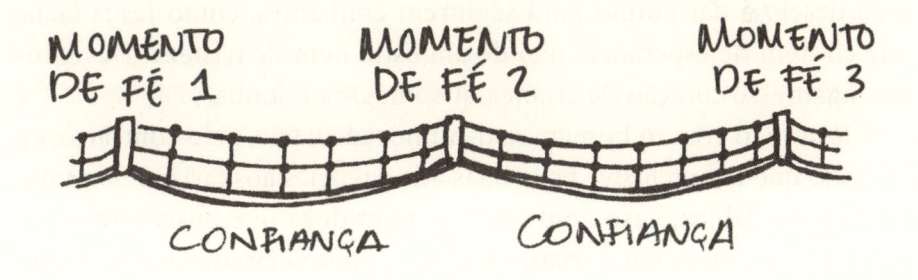

MOMENTO DE FÉ 1   MOMENTO DE FÉ 2   MOMENTO DE FÉ 3

CONFIANÇA   CONFIANÇA

Algumas pessoas me perguntam como conseguia dormir sem preocupações durante o desenvolvimento do enorme projeto de construção que realizamos para o Senhor e que demorou cerca de cinco anos. Eu garanto que fiz isso em paz porque se Deus me motivou a começar a construção, Ele se encarregaria de prover os recursos e os profissionais. Eu fui obediente; assim, toda noite, dizia e digo a minha família: "Esse plano vai dar certo". A fé em Deus nos faz viver confiantes.

Copo transbordando

Lembremos que Davi, no salmo 23, assegura que: "Abençoe minha testa com óleo; meu copo está transbordando". Isso significa que as pessoas tomadas pelo Espírito Santo falam bem do futuro porque o presente se transforma em passado em questão de segundos. Tudo passa em um momento, o que você viu há um instante já é passado e não voltará. Então, só podemos falar do que virá. Antecipe-se ao futuro com suas palavras de fé!

<u>Se em sua boca houver apenas as queixas sobre o presente e o passado é porque seu copo não está transbordando e você precisa ir diante da presença Dele para enchê-lo.</u> Uma pessoa cheia do Espírito Santo sempre falará bem de seu futuro. Muitas vezes, criticam-me porque incentivo a congregação com a Palavra que faz com que eles se motivem, dizem que eu deveria fazer com que vissem a realidade para que todos se assustem e se transformem, mas eu respondo que das notícias ruins o mundo se encarrega. Da Casa de Deus todos saem sorrindo porque meu desejo é dar ânimo para seguirem confiantes, como Jesus fazia; que chorem de esperança, não de angústia nem de tristeza. Devemos contagiar esse coração de criança que imagina e sonha.

Jesus não era um homem mal-humorado e frio, pelo contrário; eu acredito que Ele inclusive fazia Suas advertências aos fariseus com um sorriso nos lábios, caso contrário, as multidões que buscavam esperança e as crianças não teriam seguido-o ou desejariam se aproximar. Certa vez, minha esposa Sonia assou um peixe delicioso com cebola. Cada filé – fresco e saboroso com gotas de limão, bem acomodado em uma tortilla recém-saída do forno – estava maravilhoso! Não minto ao dizer que, enquanto comia, chorei de alegria e dei graças a Deus por tanta bênção. Então, um de meus filhos, que na época era uma criança pequena, aproximou-se de mim, emocionado com meu choro, e começou a chorar. Eu expliquei a ele que estava chorando de alegria e gratidão, e ele compreendeu, apesar de não ter parado de chorar. Devemos ser como crianças, contagiados pelo sentimento quando ocorrem coisas boas e não nos queixarmos tanto das coisas desagradáveis. O positivo deve nos influenciar mais do que o negativo!

Por que pensam que não têm?

O Senhor ataca nossos pensamentos negativos. Quando os discípulos o despertaram porque sentiam medo da tempestade, Ele disse a eles: "Por que temem, homens de pouca fé?". Quando pensaram que não teriam o que comer e se preocuparam apesar de terem visto a multiplicação dos pães e dos peixes, Jesus perguntou: "Por que pensam que não têm pão, homens de pouca fé? Por acaso não se lembram dos cinco pães para cinco mil e dos sete pães para quatro mil?".

Quando meu filho mais velho era bebê, ele adoeceu e no meio da noite ficou desidratado, apesar de nossos esforços para evitar isso. Víamos que seus olhos estavam fundos, com olheiras, e que a pele de suas mãozinhas, braços, pernas e rosto estava empalidecida. Minha esposa e eu éramos inexperientes, por isso logo fomos ao médico. Em pouco tempo, começamos a dar soro a ele, mas demos tanto, que o pobre menino não queria mais. Quando decidimos parar porque sabíamos que ele colocaria soro até para fora das orelhas, pensamos que tudo ficaria bem, ainda que não tenha sido assim de fato. Às três da madrugada, Cashito continuava ardendo em febre e não reagia bem. Nesse momento, pedi com todas as minhas forças e o Senhor me disse: "Você pediu que eu fizesse milagres, mas como farei se tudo está bem?". Então, eu me tranquilizei. "Tem razão, o único desesperado sou eu porque Tu estás no controle e sei que meu filho vai sarar". Duas horas depois, nosso bebê começou a balbuciar como antes e a febre cedeu. Eu não devia pensar que meu filho não tinha saúde quando, na verdade, tinha, eu só precisava confiar. Não se esqueça de que esse monossílabo é um átomo: ao fazer com que ele reaja em cadeia, produz uma cadeia de bênçãos sobre sua vida.

O maior dos profetas

Já falamos antes sobre Zacarias e Ana, os pais de João Batista, profeta da mesma família materna de Jesus, que anunciou Sua vida. Ele foi usado por Deus de forma impressionante, foi quem preparou o caminho, o único com a grande honra de escutar a voz do Pai, batizar o filho e ver descer o Espírito Santo. O que acha? Foi ele quem revelou a Jesus dizendo que é "o Cordeiro de Deus que tira os pecados do mundo".[150]

A figura desse homem é singular. Ele é descrito quase como um ermitão e ele e Jesus tinham dois estilos diferentes de pregar. Jesus se aproximava com sutileza, como fez com a samaritana; João chegava com tudo e dizia as verdades sem anestesia, como fez com Herodes, a quem alertou sobre seu adultério.[151] Esse profeta era tão importante que os soldados, coletores de impostos e pessoas do governo o consultavam[152], ele fazia com que eles lembrassem que era preciso mudar de estilo de vida. Foi usado para batizar as pessoas e manter viva a moral do povo de Israel e do povo romano. O mesmo Jesus disse que nenhum homem nascido de mulher se comparava a ele.[153]

Apesar de sua fé e de ser o maior profeta, João Batista também duvidou quando já estava na prisão por dizer verdades ao representante de César na Judeia. Mandou seus discípulos para perguntarem a Jesus se realmente Ele era o Filho de Deus, o Messias que esperavam, quem tinha sido anunciado![154] Certamente, ele se questionava: "Como Deus permite essa injustiça se sou quem anunciou o Messias? Por que isso acontece comigo, que sou bom servo do Senhor?".

Sentiu a mesma coisa que você sente quando se vê diante da adversidade: sua aflição fez com que ele duvidasse. Às vezes, você está convencido de que segue por um bom caminho e sente todo o ânimo

---

150 João 1:29-34.
151 Lucas 3:7-8.
152 Lucas 3:12-14.
153 Lucas 7:27-28.
154 Lucas 7:17-23.

para lutar, mas logo algo faz com que você hesite e duvide. Pergunte a si mesmo: *Por que isso acontece comigo, se eu oro, adoro, louvo, prego, comporto-me bem e até pago o dízimo? Será que Deus realmente é quem diz ser?*. Ao escutar as dúvidas de João Batista, Jesus agiu e demonstrou que era o Filho de Deus, pedindo aos enviados para que confiassem Nele. Isso também é dito a você e Ele pede para você não esmorecer; o problema não é a dúvida, mas como enfrentar esse momento de fraqueza.

Não se engane

Suas circunstâncias devem se ajustar a sua fé, não o contrário. João, o maior dos profetas, ajustou-se à prisão e ali pensou, questionou e duvidou pensando que Deus "Deveria fazer o milagre, mas como não o fez talvez eu tenha me equivocado". Alguns assumem uma atitude semelhante e dizem: "Não acredito nos milagres, mas se acontecerem comigo, passo a acreditar". Não há motivo para que Deus te escolha entre os bilhões de habitantes do mundo para demonstrar que realmente é poderoso e não mente. Devemos ser humildes e dizer: "Eu creio em Ti, os milagres que vi demonstram que tu és o Senhor. Ainda que não tenha acontecido comigo, minha fé me fará ver Tua obra em minha vida". Não se engane: a vida de fé é simples, mas não é fácil. Deus precisa de nossa humildade para agir.

Quando a dúvida chega, não toca a campainha; entre por onde consegue, e devemos saber o que fazer nesses momentos. Testemunhemos pela fé, ainda que as coisas não estejam boas. Os patriarcas acreditavam que Deus daria a eles uma terra ainda que Abraão, Isaque, Jacó, Esaú, José e Moisés não acreditassem; Josué foi quem pôde alcançar a promessa. Nós não somos capazes de acreditar nem sequer durante dois meses, mas eles acreditaram durante muitas gerações.

Alguns dizem: "De nada me serviu ir orar na reunião de intercessão porque já se passaram 48 horas e não aconteceu nada". José tinha tanta fé no cumprimento da Palavra de Deus, que pediu a seus descendentes que seguissem com seus desafios por meio do deserto porque ele seria enterrado na terra prometida. Isso é demonstrar uma fé inabalável que fará com que você diga a sua família: "O Senhor me prometeu uma vida plena; se não se cumprir comigo, preparem-se, porque Ele não mente e cumprirá com vocês. Gozarão de bênção tripla!". Não há como virar a página; estamos no meio de uma briga, da fé contra a dúvida, e já sabemos qual dessas ganhará.

O homem de pouca fé é aquele que acredita que Deus vai cuidar melhor das flores do que de Seus filhos. É preciso ter fé para se vestir e comer! As pessoas que vivem com medo não demonstram sua fé em quem disse: "Não tema, Eu estou com você". Fixe o olhar no Senhor e persevere, ainda que os ventos sejam fortes e você tenha medo. Aproxime-se Dele a qualquer momento, quando tudo estiver bem, assim como quando precisar da ajuda Dele. Se você se aproximar de Deus porque tem câncer ou por problemas econômicos, o mal foi o motivo, mas se você se aproximar Dele quando estiver são e próspero, o bem foi o motivo e sentirá que o bem-estar te guia para a presença Dele. Libere sua fé da prisão da dúvida e pense nas promessas que verá cumpridas.

25 DA ANSIEDADE À VITÓRIA

O Senhor nos aperfeiçoará, afirmará, fortalecerá e estabelecerá.

Quando realmente acreditamos em Deus, nada nos separa Dele. E dou ênfase à palavra *nada* porque nenhuma circunstância vale mais do que nossa intimidade com Ele. Isso é fidelidade. Agora parece que custa um pouco mais compreendê-lo porque nos acostumamos com relações descartáveis. Se um casamento, uma amizade e/ou uma sociedade "não funciona" como se espera, facilmente damos marcha à ré. Parece que estamos perdendo a capacidade de perseverar e superar as dificuldades, mas isso exige que confiemos no compromisso eterno de nosso Pai; no entanto, Ele é fiel e nos ama, portanto, nada deveria nos tirar do Seu lado. Amemos mais a Ele do que àquilo que Ele pode nos dar.

Uma demissão, um divórcio, a rebeldia de algum filho, angústia, perseguição, fome, nudez, perigo? Nada deve nos separar de Deus. Em toda situação você será mais do que vencedor se conseguir se convencer de que nem a vida, nem a morte, nem o presente, nem o futuro, nem o alto, nem o profundo... Nada vai nos separar do amor do Senhor[155] porque Ele nos ama para sempre e sem medida.

Os seres humanos têm pensamentos, emoções e vontade. As três áreas se relacionam e determinam nossa conduta, e devemos aprender a manejá-las, especialmente nos tempos difíceis. Se conseguirmos, Deus nos levantará quando for o momento certo.[156] Nesse processo, nós nos cercamos de pessoas que nos deem segurança. Você não se dá conta de que há uma pessoa com quem você se sente seguro? Se estamos doentes, sentimos alívio quando o médico nos diz o que fazer. Em meu caso, minha esposa é quem me dá muita paz. Quando viajo sem ela, demoro a dormir porque estou acostumada a abraçá-la para descansar a seu lado. Deus me dá paz por meio dela, e a segurança plena encontro em Sua Palavra.

Quando nossa relação com o Senhor é forte, não é preciso que um profeta nos traga palavras específicas, já que ao ler Sua Palavra encontramos o conselho exato para nossa situação. Aprendamos a lidar com a ansiedade lendo as Escrituras, porque esse sentimento de insegurança é perigoso e poderia nos levar a tomar decisões equivocadas.

Tolerância zero com as emoções negativas

Que nossas emoções não nos dominem: nem a frustração, nem a raiva e nem a tristeza. A Bíblia diz que falta entendimento a quem se

---

155 Romanos 8:35-39.
156 Pedro 5:6-7.

irrita porque alguém que não domina seus estados de ânimo é fraco. Você está com problemas mentais se por acaso se irrita rápido, mais ainda se for impaciente porque se deixa levar pela necessidade.[157] Já falamos sobre a paciência, o melhor tempero para a fé. Quando temos um espírito calmo e afável, escutamos o conselho do sábio. Nossa condição espiritual e emocional muitas vezes determina o conselho que escutaremos. A ansiedade causa aflição, portanto, devemos controlá-la.

Muitas coisas na vida podem pesar em sua alma e fazer com que você se sinta derrotado. A solução para uma alma abatida é a Palavra de Deus.[158] Se uma emoção ruim te impressiona, sua mente perde clareza, então para resolver o problema, a primeira coisa que você deve fazer é resolver a emoção, já que no abatimento, a mente não encontra as ideias para sair da crise.

Seu espírito angustiado e ansioso exaltará a necessidade. Uma alma cheia da Palavra de Deus dificilmente se desgasta até o fim, e uma alma abatida desgastada totalmente só pode encontrar a vida por meio da Palavra que dará a ela essa paz que supera todo entendimento. Então, comece a captar as ideias que Ele pode inspirar a você: tudo o que é bom, honesto, puro... Todas as soluções que realmente funcionam! A

---

157 Provérbios 14:29.
158 Salmos 129:25.

paz que supera todo entendimento se refere a estar calmo e focado, inclusive em meio a uma situação que produza angústia. Se não tiver trabalho e estiver calmo, não significa que você é irresponsável, mas que está procurando manter as emoções sob controle para encontrar boas opções. Se pretende procurar emprego com cara de angustiado, não encontrará porque ninguém contrata pessoas aflitas. <u>Se você procura o Senhor, peça Sua intervenção e se humilhe diante da Sua presença; Sua poderosa mão vai guiar você e dar boas ideia.</u> Deus quer escutar você confessar Suas promessas! Quer que você confie Nele, que entregue tudo a ele, que deixe em cima Dele toda sua carga. A angústia é como um bicho daqueles que vemos nos filmes, que se enfia por baixo de sua pele e começa a subir por seu corpo; quando eu ouço, pergunto: "Aonde vai? Para fora daqui!". Pegue sua vitória, peça ao Senhor que Sua Palavra lhe vivifique, que lhe encha de energia e de criatividade.

    A angústia pode destruir a alma, mas devemos meditar na Palavra de Deus, ou seja, imaginá-la realizada.[159] De novo falamos de voltarmos a ser crianças com muita imaginação. Devemos nos encher de Sua Palavra, meditar em Suas maravilhas e receberemos sustento. Sabemos que é possível meditar no bem e no mal. Diante de uma notícia de doença, você pode meditar na promessa de que por Sua ferida você foi curado e imaginar tudo o que fará quando estiver curado ou, ao contrário, meditar na doença, imaginar como será seu enterro, como ficarão seus filhos quando você não estiver e como tudo se tornará um desastre. Você decide em qual Palavra meditar, ou seja, o que imaginar e pensar. Deus te dá a Escrita e a imaginação para usá-las e afirmar que o futuro será glorioso e bom. Sua Palavra é nosso sustento; meditá-la, imaginá-la realizada e vivê-la é a única forma de curar a alma e avançar com fé em direção ao futuro.

    Enchamos nosso coração de esperança, porque a Palavra diz que o sofrimento durará pouco para que logo Deus nos aperfeiçoe,

---

159 Salmos 1:2.

afirme, fortaleça e estabeleça.¹⁶⁰ A angústia não desaparece sozinha e assemelha-se a emagrecer: é preciso fazer alguma coisa para conseguir.

A fé de encontro aos sentimentos

A ânsia e a angústia não devem enforcar sua fé, mas, sim, abrir caminho para que ela cresça. O Senhor deseja que fortaleçamos nossa fé, que a criemos do fundo do coração por cima da razão e do conhecimento, por isso nos dá exemplos na Bíblia. Da experiência de Jesus em Seu povo, Nazaré, aprendemos que sem foco e sem fé não é possível ver a obra de Deus. A incredulidade pode neutralizar o desejo do Senhor de nos abençoar, portanto, nesse sentido já vimos que devemos ser como Peter Pan, pois as crianças acreditam por natureza. O conhecimento é bom sempre quando não anula a fé.

O Senhor nos diz agora: "Não duvide, minha Palavra produz resultados pela fé". Vamos nos esforçar para sermos "crentes" mais do que para sermos membros de alguma religião. Jesus operou nos crentes, mesmo que não estivessem convertidos, portanto, a fé é mais importante do que a conversão em si. Isso explica por que as pessoas que também não se converteram ao Senhor recebem milagres.

Lembre-se do pai que pediu a Jesus por seu jovem filho afligido por um espírito? Vemos que ele reconheceu sua incredulidade, mas ainda assim ele pediu ao Messias que o ajudasse.¹⁶¹ Se você não tiver fé, Jesus não pode atuar. Esse pobre senhor estava confuso, acreditava, mas não tanto, faltava um pouco a mais para ele. Sua aflição e seus sentimentos impediam que ele pudesse acreditar 100%. Smith Wigglesworth, um apóstolo da fé,

Vamos nos esforçar para sermos "crentes" mais do que para sermos membros de alguma religião.

---

160 1 Pedro 5:8-10.
161 Marcos 9:14-24.

disse que para ele era impossível entender Deus por meio de seus sentimentos. E é verdade, pois muitas vezes o que sentimos não combina com o que acreditamos e deixamos que nossos sentimentos influenciem nossa fé quando deveria ser o contrário. Claro que somos seres emocionais, e em meio à depressão e à angústia, é difícil para nós crer, por isso é tão importante que aprendamos a dominar nossas emoções.

Quando Moisés tentava convencer aos israelitas de que seriam livres, eles não o escutavam porque estavam afundados no desânimo. Em meio ao processo para construir o primeiro templo da Casa de Deus, tivemos dificuldades com a negociação do espaço para o estacionamento, porque de nada servia um templo lindo, mas sem área para que as pessoas estacionem seu veículo, então, em meio à preocupação, o Espírito Santo disse a mim: "Eu não ajo sobre a ânsia, eu ajo sobre a ilusão. Seu desejo é construir para que as pessoas me conheçam? Então não se afobe!". Muitas vezes, Ele está falando com você, mas afundado em suas emoções, você não o escuta. Eu garanto que nesses momentos, o próprio Jesus poderia aparecer e você nem se daria conta!

Se voltarmos ao caso de Marta, vemos que Jesus deu graças a Deus antes de operar o milagre da ressurreição de Lázaro, porque a prova tão difícil da morte de um ser querido foi o meio para que a família renovasse sua fé e alcançasse um bom nível. Não sejamos como os habitantes de Nazaré, Deus nos livre da incredulidade! Se desejarmos ver milagres, devemos acreditar que é possível que eles aconteçam. E os desafios da vida são as oportunidades para exercitar nossa fé, fortalecê-la e evitar que se atrofie.

Sabemos que o ser humano constantemente busca o sobrenatural, por isso há tantos bruxos, adivinhos e curandeiros, além de filmes e literatura sobre poderes fantásticos. Por acaso não corremos ao cinema para ver o último filme do Capitão América, Homem de Ferro e da Mulher-Maravilha? Nós ficamos fascinados ao ver como Thor consegue vencer todos com seu porrete e força sobrehumana, e o que dizer de Superman, esse extraterreste com enormes poderes que defende os fracos? De fato, fiquei encantado com um desenho que circulou nas redes sociais, onde se via Jesus rodeado por vários super-heróis muito atentos à história que Ele contava; isso se assumia pela posição de cada um, enquanto Ele dizia: "...e foi assim que eu salvei o mundo". <u>O único capaz de operar milagres é Ele</u>.

Todos conhecemos Abraão como pai de fé porque acreditou na promessa de Deus de que sua descendência seria grande apesar de ele e sua esposa Sara serem idosos; agora acreditamos, mas seria difícil ter essa fé se um velhinho se aproximasse e dissesse que recebeu essa promessa. Você acreditaria? Abraão acreditou e viu o milagre. Claro que foi difícil ter fé, ainda mais quando as evidências de seu corpo diziam que era ridículo pensar que pudesse ter um filho, no entanto, deu glória a Deus, certo de que aconteceria. Tudo era possível, menos duvidar do Senhor. Agora certamente diriam que ele estava louco e que na igreja lhe fizeram uma lavagem cerebral, mas eu prefiro que pensem isso de mim a titubear quando Deus me promete algo, porque nossa fé nos torna justos e merecedores de bênção, como Abraão.

Quando os sentimentos são contrários ao que você acredita, ocorre uma batalha dentro de você, e a fé deve vencê-la. Deus te promoverá quando você agir contra seus sentimentos e de acordo com sua fé. O ego vai fazer você parar, porque ninguém quer ser humilhado, mas a fé nos move a fazer proezas porque nos desafia a ter a humildade de crer e deixar que o Senhor nos guie em direção ao que prometeu. Quando você estiver plenamente convencido de que Deus não mente, sua fé vencerá seus sentimentos e você dará graças por sua bênção, inclusive antes de recebê-la.

> *Quando os sentimentos são contrários ao que você acredita, ocorre uma batalha dentro de você, e a fé deve vencê-la.*

A fé é nosso maior capital porque para quem crê – e não para quem tem – tudo é possível. Agradamos ao Senhor com nossa fé!¹⁶²

[Ilustração: dois bonecos palito em combate com lanças e escudos, rotulados "FÉ vrs SENTIMENTOS"]

Para cumprir a promessa a uma nação, Deus fez com que Abraão visse as estrelas do céu, estimulou sua imaginação, sua capacidade de sonhar e visualizar. Em meio a uma dúvida, Deus assegura que não só poderá cumpri-la, mas também terá quatro vezes mais recursos para realizar seus sonhos. Diante de uma doença, não peça um dia a mais de vida, mas agradeça porque terá vida longa e poderá ver seus filhos e netos crescerem.

Saúde da alma

Na mente estão os pensamentos; na alma, a vontade; e no corpo, todas nossas funções. Somos trinos como Deus é o Pai, o Filho e o Espírito Santo. Às vezes nos concentramos apenas no corpo e queremos saúde, procuramos estar livres de tumores cancerígenos ou qualquer doença. Nas cruzadas de milagres que organizamos, as Noches de Gloria, temos visto muitíssimos milagres de saúde, mas às vezes a alma continua contaminada e obstrui a fé.

---

162 Romanos 4:17-24.

Da ansiedade à vitória

Durante uma noite de ministração de saúde, uma mulher com artrite degenerativa se aproximou, as articulações de suas mãos estavam inflamadas e seus dedos, retorcidos. Enquanto orávamos e declarávamos saúde, o Espírito Santo me disse: "Diga a ela para perdoar". Quando eu disse isso a ela, ela ficou abalada, começou a chorar sem consolo apesar de já ter recebido saúde porque já não sentia dor, suas mãos estavam sem inflamação, com seus dedos em melhor posição. Os familiares que a acompanhavam a levaram para sentar e ficaram ali o resto da reunião. No fim, eu me aproximei e vi, com surpresa, que suas mãos tinham voltado à condição original. Que tristeza senti! Parecia que ela realmente tinha muitos assuntos pendentes. Seu coração estava muito triste e era a primeira coisa que deveria ser curada.

É preciso curar a alma! Está comprovado que muitas doenças físicas têm uma origem emocional; somatizamos nossas dores da alma e do corpo, por isso, além de comer bem, fazer exercícios e cuidar de nosso corpo, é preciso que cuidemos de nossa alma, já que por meio dela também podemos nos debilitar. De fato, a Bíblia diz que o bom ânimo do homem afugenta a doença; não diz que traz cura, mas que mantém afastada. Às situações feias, sorriso bonito!

Uma das promessas de nosso Senhor é ser quem veio para cobrir, curar e consolar[163], três palavras que têm a ver com a alma. Ao cobrir uma ferida, sabemos que vai demorar para sarar, por isso o Espírito Santo, por meio do consolo, nos cura; mas enquanto isso acontece, ele nos mantém cobertos, para evitar que a ferida seja contaminada. Claro que se for uma ferida exposta, como um corte, não devemos fechá-lo totalmente porque a pele precisa de oxigênio para se reconstituir; mas se for um braço quebrado, por exemplo, você será imobilizado e usarão uma tala para que o osso se regenere. A mesma coisa acontece quando Deus está curando nossa alma, o melhor é nos movermos muito. Compreende a parábola? Precisamos nos afastar do assunto e ficarmos quietos por um tempo.

---

163 Isaías 61:1-3.

Precisamos de consolo, mas sempre digo que é melhor pedir conselho antes que seja tarde. Quando uma mulher chega triste a minha esposa Sonia para pedir conselho porque seu casamento fracassou, na verdade está pedindo consolo diante de uma situação desesperada. Se ela tivesse insistido em procurar conselho quando ainda era tempo, talvez tudo teria sido diferente. Claro que às vezes recebemos conselhos que não colocamos em prática, mas esse é um assunto para outro livro. A ideia é que sejamos sábios ao buscar conselhos. Não há como você se sair mal se a Palavra de Deus for seu guia! A primeira coisa que provoca a mudança de comportamento é o conhecimento, que devemos assimilar para que influencia nossas emoções. O Senhor nos diz que conheceremos a verdade e a verdade nos libertará, por isso temos a capacidade de encontrar a verdade e conseguir liberdade.

A Escritura diz que devemos cuidar para que nenhuma raiz de amargura brote entre nós e nos contamine. Já percebeu que a atitude é contagiante? Se alguém ri, também rimos, e se alguém chora, também choramos. Procure cercar-se de pessoas com boa atitude e você também se tornará uma pessoa que irradia boa atitude. Ser assim é como ter um imã que atrai, enquanto ser amargurado é como andar com um peso nas costas. Ninguém quer se aproximar de quem carrega peso! Eu sempre digo aos jovens: "Não se apaixone por alguém amargurado porque você vai acabar se tornando igual!". Essa pessoa precisa de médico, psicólogo ou psiquiatra, não de um parceiro. Minha esposa Sonia já era feliz quando me conheceu, e eu também era feliz antes de conhecê-la, por isso, nosso casamento foi uma bênção aos dois.

O Senhor quer curar nossa alma com a unção de Seu Espírito Santo porque essa alegria também cura suas relações, no entanto, há pessoas que só se queixam. Isso não é possível! Se você está apaixonado por alguém assim, vai acabar em uma relação codependente, melhor seria que antes você curasse sua alma. A felicidade é um atrativo, a alegria embeleza o rosto. Não há feio que sorria e que não fique bem. Uma frase da qual gosto muito é: "Quem ama o feio, bonito lhe parece", o que quer dizer que às vezes vemos homens não tão bonitos

Da ansiedade à vitória

de mãos dadas com moças lindas... será que fazem a pessoa se apaixonar com um sorriso? Sabemos que as mulheres procuram homens que façam com que elas se sintam protegidas e que também as façam sorrir. Parece que elas procuram uma mistura de palhaço com ninja. A verdade é que elas realmente ficam cegas quando veem um jovem com boa atitude, que deixa claro que enfrenta a vida com boa disposição. Isso é apaixonante!

Não é nada agradável estar com pessoas tristes, que protestam, que se irritam e com quem seja impossível ficar bem, pelo contrário, é lindo estar com gente alegre, sorridente, que sempre vê o lado bom de tudo. Devemos ser esse tipo de pessoa! Quando não temos uma alma sã, tudo parece uma ofensa e costumamos reclamar de coisas como: "Por que você me ligou cinco minutos mais tarde do que o normal?". Quando você está mal por dentro, tudo é afetado e é mais fácil derrubar um muro do que agradar a um ofendido[164] porque o ofendido pensa que todos estão contra ele. Se você chega tarde ao trabalho e chamam sua atenção, você logo diz que estão contra você, que trabalha em um ambiente muito ruim e que te pressionam demais; se nossa alma amargurada conseguir fazer com que nos transformemos em uma pessoa de cristal, com qualquer coisa nos quebraremos! O que deve ser feito com a pessoa que chegou tarde é recebê-la com um bolo e dizer que se ela tivesse chegado cedo também teria cafezinho? Claro que não!

Muitas pessoas nos ferem – e muitas vezes! –, mas é preciso perdoar para não andarmos derramando amargura e ressentimento, mas para buscarmos edificar os outros. Se você quiser se fazer de sofrida ou sofrido, tudo bem, mas a única coisa que você vai causar é tristeza e isso acabará fazendo com que você adoeça. Consegue imaginar uma sociedade cheia de pessoas sãs de alma? Não haveria ressentidos, apenas lutadores, pessoas procurando maneiras de se superar.

Hoje é o dia de sarar sua alma do ressentimento que obstrui sua fé. Quando uma esposa ofendida pela atitude de seu marido chegou para

---

164 Provérbios 18:19.

pedir conselho e consolo, Sonia orou com ela: "Pai, peço que meus sentimentos sejam curados pelo unguento de Teu Espírito. Traga saúde sobrenatural a minha alma para superar minha raiva e tristeza. Perdoarei e pedirei perdão. Declaro que sou terreno ruim para as ofensas e bom para a reconciliação".

26 SEM TEMOR

Afaste o medo e recupere seu espírito de poder, amor e domínio próprio.

Sabemos que Deus sempre buscou homens e mulheres valentes que superam seu medos, acreditam e conquistam aquilo que é deles. Por isso a Bíblia fala de Baraque, Sansão, Jefté, Davi, Samuel e tantos outros.[165] O importante é ver que todos esses homens têm algo em comum; não é a posição, a riqueza nem a educação, mas a fé. Eles acreditavam em Deus sem se importar com o tamanho do desafio; Ele te deu fé para caminhar e correr, por isso não use a "cadeira de rodas espiritual" por preguiça.

---

165 Hebreus 11:32-34.

Pablo foi um grande evangelista que formou muitos discípulos; um deles foi Timóteo, que evidentemente enfrentou um período difícil porque Pablo pediu a ele que não se envergonhasse de sua fé, mas que a avivasse. Ao ler na Bíblia o que ele escreve, parece que dizia "Confio que a fé que você tem não é fingida, que não seja apenas da boca para fora, porque vejo que afastou o presente do Espírito Santo e que um espírito de covardia tomou conta de ti. Explique-me, como sua avó e sua mãe, sendo idosas, não se envergonham do Evangelho? O que te deu medo? Desde quando você caminha com um espírito de covardia? Já está na hora de avivar o fogo de Deus dentro de você".[166]

Quando um espírito de temor se apodera de você, até os dons e os presentes do Senhor podem se apagar. O medo é capaz de nos paralisar e de nos fazer retroceder. Não podemos cair nessa armadilha. Quando você permite que a água seja filtrada, ainda que seja gota a gota, qualquer lugar é inundado, por isso não permita goteiras de medo porque Deus é como um encanador que nos deu as ferramentas ideais para estancá-las: o espírito de poder, amor e de domínio próprio. Em meu país temos uma frase popular: "No te assustes con el petate del muerto", o que significa que não devemos sair correndo apressadamente, devemos enfrentar nossos temores.

Cuide dessa força

Já falamos de Gideão, um jovem que Deus escolheu para liberar o povo de Israel dos abusivos do povo de Midiã. Com certeza, é incrível ver quantas vezes foi necessário liberar os israelitas! Isso me dá consolo porque vejo que Deus não se cansa de fazer isso. Sempre está por perto para dar sustento, libertação e resgate. Seu amor não tem limites!

Muito bem, podemos ver que os midianitas atacavam os israelitas porque eles estavam semeando e devastando a terra. Quando

---

166 2 Timóteo 1:3-8.

Israel começou a semear, os midianitas acampavam ali esperando a colheita; mas isso não acontecerá com você porque está escrito que o anjo de Jeová se firma ao redor de quem teme. Enfrente esses espíritos de midianitas e diga: "Saiam daqui. O único que tem direito legítimo de dormir em minha casa é meu Pai".

Em Gideão vemos que tudo foi aos poucos. A primeira coisa foi que o povo clamou e Deus enviou a palavra; depois enviou um anjo que falou com quem lutava contra os invasores. A mesma coisa acontecerá em sua vida. Busque a vontade de Deus em Sua Palavra, e nela vai encontrar o remédio, a instrução e a esperança para conquistar. Não há problema impossível de solucionar se você acreditar. Ele já solucionou o assunto mais importante, nos lavou com o sangue do Cordeiro e mudou nosso destino eterno. Haverá algo mais a acontecer? Claro que não!

No meio de uma dificuldade, lembre-se de que Deus resolveu o problema maior: a salvação, portanto poderá te ajudar em todo o resto. Está escrito que Deus permanece fiel porque ainda que fôssemos infiéis, Ele não sabe ser infiel. Fez um pacto com você e não sabe trair.

Quando o anjo chegou para falar com Gideão, ele o encontrou escondido, com medo, assim como nós temos medo em relação a nossa família e economia. É como se o anjo do Senhor estivesse ali sentado ao seu lado enquanto você está morrendo de medo. Você decide se vê os midianitas ou o anjo. Deus disse que você deve ser esforçado e valente, que não te tirou da escravidão do pecado para te desamparar.

É possível ver nessa história que primeiro foi o profeta, depois o anjo e depois o próprio Deus quem falou com Gideão para dar a ele instruções e alento.[167] Assim acontece com você, você conta com a Palavra, com a presença angelical e com Deus. O que aconteceria se ele aparecesse para você? Escutaria apenas queixas, como aconteceu com Gideão? Não importa se você é o mais novo de sua família, o que importa é que Deus já tem um plano para sua vida, para que você derrote

---

167 Juízes 6:3-17.

seus inimigos. Ele não falará sobre seus complexos, dará a instrução para conquistar Suas promessas.

A Palavra diz que os midianitas eram inúmeros, mas pareciam ser apenas um. Deus vai fazer com que essas centenas de problemas sejam vistos como um só, fácil de resolver. Sua dívida de milhares de dólares vai parecer pequena, porque você vai pagá-la sem problema. É hora de tomar uma atitude; sua empresa não vai falir, seu negócio não vai se fechar, deixa de pessimismo e de medo.

Depois de convencer-se de seu papel, Gideão pediu a Deus que esperasse porque faria uma oferta.[168] Com certeza era só o que lhe restava, talvez estivesse escondida para que os midianitas não o roubassem. Você tem escondido seus talentos por medo? Teme a falência ou o desemprego? Nada é digno de temor, só Deus. O temor é uma espécie de adoração do negativo. Não esconda o que você tem, invista seus talentos, seu tempo e seus recursos porque Deus está contigo, tenha fé que tudo será multiplicado. Se acontecer alguma coisa, veja como um tempo de renovação, mas não viva com medo, porque as decisões fundamentadas no temor são equivocadas, por isso, diante da dúvida, ore, louve e dê graças ao Senhor para que Ele te ajude a tomar decisões.

Chega de temer! <u>Quem se mete com você se mete com Ele!</u> Os recursos chegarão mais depressa do que você pensa, mas o Senhor quer que você se esqueça do medo. Juan Manuel Fangio, campeão de Fórmula 1, dizia que a chave do êxito nas corridas consistia em acelerar quando todos freavam porque havia algum risco na pista. Se podia morrer de qualquer modo, o melhor seria aproveitar para tirar vantagem. Agora não é hora de frear, é hora de avançar, de acelerar sem medo! O pé deve estar no acelerador, não somos daqueles que retrocedem.

Sei que não é fácil fazer isso. Em setembro de 2017, o furacão Maria passou por Porto Rico e deixou grandes perdas. Um pastor muito amigo nosso ficou arrasado, literalmente a metade do templo de seu ministério

---

168 Juízes 6:18.

se transformou em escombros, entre água e lama. Quando entraram na casa depois da passagem do furacão, a água descia pelas escadas. Era possível dizer: "Veja, ali está a foto de minha avó e minhas meias azuis!" ou "Pegue esse caderno que está boiando, foi nele em que anotei os assuntos das pregações dos próximos meses!". Na cozinha, a água saía pelas gavetas quando abríamos os armários. A perda material foi enorme, mas eles davam graças a Deus porque ele, a esposa e as quatro filhas estavam bem. Claro que não era o único, já que todos os membros da igreja estavam nas mesmas condições, com a boca aberta, não conseguiam se acalmar ao ver tudo o que tinham perdido em questão de horas.

Em momentos assim, além de carinho e de apoio incondicional, é preciso que nos unamos para acreditar juntos. Minha esposa e eu queríamos ir à ilha o mais rápido possível, mas os voos comerciais estavam complicados, por isso procuramos forma de ajudá-los para que chegassem à Guatemala. Quando conseguimos nos reunir e tomamos um café em um lugar que não estava tão úmido, conversamos durante horas. Foi admirável ver sua força diante da adversidade!

Precisamos renovar nossa fé e ter a cabeça no lugar para ativá-la, porque muitas vezes, o medo nos detém. Tenho medo de altura, mas passei por experiências nas quais tive que vencê-lo. Lembro-me de uma vez em Toronto, no Canadá, quando, com alguns pastores da equipe, subimos a uma das torres mais altas do mundo. O piso do último andar é de vidro e enquanto eles iam para o meio do andar, eu me sentei em um canto e avancei deslizando até onde eles estavam porque passava mal ao ver a altura em que estávamos.

Algo parecido aconteceu em um centro turístico onde me desafiaram a descer por um dos escorregadores mais altos. Meus amigos me acalmavam com brincadeiras: "Vamos, pastor, vai durar segundos. Não contaremos a ninguém se o senhor gritar". Enquanto isso, eu pensava: *Que hora me fizeram subir aqui.* Estava procurando a forma de me livrar com minha dignidade intacta quando um menino de mais ou menos sete anos, dos mais calmos, pediu permissão, olho para mim dos pés à cabeça com uma expressão divertida e preocupada, sentou-se no começo do tobogã, cruzou os braços e se impulsionou em direção ao que eu via como um abismo sem fim. Eu fiquei pálido, engoli em seco e sem mais nenhum argumento, diante da proeza do menino, orei a Deus e fui o primeiro depois do garotinho valente. Não posso dizer o que tive que fazer para tirar a roupa de banho de onde ele ficou preso, mas digo que foi a coisa mais arrepiante que fiz em muito tempo.

Graças a Deus, meu trabalho não depende de vencer o medo de altura, porque seria muito difícil. Certamente eu assumiria o espírito do Chapolin Colorado e começaria a dizer: "Vou fazer... não vou fazer... vou fazer... não vou fazer...". No entanto, devo me concentrar em vencer meus temores que poderiam afetar meu rendimento, principalmente para conseguir os desafios que Deus coloca em minhas mãos. A mesma coisa acontece em todas as áreas. Um nadador olímpico deve vencer o medo da altura, e tenho certeza de que no processo, alguns conseguiram e outros, não. É isso o que identifica os campeões: enfrentar e vencer seus temores para conseguir aquilo em que acreditam.

Esforce-se e suba de nível

Deus disse a Moisés que Sua presença sempre estaria com ele. Dessa forma, ele o incentivou a tirar o povo do deserto, porque era o que tinha que fazer, mas Moisés respondeu devolvendo a responsabilidade e disse: "Não nos tire daqui se não for conosco". Com essas palavras, parecia que estava fugindo de sua tarefa, já que Deus os tirou do Egito, mas era ele quem devia levá-los à terra prometida. Hoje o Senhor prometeu estar conosco, mas é você o responsável por avançar. Aonde Deus nos levará? Ele espera que você se esforce e alcance sua meta. Quando surgiu a geração que finalmente conquistaria a terra prometida, Deus pediu a Josué que fosse valente e se esforçasse.[169] Não disse a ele para crer, porque era claro que tinha fé. O povo de Israel

---
169 Josué 1:6.

acreditava na promessa do Senhor desde o tempo de Abraão! Mas não podiam entrar nessa terra porque não tinha coragem para lutar por ela. Então, com Josué era o momento de conseguir, tinham acreditado durante muito tempo, mas deveriam ter a cabeça no lugar para conquistar essa promessa.

Nossa fé deve crescer inclusive se tivermos medo. A fé com que você declara amor a sua namorada não é a mesma que te ajuda a perseverar no casamento durante toda a vida. A fé de Davi diante de Golias teve que ser mais forte do que aquela que fez com que ele vencesse o leão diante das ovelhas de seu pai. Esse novo desafio exigia uma fé renovada. Devemos estrear uma fé nova cada vez que iniciamos um desafio.

Quando você sai de uma crise, o pior erro é se conformar com isso porque se você permanecer na planície, estará no nível da boca do poço, dentro do qual poderia voltar a cair. Ao sair do poço, avance em direção à montanha! Tenha calma, mas não seja conformista.

Saia das dificuldades e alcance novas alturas. Demonstre confiança no que Deus pode curar, e se tiver boa saúde, peça a Ele que seu corpo se desenvolva com mais vitalidade e energia. A fé é boa para nos tirar do poço e também é eficiente para nos levarmos ao cume. Se você deve uma quantia alta, pede ao Senhor, com toda a sua fé, que te ajude a quitá-la, mas acredita ser vaidade pedir essa mesma quantia para construir a casa de seus filhos ou dar a eles uma vida mais cômoda. O que acontece conosco? Eleve o nível de sua fé porque você a está utilizando como um salva-vidas, não como sua arma mais poderosa.

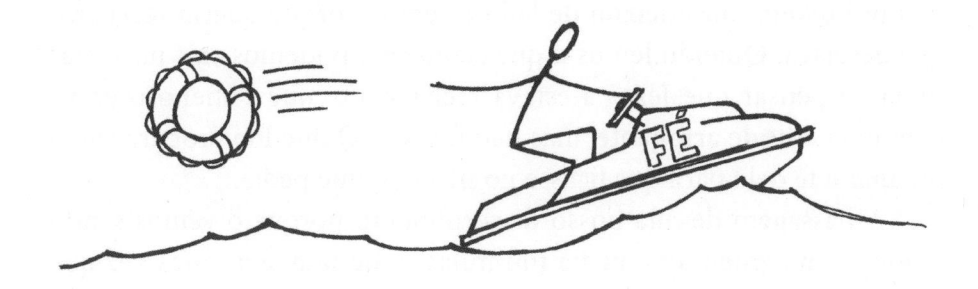

A fé que o Senhor nos deu é para sair do deserto, mas também para conquistar a terra. No deserto, o povo não fazia nada além de caminhar e receber provisão do céu, enquanto que na terra prometida tinha que se esforçar e lutar. <u>Por que podemos ter fé para restaurar nosso lar, mas não para sermos mais felizes quando tudo vai bem?</u>

Não é preciso estar afogado para que sua fé se ative, já que também podemos ativá-la para que nos leve a novas alturas quando tudo vai bem. Certa vez, durante um passeio a um lago, escutei que um amigo pedia a Deus: "Pai, quero que me dê uma lancha bonita para poder desfrutar". Indignado, eu disse: "Como você pode pedir isso?", e ele me respondeu: "Não estou pedindo a você. Deixe-me pedir e Ele vai responder". Eu me dei conta de que ele tinha razão. Nosso Pai deseja nos dar abundantemente, pois Ele não é escasso e nos motiva a incrementar nossa medida de fé para pedir tudo.

Resistência para crescer

De todos os milagres de Jesus, há um que nos deixa de boca aberta pela atitude da mulher que o pediu. Como diria minha neta: "Que nível!". Era uma mãe grega, siro-fenícia, angustiada porque um demônio atormentava sua filha. A medida de fé dessa mulher foi tão grande que insistiu sem medo e sem vergonha até conseguir o que procurava. Bem, talvez tivesse medo, um pouquinho ou talvez muito, porque recordemos que para as mulheres, não era tão fácil aproximar-se publicamente de um homem, mas deixou de lado o temor porque queria receber o que desejava. Quando lemos o que aconteceu podemos cair na armadilha de pensar que Jesus a estava rechaçando, que a menosprezava com uma atitude arrogante, mas não foi isso. O que Ele procurava era desafiar a fé dela para que ficasse no nível do que pedia.

A passagem desafia nosso discernimento porque o vemos sendo "rude" com alguém que pedia um milagre, de fato, é a única vez que age dessa maneira. Poderíamos pensar que a desprezava, mas foi como um pai que ao buscar algo bom a seus filhos os coloca em situações que para eles podem parecer difíceis. Se ele entregar tudo de mão beijada a seus filhos, estes não amadurecem e não se conseguirá ensina a eles o caráter para lutar pelo que desejam.

Ela estava alterada, claro, não apenas pela angústia de sua filha que podia ser protagonista do filme O *Exorcista*, mas porque estava desafiando o *status quo* ao abrir caminho entre as pessoas para se fazer notar. Sem dúvida estava uma pilha de nervos e, nesse estado, é difícil acreditar em libertações espirituais. Suas emoções nunca devem ser maiores do que sua fé, por isso é preciso o domínio próprio e o controle, porque dessa forma sua fé supera seus sentimentos e faz com que o milagre ocorra.

<u>Se você deseja saúde, deve concentrar-se na saúde, não na doença; deve demonstrar que sua fé chegou ao nível de garantir que esteja são.</u> Mas se está se lamentando, se suas emoções e aflição te dominam, se você se concentra na doença, a fé se afoga e não produz fruto. Nas cruzadas de milagres não é fácil administrar as emoções porque é muito triste ver as pessoas sofrendo; no entanto, eu me esforço para superar minhas emoções e declaro saúde, demonstrando a Deus que o nível de minha fé é maior do que a intensidade de meus sentimentos. É o que Jesus procurava nessa mãe que pedia por sua filha: aumentar e reforçar sua fé para que o milagre acontecesse.

E como conseguiria fazer com que a fé da mulher se tornasse mais forte? Provocando-a a buscar com insistência e dominando suas emoções. Diante de um problema grande, você deve reunir grande vontade de resolvê-lo. A cananeia poderia ter se sentido ofendida e se afastado quando foi ignorada, quando escutou que os discípulos pediam a Jesus que a mandasse embora ou quando o mesmo Jesus parecia rechaçá-la, mas ela estava convencida de que se insistisse, sua filha se curaria. Se ela tivesse permitido que seus sentimentos de desprezo a dominassem, teria feito com que sua fé e a de sua filha morressem.

Jesus sabia que a fé dela precisava de resistência para crescer. A mesma coisa acontece com sua fé, que precisa de resistência e oposição para ser mais forte e vencer os obstáculos. Ninguém valoriza o que não teve esforço e não conhecemos o êxito se não pudermos contrastá-lo com o fracasso, assim, tudo o que parece contrário realmente está preparando sua vitória!

Santa teimosia

Imagino que Jesus, ao apresentar o caminho difícil para a mulher, estava orando em seu interior para que ela não desistisse e mantivesse aquela santa teimosia até que sua fé alcançasse o grau necessário para ver seu milagre. Ao final, ela demonstrou que estava pronta para receber, porque sabia que sua filha se curaria se recebesse aquela bênção que outros desperdiçavam. Nesse momento, Jesus ordenou que fosse feito o que ela desejava![170] Não houve mais resistência: sua fé se abriu em meio ao medo, à confusão e à vergonha, e chegou a alcançar um poder impressionante. Praticamente Ele a empurrou para que conseguisse!

Uma amiga de infância me disse ao escutar essa história: "Se Jesus tivesse dito que deveria acontecer o que eu queria, eu teria pedido saúde, um bom esposo, provisão e recursos para mim e para minha filha. Teria pedido até a ordem em que quero que meus netos nasçam!". Não tive opção além de rir, encantado e satisfeito porque ela tinha entendido perfeitamente a intenção de Jesus. De fato, essa seria a melhor forma de demonstrar que nossa fé havia chegado a um nível que nos levaria além de toda expectativa. Peça porque Ele deseja ver que sua fé é grande! Não seja como aqueles que são convidados a um grande banquete e o desperdiçam tomando apenas um copo de água.

Deixe de lado essa necessidade que te impede de ver crescer sua fé e limita seu potencial. Deus não se assusta com o que você pede.

---

170 Mateus 15:22-29.

De que serviria tanto poder se não fosse para agir a seu favor? É triste quando alguém morre porque essa pessoa deixa um grande vazio, além disso, é lamentável pensar nas coisas que não fez em vida e nos sonhos que não realizou, tudo o que desejou fazer, mas não se atreveu. A mãe cananeia exerce uma fé que não deixou que ela se intimidasse. Essa deve ser a atitude de fé e insistência, não sinta vergonha de pedir ao Senhor com fé, porque o que deveria causar vergonha é pedir pouco se Ele pode te dar tudo. Desafie-o com sua fé! Mude seu enfoque porque disso dependem seus resultados.

Dê graças por Sua Palavra, pelos desafios que você enfrenta, pela vontade e caráter que Ele te deu. Prometa que a partir de agora você terá a coragem para fazer com que sua fé cresça e produza muitos frutos. Você conseguirá tudo o que se propuser a fazer enquanto sua fé for mais poderosa do que o medo, a ânsia, a dúvida e o ressentimento.

IX

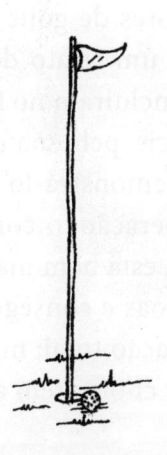

O MAIOR JOGO

Capítulo 27 **Escreva seu salmo**
Capítulo 28 **Presentes**

Quando Harry Vardon, o superastro do golfe, disse ao menino de sete anos, Francis Ouimet: "Ainda que esteja em situações difíceis, não deixe que te desanimem", nunca pensou que seu conselho, treze anos depois, serviria ao jovem fanático por golfe para vencê-lo em um torneio inesquecível.

O US Open de 1913 foi histórico por muitos motivos. O filme *Greatest Game Ever Played* conta isso de modo genial. Claro, a história central fala sobre dois jogadores de golfe de origem humilde que chegaram ao final do torneio. É um relato de superação de todas as maneiras, por isso os roteiristas incluíram no filme frases memoráveis, como a que é dita ao jovem Francis, pela sua mãe: "Você tem um dom divino e é sua oportunidade de demonstrá-lo".

Por ser uma história de superação, o contraste entre ricos e pobres, entre aristocratas e plebeus, está bem marcado, além do necessário conselho de ouvir as coisas boas e conseguir se sustentar sozinho. Tudo certo com tudo isso, inspiração total; mas o que tomou meu coração e me comoveu até me fazer chorar tem a ver com a honra que se expressa por meio da gratidão.

Eddie Lowery é um menino simpático de dez anos que no momento certo se torna, por acidente, no *caddie* de Francis. Não poderia haver dupla mais singular e inesperada no elegante campo de golfe de Boston! Claro que as gozações não demoraram a chegar, por que como era os lábios que um simples *caddie* tivesse se classificado para o torneio e que, por sua vez, tivesse um *caddie* que fosse uma criança?

A gozação foi diminuindo diante da admiração pelo desempenho de Francis, que, entre acertos e erros, transformou-se no único norte-americano a chegar à final. Era uma questão de honra que o troféu ficasse em casa, nos Estados Unidos, porque era impensável que os ingleses o levassem. Digamos que se trata de uma questão de honra. Portanto, para o jogo final, alguns membros "bem-intencionados" do clube de golfe tentaram convencer Eddie a ceder seu lugar como *caddie*. Pagariam muito bem se ele fizesse isso, porque naquele momento era preciso alguém experiente com quem estava brigando pela honra do golfe norte-americano.

Quando Francis chegou pela manhã e viu seu pequeno amigo chorando diante dos homens que falavam com ele, ele o consolou, disse que tudo ficaria bem e pediu que ele fosse preparar tudo. Quando ficou sozinho com os aristocratas, ele os fulminou com o olhar e disse: "Não se metam com meu *caddie*". Nossa! Esse foi o melhor gesto de honra e gratidão que pôde ter com o pequeno menino que teve fé nele, que suportou sol e chuva, que não deu atenção à gozação e ao menosprezo, e que o aconselhou sabiamente durante todo o torneio.

Nenhum dos dois, Francis e Eddie, recebeu dinheiro para jogar. Ambos eram intrusos em um mundo que os via com menosprezo; eram os amadores marginalizados, mas quando o momento de glória chegou, quando as pessoas entusiasmadas os levantaram nos ombros porque conseguiram um feito que ninguém imaginava, não só foram aplaudidos, como também receberam dinheiro. À frente deles havia mãos com notas! Assim, Francis foi pegando as notas e colocando dentro da boina enquanto gritava: "É para Eddie, é para Eddie", porque sabia que ao mantê-lo como seu *caddie* tinha realizado o sonho do menino, mas também havia tirado dele a oportunidade de receber o pagamento que tinham oferecido a ele e do qual certamente precisava para seus pais e irmãos.

Fiquei com essa lição e a compartilho: o jogo mais extraordinário que já foi realizado... Ou melhor: o jogo mais extraordinário que você vai jogar – refiro-me a tudo de extraordinário que você fizer na vida – começa e termina com fé, honra e gratidão.

27 Escreva seu salmo

Obrigado, obrigado, obrigado! O agradecimento é uma poderosa expressão de fé.

Um sábado à tarde, minha esposa, um de meus filhos, minha nora e eu estávamos assistindo à nossa série de TV preferida, quando minha filha pequena, Andreíta, entrou na sala e, sem grandes explicações, jogou-se em meu braços e me disse: "Obrigada, te amo!". Naquele momento, a última coisa que eu queria era ser interrompido e não poder ver a solução do enigma que prendia nossa atenção, por isso, meu primeiro impulso foi responder rapidamente: "Também te amo". Mas no mesmo instante reagi. Ela tinha me agradecido e eu nem sequer perguntei por quê. Nada era mais importante do que o beijo agradecido de minha filha! Assim, eu confesso: contra minha vontade (que desejava ver o fim do episódio), eu me levantei do sofá e fomos à cozinha conversar.

Ali, sentados diante de uma xícara de café e um copo de refrigerante, ri com o que ela disse. É realmente delicioso disfrutar de tempo juntos. Nós nos vemos pouco, como acontece com uma família em que todos amam o que fazem: eu com o ministério, ela, uma jovem que acabou de iniciar sua carreira universitária. Então, seu impulso era mais profundo do que eu tinha imaginado. Já contei como ela chegou à nossa vida, depois que sua mãe, minha prima, morreu em um acidente. Então, Andreíta disse: "Sabe de uma coisa? Quero ter o sobrenome Luna". Ela estava me agradecendo pela decisão de integrá-la à família e me pedia para ser oficialmente adotada para ter nosso sobrenome. Fiquei de boca aberta e sem palavras com aquela emoção! Nós queríamos fazer isso, mas a deixamos à vontade para que pensasse e nos dissesse o que desejava para seu futuro no momento em que considerasse oportuno, sem pressa.

Não sabia como agir, se com naturalidade para não assustá-la ou com toda a euforia que meu coração sentia. Foi um desses momentos em que os livros sobre paternidade não servem para muita coisa. Acredito que minha expressão de amor e meus olhos tomados de lágrima disseram tudo. Eu a abracei e também disse: "Obrigado por nos escolher". Quando ela me abraçou e eu beijei sua cabecinha com cheiro de flores, ela também disse: "Obrigada, pai, pela bênção de minha família".

Ser agradecido é uma virtude indispensável e uma poderosa expressão de fé que traz paz ao coração. Mais ainda quando agradecemos com antecedência, como Jesus fez muitas vezes antes de ver o milagre que havia pedido ao Pai. Assim ocorreu com a ressurreição de seu amigo Lázaro, por exemplo.[171] Além disso, é tão gostoso agradecer! Sentimos uma espécie de efervescência, como borbulhas na barriga e no coração, tanto de quem faz quanto de quem recebe o agradecimento.

---

171 João 11:41-44.

Uma amiga comentou comigo: "Minha avozinha me ensinou o costume de começar o dia lendo um provérbio que me daria sabedoria e terminá-lo lendo um salmo para dar graças ao Senhor por tudo o que vivi, tanto as coisas boas quanto as nem tão boas, e pela noite de descanso que teria". Isso me pareceu um conselho tão adequado e prático que o tenho praticado e garanto que é muito eficiente para fortalecer nossa relação com Deus e ver bons resultados em nossa vida de fé.

Bênção dupla

Certa vez, Jesus curou dez leprosos. Não sabemos há quanto tempo sofriam dessa terrível doença, o que sabemos é que os leprosos passavam por situações muito ruins. Eram repudiados como amaldiçoados que padeciam, na própria carne, o castigo por seus pecados, por isso, eles não podiam se aproximar de pessoas sãs, era uma insolência duramente castigada. O sofrimento era grande, mas os dez enfermos tiveram fé, como a da mulher cananeia, e se atreveram a ir onde Jesus estava para clamar.

Eles obedeceram à instrução de se apresentarem diante do sacerdote, apesar de ainda estarem doentes, mas, no caminho, foram curados. Imagine como ficaram felizes! No entanto, apenas um estrangeiro voltou para agradecer. Fazer isso valeu a ele bênção dupla já que, além da saúde, obteve a salvação, quando Jesus disse a ele: "Levanta-te, tua fé te salvou".[172] Será que somente o samaritano estava agradecido? Acredito que não. As pessoas agradecidas duplicam as bênçãos que recebem. Você pode estar feliz por ter saúde e trabalho, mas se não expressa gratidão, você se torna alguém mal-agradecido. Por que nos privarmos dessa satisfação que além de tudo muda nossa vida?

Às vezes, temos falsas expectativas em relação à vida de fé porque supomos que não passaremos dificuldades, mas a verdade é que todos

---

172 Lucas 17:11-19.

passamos por tribulações.¹⁷³ Assim como o apóstolo Paulo disse, o poder do Senhor habita cada um, no entanto, há situações externas que nos afligem. Nossa fé produzirá fruto quando aceitarmos que o poder de Deus está dentro de cada um, e assim seremos capazes de vencer qualquer situação externa que nos ameace. Quando você se sentir fraco, recorra ao Senhor em oração, dê graças pelo que ele fez, faz e fará em sua vida. Dessa forma, sua fé se fortalecerá.

O justo se levanta

Deus nos deu a promessa de que o justo pode cair e sofrer, mas ele se levantará e Ele o livrará.¹⁷⁴ É como se nosso Pai visse os problemas e advertisse: "Meu filho é capaz de se levantar das derrotas quantas vezes forem necessárias". A vitória espera o justo!

Como já vimos, Jesus disse a Pedro que Satanás havia pedido para ele balançar como o trigo, mas Ele pediu para que o apóstolo não perdesse a fé. Ambos, Jesus e o diabo, pediram por Pedro e os dois pedidos se cumpriram. Então, o apóstolo, de fato, caiu em tentação, mas também se levantou e confirmou a seus irmãos. Nosso destino é nos erguermos mais fortes do que nunca para o testemunho de poder do Senhor que habita em nós. Quando adoeci da garganta e minhas cordas vocais se inflamaram, deixei de pregar por algumas semanas, mas declarei: "Não estou vencido, em nome do Senhor, agora vou pregar melhor do que nunca e a mais pessoas". <u>Diante de uma situação difícil que nos faça chorar, demos graças ao Senhor com fé porque sabemos que ele vai nos erguer, e colocará risos e cânticos novos em nossa boca.</u>

Certa vez, tive um problema, e minha esposa me perguntou: "Você já orou?". Eu respondi: "Ainda não, estou pensando no que dizer". Então, chorei, desabafei e meditei para depois falar com o Senhor. Notei que ele desejava me mostrar algo e prestei atenção. De fato, como se

---

173 2 Coríntios 4:7-9.
174 Provérbios 24:15-16.

fosse em um filme, vi parte de Sua história: a criação e o pecado de Adão, o assassinato de Abel, o dilúvio, o povo que passou quarenta anos no deserto e o fracasso do rei Saul, entre outras coisas. Descobri que Deus aparentemente também "perdeu" em algumas ocasiões, pelo que nos ensina, com Seu testemunho, a nos levantarmos e seguir adiante. Assim, sequei minhas lágrimas e disse a Ele, de modo brincalhão: "Agora vejo que você também precisa de consolo".

Nosso Pai se decepcionou com o primeiro Adão, mas não se deteve. Enviou Jesus, o segundo Adão que nos deu o maior presente, a graça e a vida eterna. Dessa forma, Ele nos mostra como avançar em direção a algo maior. Deus não se rende, insiste porque a vitória é Sua. Se o rei Saul não tivesse sido uma decepção, Davi não teria se erguido e não teríamos esse impressionante exemplo de fé, além de seus lindos salmos de louvor e agradecimento. Ainda que pareça ilógico, vamos dar graças inclusive no meio da dificuldade; não por sermos masoquistas, mas porque sabemos que, sem dúvida, a superaremos.

Viver para contar

No Salmo 103, Davi fala de abençoar o nome de Deus que o beneficia e resgata.[175] O importante é descobrir que para escrevê-lo foi necessário que vivesse tudo o que diz: iniquidades, dores e a sensação de estar em um poço profundo. É muito fácil cantar esse salmo quando não sofremos para escrevê-lo. Cada um pode escrever seu próprio salmo porque teve que enfrentar dificuldades e o Senhor nos deu a vitória, como diz Davi. Louvemos a Deus a cada momento, não apenas quando clamamos por soluções, mas também quando as recebemos.

Talvez neste momento você esteja escrevendo a parte de seu salmo que relata as provas e dores, mas não perca a fé. Exalte sempre o nome

---

175 Salmos 103:1-6.

do Senhor que te tirará do poço e te coroará de favores e misericórdia para que possa cantar: "Levantei voo como uma águia!".

Nunca me esquecerei de Cláudia, uma jovem tetraplégica que não se rendeu e, pouco a pouco e com muita fé, foi recuperando a mobilidade de seu corpo até curar-se totalmente. A primeira parte que movimentou foi seu dedo mínimo, mas logo começou a mover outras extremidades. Seus pais perseveraram durante meses e a levavam à reunião dominical para dar louvor e graças por seu processo de recuperação. Ela teve fé para superar a doença e realizar seus sonhos, e agora é médica.

Quando contou seu testemunho, ela me comoveu profundamente: "Quando eu estava prostrada, sem movimento, às vezes, eu ficava sozinha e as baratas passavam por cima de meu corpo. Não podia fazer nada para evitar, nem sequer gritar". Nesse momento, pensei: "Que lindo aplaudir agora que tudo passou, mas que difícil enfrentar o processo para contar um milagre tão maravilhoso". <u>Peçamos força ao Senhor quando nos encontrarmos nos versos difíceis de nosso salmo para depois escrever, com alegria, o final vencedor, quando Ele nos erguer</u>. Renovemos nosso coração para escrever um canto de fé e louvor, um salmo com o qual damos graças por Seu amor.

Adoremos

Se falamos de angústias, acredito que não existe uma pior do que ver um filho sofrer. Consegue imaginar a aflição da mãe cananeia que clamou por misericórdia para sua filha atormentada por uma força sobrenatural? Não era uma simples febre, era um demônio! Então, ela clamava a Jesus, mas Ele não respondia. Essa história criava um conflito dentro de mim e diante de minhas dúvidas, o Senhor me disse que Ele sempre dá resposta, mas não disse em qual momento. O importante é que você acredite que fará isso. A Bíblia diz que ela o adorou, ou seja, que ajoelhou com o rosto no chão depois de beijar sua mão. Ela clamou e adorou, mas o Senhor só curou sua filha quando ela demonstrou sua fé ao insistir.

Adoramos a Deus porque Ele é nosso Senhor, digno de toda honra e glória. A cananeia adorou e depois insistiu com fé por seu milagre, e assim, a fé e a adoração se complementaram. A adoração é um ato de honra que tem significado em si mesmo e é independente de todo o resto. Inclusive, há pessoas não cristãs que cantam música cristã, mas não estão adorando, assim como há cristãos que adoram com o interesse de que algo aconteça, que Sua presença se faça palpável; no entanto, isso acontece porque Cristo derramou seu sangue na cruz do Calvário, não porque você canta e dança. Não podemos dizer que o louvor abre as portas do céu porque não há canto que substitua o precioso sangue de nosso Senhor Jesus Cristo, que nos deu acesso ao Pai com Seu sacrifício. Nós o adoramos porque é nosso Deus, simplesmente por isso.

Pensar que dançando obteremos algo é voltar às práticas dos índios apaches que, dessa forma, faziam chover. De fato, no dia de Pentecostes, ninguém cantou nem dançou, no entanto, o Espírito se derramou com poder. Adorar, assim como orar, não é questão de tempo, mas, sim, de qualidade e intensidade. É como o tempo que você passa com seus filhos, seu cônjuge ou os seres que você ama. Reserve tempo sozinho para adorar a Deus!

Devemos ser adoradores em espírito e verdade, não pessoas que adoram dependendo de seu estado de ânimo. Deus continua sendo nosso Senhor, não importa que cometamos erros, se estamos com raiva de alguém ou se estamos nos sentindo mal. A oração do Pai Nosso inicia com adoração, para logo em seguida pedir perdão pelas ofensas. <u>Não condicione sua adoração a seu estado de ânimo, porque Deus merece sua honra independentemente das circunstâncias.</u>

E se não...

Sadraque, Mesaque e Abednego foram três jovens israelitas que viveram em cativeiro na Babilônia no tempo de Daniel (sim, aquele homem que se tornou famoso porque preferiu que o jogassem na cova dos leões a negar sua fé). Pois bem, esses três jovens foram fiéis adoradores e heróis da fé e nos oferecem um exemplo de convicção e valentia a toda prova.

Parece até que naquela época era moda o castigo de lançar as pessoas ao martírio, porque eles foram lançados ao fogo exatamente pelo mesmo motivo de Daniel: foram firmes em sua fé, não quiseram adorar a estátua do rei da Babilônia, Nabucodonosor.[176]

Eles nos ensinam como devemos reagir diante das tentações. Quando alguém nos oferece algo que sabemos não ser justo, devemos dizer: "Não me peça isso porque a resposta é NÃO, é problema seu se você quer se afogar, eu escolho o bem, o que me faz bem". Sabemos que receberemos muitas propostas incorretas porque as pessoas sempre procuram aliados e cúmplices. Quase ninguém se estraga ou consome drogas sozinho, por isso não devemos ceder à tentação de "acompanhar" os amigos que poderiam nos influenciar mal. A eles, podemos afirmar: "O Deus a quem sirvo pode nos livrar".

Talvez, o mais importante do exemplo desses três jovens seja que seu amor e fé eram tão grandes que eles disseram: "E ainda que não nos livre, não serviremos a seus deuses". A Escritura diz que os babilônios viram quatro pessoas dentro do fogo, portanto, Deus estava com eles. Sua fidelidade valeu a eles a fidelidade do Senhor. Então, não apenas passaram por provas, mas foram aprovados e exaltados, pois o rei mandou tirá-los dali, emitiu uma nova lei a seu favor e para a glória de Deus.[177]

Sejamos fiéis e perseverantes como Sadraque, Mesaque e Abednego, que viram duas opções: que Deus os livrasse do fogo ou que

---

176 Daniel 3:15-18.
177 Daniel 3:25-30.

os levasse a Sua presença por meio dessa situação. Mas em ambas as opções, descobririam Sua graça e misericórdia.

Adore sempre, em todo lugar

Nosso amor a Deus deve ser demonstrado com adoração por quem Ele é, nosso Pai e Criador todo-poderoso.[178] Quando Jesus entrou em Jerusalém e o receberam com palmas, alguns pediram que ele calasse a multidão e Ele respondeu que se eles não adorassem, as pedras adorariam. Tudo o que tem vida adora ao Senhor, cada ser, cada organismo. Se você não faz isso, as plantas o farão, mas Deus receberá o que merece. O leão o adora e não exatamente pedindo porque precisa caçar a girafa, mas porque é uma criatura e honra seu Criador.

---

178 Salmos 150.

Não é por vista

Chegará o momento em que todos o adorarão independentemente de onde estejam, já que Sua presença tomará o mundo todo![179] Você pode adorá-lo em todos os lugares. Há pessoas que durante a missa de domingo chegam à igreja apenas para receber a Palavra e não fazem a adoração. Com essa atitude estão dizendo que o reconhecem como Mestre, mas não como seu Deus. Cuidado com a mensagem que envia ao céu com sua falta de respeito ao Senhor. Ele inclinará Seu ouvido para escutar quem o adore sem interesses e com um coração puro.

Adore-o quando tudo estiver bem e também quando estiver em dificuldade: Ele é seu Deus nas horas boas e ruins. É fácil adorar quando estamos em um templo bonito, confortável e com boa música, mas o que acha de adorarmos a ele na prisão, como faziam Pablo e Silas?[180] Deus é o mesmo hoje, amanhã e sempre, com ou sem obras sobrenaturais, com ou sem mudança, com ou sem seus erros, e merece respeito independentemente de sua situação pessoal. Não chegamos à presença Dele por nosso bom coração, mas porque o sangue do Cordeiro é puro. Não tente competir com essa verdade. Diga ao Senhor: "Aqui estou, fraco e imperfeito, mas te adoro porque Tu és forte e perfeito e te reconheço como meu Deus na saúde e na doença, com ou sem milagres".

---

179 João 4:20-24.
180 Atos 16:25.

28 Presentes

Desfrutemos de nossas bênçãos.

A essa altura me parece que não temos dúvidas do amor de Deus e de Sua generosidade. Estamos convencidos de que Ele nos deu tudo o que somos e temos. A primeira coisa que nos deu foi a existência, a possibilidade de ser, de ter um corpo e respirar; mas não só isso: também nos completa com outros presentes. Um deles é a capacidade de trabalhar e de ganhar o sustento. E mais do que isso, nos presenteou com a capacidade de desfrutar de nosso trabalho. Isto é o importante: dá a cada coisa seu valor e não viver para trabalhar, mas, sim, trabalhar para viver e desfrutar[181], porque já vimos que a ânsia é uma experiência de dúvida.

Claro que todo mundo, de vez em quando, tem dificuldade para esquecer os assuntos pendentes, mas a Palavra diz que isso é vaidade[182], o que significa que é vão e não faz sentido porque o trabalho é bênção e se transforma em aflição quando permitimos que nos roube a paz.

Desfrute do trabalho

Claro que trabalhar implica esforço, mas devemos aprender a agradecer e a desfrutar de nosso trabalho, inclusive com suas complicações e desafios. Se Deus te dá a oportunidade de ser útil onde quiser trabalhar, com boa atitude e entusiasmo demonstra que está pronto para a próxima bênção que desejar te dar. Ao falar disso, eu me lembro de uma história a respeito de um piloto de carro que sofreu um acidente e depois não pôde retomar a carreira, por isso procurou outro trabalho. O único que encontrou foi em um cais limpando peixe, e quando perguntaram a ele como era possível manter uma atitude tão positiva em sua situação, ele respondeu: "Muitas vezes não podemos escolher o trabalho que queremos fazer, mas é possível escolher a atitude com que o faremos, e eu escolhi ser feliz". É preciso viver com alegria em todos os momentos! Encontre o que gosta de fazer e procure superar-se para chegar onde deseja estar.

<u>Desfrute de tudo, de seu trabalho, de sua vida, do que puder fazer e compartilhar!</u>[183] Não se deixe ser afligido pelas críticas porque sempre haverá alguém que pensa coisas ruins quando, na verdade, vaidade é receber o presente de Deus e não desfrutá-lo. Se o Senhor te abençoou com habilidades para se superar, dê graças com seu esforço e com seu ânimo.[184] Sua alegria e sua boa atitude são o melhor testemunho de

---

181 Eclesiastes 2:22-24.
182 Eclesiastes 1:13.
183 Eclesiastes 3:12-13.
184 Eclesiastes 3:22.

fé que pode compartilhar. Salomão, no livro de Eclesiastes, disse que Deus nos dá permissão de viver bem a vida já que deseja que lutemos nossas batalhas e depois celebremos as vitórias. Não se queixe, mas desfrute de seu trabalho, troque a queixa pelo louvor.

Quando você gosta do seu trabalho, você o faz melhor e muitas vezes, a excelência causa inveja, mas isso não deve te preocupar, já que se ninguém te invejasse, significaria que você não tem experiência. Há dois caminhos: ou você se lamenta ou provoca inveja; claro que é melhor inspirar o segundo porque significa que você faz as coisas bem, como Deus quer.[185] Assim, concentre-se em chamar a atenção do Senhor com sua excelência; não se aproxime Dele apenas para pedir algo, mas apresente suas conquistas como sinal de que agradece pelos presentes que Ele te dá. A arte de ser filho e herdeiro é aprender a viver com boa atitude. Tudo o que fazemos é uma mensagem para o Senhor e o melhor é que seja de agradecimento e louvor, não de decepção e derrota.

Além de se esforçar aproveitando seus talentos, descanse, porque é melhor um punho cheio de abundância com alegria do que dois punhos cheios de abundância com aflição e doença. Isso não é uma doutrina, mas uma decisão que você deve tomar de acordo com suas forças. Se você tiver a capacidade de se esforçar com alegria, faça isso: você conhece seu limite. Dou graças a Deus por meu trabalho e desfruto o que faço ainda que isso implique um esforço descomunal. Sou pastor, ensino com base na Palavra, motivo e guio uma congregação, além de dirigir uma organização e gerencio talentos, que é o que faço bem. Qual é seu trabalho ideal? O que você faz bem? A que você se dedicaria ainda que não te pagassem por isso? Descubra! Use a fé que Deus te deu para trabalhar e para desfrutar do fruto de seu esforço.

---

185 Eclesiastes 4:4-6.

Não é por vista

As recompensas

Depois do trabalho, desfrute do que te custou tanto, porque é um presente de Deus. Se o Senhor te abençoa com riqueza, peça também a habilidade e o caráter para desfrutá-la e compartilhá-la. Vaidade é trabalhar muito e não ser feliz no que alcançar. Se não desfrutar nem do trabalho nem do que ganha, o que realmente te traria alegria? Se você se mata trabalhando, quando chegarem as férias, desfrute-as ao máximo, pois você merece.

Bem, não posso evitar que, ao falar a respeito de desfrutar do fruto de seu esforço – como uma expressão de fé que se transforma em agradecimento e louvor – volte ao passado e me lembre da experiência que vivi em meu processo de receber a unção do Espírito Santo. Escrevi sobre isso em meu primeiro livro, *En honor algum lugar Espírito Santo*, e me comove perceber que tudo se trata de uma vida de fé. Unção e fé, amor e fé, graça e fé... Assim poderia resumir minha vida.

Mas eu desejava, com todo meu ser, receber a abundância do Espírito Santo, no entanto, ela não chegava e eu me sentia muito frustrado... Espere um momento, minto: não estava frustrado, estava desesperado! Questionava meu chamado, minha capacidade para servir ao Senhor e o que Ele desejava fazer comigo. No livro, relato que chorava como uma criança porque não recebia essa poderosa unção que via os outros desfrutando, incluindo minha esposa. Como era possível que eu fosse um homem de oração, jejum e santidade?

Então, Deus confrontou minha fé. Sim, isso que você leu: confrontou minha fé com este diálogo que compartilhei em meu primeiro livro:

> – Carlos, seu problema é a fé.
> – Mas sou uma pessoa que os outros veem como um homem de fé.
> – Olha, você tem dinheiro na conta, e não pode comprar tranquilo e com alegria um bom par de sapatos. Se não pode ter fé para um par de sapatos, como pode ter fé para ver minha glória? O que é maior, minha glória ou uns sapatos?

Presentes

Cada vez que me recordo, sinto arrepios pelo corpo, pois vejo que, desde sempre, Deus tem me inquietado para falar de fé lógica e ilógica, de fé para o material e para o espiritual, fé para o pequeno e para o grande. A fé é tudo! De novo me faz confirmar que sem fé é impossível agradá-lo.

O que fiz nessa oportunidade? No dia seguinte, claro, exerci minha fé. Acordei eufórico com um sorriso que não me cabia no rosto, acho que estava parecendo um palhaço. Foi divertido porque, inclusive, sabia quais sapatos desejava comprar, por isso fui à loja, eu os experimentei, pedi em cores diferentes, reservei um tempo para andar com eles... senti que eram ideais para meus pés, fechei os olhos e desfrutei deles. Você não imagina minha alegria quando paguei por eles! Era como uma criança (sim, de novo). Deus me recordava que devia ser como uma criança capaz de imaginar e ver meus sonhos serem cumpridos, grata com seu Pai, ansioso, iludido. Essa forma simples e diferente abriu minha mente e meu coração, fortaleceu minha fé, preparou-me para o que ocorreria horas depois e o que viria com os anos. Se você quiser saber, sugiro que leia meu outro livro, por ora apenas adianto que, efetivamente, recebi a unção do Espírito Santo e foi delicioso.

Louve ao Senhor, dê a ele honra e glória, agradeça e desfruta de sua vida e o que conseguiu por Sua graça e misericórdia! Há pessoas que têm lindos carros e casas que não desfrutam deles porque não tocam em nada. Querem ter tudo como se fosse um cartão postal ou foto de revista; elas se focam nas coisas e não naquilo para que foram feitos. Lembre-se de que quando morrer, você não vai levar nada, assim, aproveite as bênçãos quando elas vierem. A alegria é presente do Senhor.

Sorrio quando me lembro dos domingos em que caminhava no parque central de minha cidade e via família felizes desfrutando de um passeio sem grandes luxos. Na Guatemala é comum ver as pessoas tomando seu copo de doce e um reconfortante atol de elote[186], acompanhado de uma boa tostada com feijão, polvilhada com queijo e salsa

---

186 Atol de elote é uma bebida ancestral guatemalteca, feita com milho e um sabor único e requintado. [N.E.]

aromática picada, enquanto outros vão passar o fim de semana em casas luxuosas de praia, mas muito amargurados. Não pode ser!

Deus é quem dá riqueza, honra e vida, mas de nada serve se não forem aproveitados com a atitude correta, dando graças com humildade, reconhecendo que tudo vem Dele.[187] Então, se não tiver, peça também boa atitude para desfrutar do muito ou do pouco que tiver. Do que te servirá prosperar com dor? Deus nos dá segundo o que demonstramos que podemos administrar. Por isso diz na parábola dos talentos: "Bem está, bom e fiel servo. Sobre o pouco foste fiel sobre muito te colocarei; entra no gozo do teu senhor".[188] Como você dará mais se mostra um coração sombrio que não desfruta daquilo que poderia parecer pouco? Ser fiel no pouco também significa tomar isso e aproveitá-lo, agradecer e desfrutar.

Alegre-se, o simples fato de sorrir muda qualquer panorama. Não ganhamos nada andando pela vida cuspindo raios e trovões como se andássemos com uma nuvem negra sempre acima da cabeça.

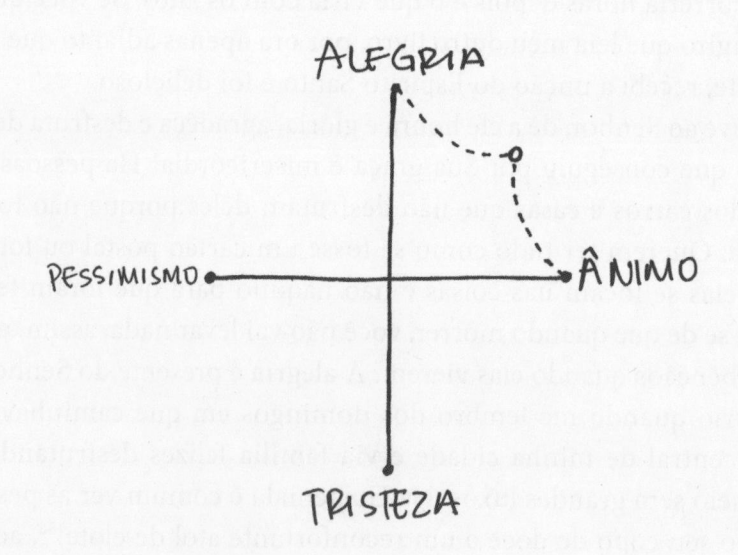

---

187 Provérbios 22:4.
188 Mateus 25:23.

Quando conseguir vencer o desânimo, louvar a Deus em qualquer circunstância e agradecer, você verá que essa boa atividade provocará mudanças positivas e tudo melhorará. Goze do que tiver, não ponha preço em sua felicidade.[189] Então, o primeiro presente pelo qual devemos agradecer é o trabalho; o segundo é desfrutar do fruto do trabalho.

Quem amamos

A família é o terceiro presente que devemos combinar com os dois anteriores; ou seja, desfruta com seu cônjuge e seus filhos do que consegue com esforço. Façamos tudo com alegria.[190] Minha esposa e eu nos sacrificamos muito nos primeiros anos de casados porque desejávamos comprar nossa casa. Assim, meu sogro me disse: "Desfrute com a mudança, viagem e divirtam-se enquanto ela ainda pode usar traje de banho". Que sábio conselho! De nada serve acumular bens se não reserva o tempo para aproveitá-los com sua família. Eu sei que às vezes é um conflito porque parece que nos educam para sofrer e não entendo o porquê, <u>já que nosso Senhor criou um mundo lindo e nos pediu para desfrutá-lo. Desfrutar é viver com fé.</u>

Com isso também não quero assegurar que a vida sempre deveria ser cor-de-rosa, mas que tanto nas boas quanto nas ruins, tudo é melhor quando estamos com nossa família, ou com as pessoas que mais nos amam. Agora mesmo me lembro do caso de Kimberly, uma jovenzinha que admiro muito e que tem superado situações difíceis com o apoio de pessoas que gostam dela. Ela desfruta do amor restaurador de uma família que a recebeu em sua casa e deu a ela um lugar como filha. "Sandra é como minha mãe, ela me recebeu quando ninguém dava nada por mim", afirma a jovem que sorriu ao falar comigo, no entanto, tempos atrás tinha tentado se suicidar em mais de uma ocasião.

---

189 Eclesiastes 6:1-3.
190 Eclesiastes 9:7-10.

E não era para menos, com tudo o que teve que enfrentar: foi abusada sexualmente por pessoas próximas desde os oito anos. Acredito que ninguém pode imaginar semelhante trauma e dor. Essa situação, claro, a destruiu emocional e psicologicamente a ponto de, praticamente, prostituir-se para sustentar o vício do álcool e as drogas que consumia desde os dez anos. Escapar dessa monstruosa realidade que havia se feito foi sua única alternativa, mas cada vez se afundava mais. Quando, aos dezesseis anos, a diagnosticaram com AIDS decidiu que era hora de morrer, mas suas tentativas de acabar com sua vida falharam mais de uma vez. Claro, a situação em sua casa acabou sendo insuportável e ela fugiu. Assim acabou vivendo na rua, à mercê de tudo e de todos.

Sandra era diretora do colégio onde trabalhava a mãe de Kimberly. Assim conheceu a situação da jovem e decidiu amá-la. Lutou por ela, a acolheu em seu lar quando finalmente pôde sair do centro de reabilitação onde a haviam recebido. Foi um lento passo a passo fazer com que Kimberly se deixasse ajudar. As duas filhas de Sandra, mais ou menos da mesma idade, deram-lhe as boas-vindas como se ela fosse uma irmã, mas ela em nada confiava. E como fazer isso? Duvidava quando compartilhavam suas roupas, seus sapatos ou comida, no entanto, o amor incondicional foi ganhando a batalha. Demorou, mas seu coração começou a bater diferente.

Ela renasceu. Recebeu uma nova oportunidade de vida porque em uma de nossas reuniões de milagres recebeu saúde! Ela não acreditava que fosse possível, pois tinha chegado à igreja com desconfiança, apenas para ver o que aconteceria, mas Sandra e suas filhas acreditavam, estavam convencidas de que Deus tinha saúde para Kim. Por isso, durante a reunião, oraram com tanta intensidade que a contagiaram, e ela se uniu à adoração ao escutar a canção Deus de Milagres. Fechou os olhos, ergueu as mãos e pediu com todo o coração: "Cure-me!".

O Espírito Santo não titubeou diante de tais boas-vindas. Como não curá-la diante de tal demonstração de fé e louvor? O fogo do Espírito tomou cada fibra de seu corpo fraco e vulnerável, e já não havia mais lugar para o vírus do HIV. Kim soube quando reagiu depois do fogo intenso que sentiu dentro de si; estava convencida de que tinha sido curada. Não era possível sentir algo assim e permanecer como tinha chegado. A grande quantidade de exames médicos mostra que ela tinha razão. A doença havia desaparecido. "Kim está curada, está curada!", asseguraram Sandra e suas filhas com lágrimas de agradecimento.

Kimberly obteve nova identidade como a jovem bonita e talentosa que é. É possível dizer que ela floresceu ao ser parte dessa família que abriu as portas de seu lar e a amou de modo incondicional. Eles a incentivaram a estudar, e não foi difícil porque ela gosta de fazer isso. Terminou a faculdade depressa e quis seguir com a pós-graduação. Já não há limites para seu impulso e para seus desejos de viver! Bela Kim, princesa linda que agora sorri, amada e fortalecida no novo lar que Deus tinha para ela.

Não seria lindo se cada menina que foi abusada ou humilhada recebesse uma oportunidade assim? Em nossas mãos isso pode se tornar uma realidade! Não existe melhor expressão de fé do que compartilhar com alegria as bênçãos que recebemos, como Sandra e sua família fizeram. Eu adoraria poder ver seus sorrisos, são contagiantes! Kimberly, Sandra e toda a família demonstram que a felicidade tem a ver com as decisões que tomamos, com as decisões que outros tomam e que nos afetam positiva ou negativamente. Decidamos ser felizes!

Jesus!

Tudo o que falei não é nada comparado com o presente mais lindo e valioso que nosso Pai nos deu, pelo qual não cansamos de agradecer: Jesus! Sim, a salvação, a graça, a misericórdia, e o amor que Ele nos deu com Sua vida, morte e ressurreição, e que abre as portas para todo o resto.[191] Como falar de fé de uma vida nova sem Jesus? Impossível! Ele

---

191 João 3:16.

foi quem nos deu essa oportunidade que agora podemos aproveitar e traduzir de duas formas: uma é a vida eterna que nos espera e outra é a vida em abundância com que nos presenteia e da qual devemos gozar. Ele venceu o ladrão que tentou roubar, matar e destruir.[192] Essa batalha já está vencida, por isso, aprenda a desfrutar dessa vitória.

Não duvide mais; não tenha medo e diga: "Jesus, te dou as boas-vindas à minha mente e a meu coração. Hoje, neste momento, dou o maior passo de fé. Quero nascer de novo, aprender contigo, ser tomada por essa alegria que está acima de todo entendimento. Eu te aceito como meu Senhor e Salvador".

---

192 João 10:10.

X

X

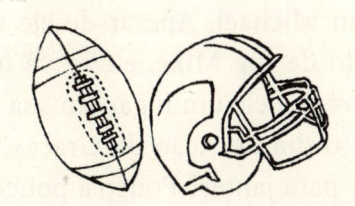

UM SONHO POSSÍVEL

Capítulo 29 **O principal ingrediente**
Capítulo 30 **O veículo**

Não é por vista

Imagine um adolescente afro-americano solitário, sem lar, tremendo e tomando chuva, com o olhar ausente, derrotado, marginalizado, resignado a sua sorte como sobrevivente de uma realidade trágica. Esse era Michael Oher quando Leigh Anne Tuohy o encontro. Tuohy era uma dama da sociedade com enormes possibilidades econômicas e uma linda e privilegiada família de classe média alta de Memphis, Tennessee, nos Estados Unidos.

Eles não têm nenhum laço em comum; não são mãe e filho, tia e sobrinho nem professora e aluno. Nem sequer são vizinhos! O que podem ter em comum? Nada, realmente. Pelo contrário, são totalmente opostos, mas há algo que pode relacioná-los, um veículo que pode conectá-los. E sobre isso fala o filme *Um Sonho Possível*.

Leigh Anne se comoveu com Michael. Apesar de ele ser muito alto, a ponto de receber o apelido de Big Mike, ele se vê indefeso e inspira compaixão. Então, ela oferece a ele um lugar em sua casa para poder passar a noite, mas chega o dia de Ação de Graças... hum... por que não convidá-lo para ficar para jantar? Pouco a pouco, e como quem não quer nada, Mike vai se integrando à família que o recebe com amor, inclusive em meio às críticas do círculo social dos Tuohy.

Big Mike, a princípio, sente-se incomodado porque não está acostumado a receber carinho (com certeza, não gosta que o chamem de Big Mike). Com uma mãe viciada, ele cresceu em lares temporários onde o amor não foi exatamente o ingrediente principal, mas a atitude prática e sensível da família Tuohy derrubou as barreiras dele. Eles dão espaço a ele, o respeitam e apoiam sem ser excessivos nas demonstrações de carinho. Você sabe a que me refiro: não é um filme meloso cheio de abraços e beijos, mas, sim, uma história de amor real, concreta, é isso o que me impressiona! Principalmente o pequeno SJ, o filho mais novo de Leigh Anne, contribui com a adaptação de Big Mike, porque ele se torna seu melhor amigo, conselheiro e coach. É cômico vê-los caminhar juntos porque Mike é enorme e SJ é pequeno, na realidade, acredito que até para sua idade.

Tudo vai muito bem, tanto que a família decide adotá-lo. Perfeito! Qual é o ponto de ruptura que dá emoção à história e justifica o nome do filme? Essa é a vida do lateral esquerdo Michael Lewis, que protege o quarterback de seu "ponto cego". É uma história real na qual vemos Big Mike vencendo seus fantasmas por meio do amor que recebe de sua família adotiva. Leigh Anne vê seu potencial, acredita nele e vai abrindo portas diante de equipes universitárias, mas a primeira coisa a se conseguir é fazer com que ele acredite em si mesmo para que se concentre em superar suas limitações acadêmicas e para que aproveite seu talento como jogador de futebol americano.

Sabemos que esse é um esporte de contato físico agressivo e Big Mike tinha um temperamento agradável que somente mostra sua força quando se vê obrigado a defender quem ama, como teve que fazer ao proteger SJ em um acidente automobilístico, onde sua força incrível evita que o menino saia machucado. Então, Leigh Anne soluciona o problema ao dizer a ele, durante um treino de futebol: "Essa equipe é sua família, Mike, e você deve protegê-la. Ele é o quarterback e protege seu ponto cego. Quando você o vir, pense em mim". Pronto! Essa é toda a instrução que tinha que receber para liberar a energia que havia dentro dele. A partir de então, não há nada que o detenha!

Mike consegue entrar na faculdade onde estudaram seus pais adotivos, forma-se com o apoio de uma grande professora e se torna um jogador de futebol americano de muito sucesso graças à fé motivada pelo amor que recebeu. Esse é o verdadeiro ponto cego, o que se abre a nós e se ilumina por meio do amor que nos move a caminhar pela fé e não pelo que vemos.

29 O PRINCIPAL INGREDIENTE

Não chore mais, levante-se, siga seu caminho, recupera o sentido de sua vida e permita que sua fé te leve ao êxito.

Imagine dez homens temerosos, suados, escondidos em um quarto pequeno e pouco iluminado. Tristes, decepcionados, com a incerteza de um plano frustrado e de um futuro de glória que dá as costas a eles. Seu mestre e líder tinha morrido: ou melhor, ele tinha sido assassinado cruelmente três dias antes. Ultrajado, humilhado, crucificado como um criminoso, por que não se defendeu? Por que não fez um milagre para se salvar? Tinha sido real ou foi um sonho o que viveram ao lado desse homem que se autoproclamava Filho de Deus? De fato o viram sarar tantas pessoas? Inclusive ergueu Lázaro da tumba! O que havia dado errado?

"Que a paz esteja convosco", foi a saudação que escutaram. A primeira voz que vinha do exterior e que parecia muito familiar. Era Ele, seu mestre, seu amigo, seu líder! Que alegria! Mas... mas... como podia ser? Não era um fantasma: tocaram nele, o abraçaram, viram suas cicatrizes e estava dando instruções. Tinha ressuscitado!

Quando Tomás chegou, o único do grupo que faltava no momento da surpreendente visita, todos contaram a ele que Jesus havia estado ali, mas ele não acreditou. Imagino que tenha dito: "Vocês estão loucos, ébrios ou fumaram alguma coisa". Não acreditarei enquanto não puder vê-lo e tocá-lo". E seu desejo foi concedido! Sem nenhum problema, Jesus deu a ele as provas de que precisava ainda que tenha deixado claro que era duplamente abençoado quem crê sem ter visto. Além disso, devemos crer para ver o que esperamos.[193] Portanto, todos podemos ser duplamente abençoados se demonstrarmos a Deus que acreditamos nele, até quando o que vemos é o contrário do que esperamos! Mas precisamos falar do ingrediente fundamental, aquele que motivou a vida, morte e ressurreição de Jesus, o que inspirou Sua paciência para mostrar a Tomás as evidências que Seu corpo revelava.

Você se lembra de que no início dessa viagem pelo universo da fé falamos sobre a diferença entre as leis deste mundo e as leis do reino de nosso Pai? Essa conversa nos preparou para descobrirmos juntos tudo o que significa viver pela fé: renovar nosso pensamento, conhecer as promessas de Deus, aprender a pedir e a obedecer, ter paciência e ser perseverante, desenvolver um coração de criança para sonhar e imaginar, lutar contra os inimigos, como a ansiedade, o medo, a dúvida e o rancor. Tudo bem até aqui, certo?

Então, o que você acha que poderia ser esse ingrediente fundamental que se encontra implícito em tudo o que temos falado, mas que não mencionamos explicitamente? O que você acha que seria isso

---

193 João 20:26-31.

que nos leva a crer cegamente? Pessoalmente, estou convencido de que é o amor. Isso! Tudo o que temos analisado, desenvolvido e mencionado tem sentido por meio do amor. Deus é o fundamento de nossa fé e Ele é amor.

Por nos amar, acreditou em nós, porque nos ama nos salvou, porque nos ama, desejou nos dar muitas bênçãos, porque nos ama aconselha que caminhemos pela fé, não pelo que vemos[194], já que nossos sentidos podem nos enganar. Por exemplo, se vemos um copo com um líquido escuro, podemos pensar que é refrigerante ou café. Para saber o que é de fato, devemos prová-lo, por isso, muitas vezes, precisamos mais de um de nossos cinco sentidos para conhecer a realidade. A fé é como nosso sexto sentido, e a capacidade de amar é o sétimo.

Foco

Não cansarei de dizer porque é o que tem funcionado para mim: se quiser deixar de se queixar por suas necessidades, pense em um sonho grande e concentre seus sete sentidos para conseguir alcançá-lo. Não significa que as dificuldades desaparecerão, mas ao se concentrar nos objetivos maiores, o urgente será mais fácil de alcançar. Vemos isso com Erick Barrondo, manifestante guatemalteco que, apesar de suas escassas possibilidades econômicas, conseguiu treinar e se classificar para os Jogos Olímpicos. Se sua mentalidade tivesse sido limitada e se tivesse se concentrado apenas em conseguir recursos para subsistir, estaria em sua casa, em Carchá, Alta Verapaz, na Guatemala, trabalhando, focado

Se quiser deixar de se queixar por suas necessidades, pense em um sonho grande e concentre seus sete sentidos para conseguir alcançá-lo.

---

194 2 Coríntios 5:7.

em satisfazer suas necessidades. Mas não foi assim! Ele se concentrou em seu sonho, viu além e conseguiu ser medalhista nas olimpíadas de Londres em 2012.

Definitivamente, todos temos fé, a única coisa que nos diferencia é em que a concentramos. Erick a usou para se sacrificar treinando quando muitos diziam a ele que conseguir destaque seria impossível. Superou uma infinidade de dificuldades, enfrentou decepções ao ver que ninguém o patrocinava, pensou em renunciar mais de uma vez. Não era fácil nadar contra a corrente. Seus primeiros tênis foram os que sua mãe usava. Não tinha dinheiro nem para comprar tênis que servissem bem nele! Mas seu sonho era grande, assim como o de muitos outros esportistas, inventores, cientistas e empresários, homens e mulheres visionários que aprenderam a direcionar sua fé na direção de objetivos transcendentais. Essa é a semente que pretendo semear em seu coração.

Se Deus aparecesse em sua casa com um iPad e dissesse: "Filho, veja este vídeo, é você, é sua vida, é o plano que tenho para você", nada te perturbaria. Você respiraria aliviado e somente esperaria que tudo acontecesse. O desafio é acreditar que esse plano existe, ainda que você não o veja. Feche os olhos, fale com seu Pai e te garanto que ele vai te revelar porque te ama. <u>Não se castigue se titubeou – ninguém passa a sua melhor época de fé sem ter passado pela pior época de incredulidade –, mas não pode ficar aí parado, agora é hora de avançar.</u>

A fé e a paixão de Erick eram tão grandes que, antes de viajar para a competição, comprou para a família uma televisão de tela plana para que pudessem vê-lo ganhar! Ele competiu de olho na medalha de ouro e conseguiu a de prata. Se tivesse chegado com a limitada aspiração de conseguir "pelo menos a medalha de bronze", talvez não tivesse conseguido alcançar a façanha que comoveu o mundo todo, especialmente aos guatemaltecos. Se você apontar para as estrelas, talvez, com sorte, alcance a lâmpada de sua casa. O que custa apontar um pouco mais alto se de todas as formas têm que fazer isso?

O principal ingrediente

Nosso guia

Há pouco, vi um documentário sobre uma pessoa que praticava snowboarding. Parte de sua apresentação era fazer algo que chamam de "espelho", que significa repetir o percurso e a execução de alguém que vai descendo muito perto. Foi impressionante ver a coordenação dessa pessoa, mas o mais assombroso é que era um cego!

Em outra oportunidade, vi um programa de televisão sobre um jovem cego que tinha o sonho de escalar montanhas. Ao completar dezessete anos, decidiu fazer isso junto com seu pai, que lhe guiava passo a passo. Mesmo cego, conseguia escalar montanhas de neve! Esses exemplos de coragem e determinação me desafiam para alcançar metas altas, principalmente quando me dou conta de que eu, diferentemente deles, não tenho uma limitação física. Os testemunhos deles me fazem pensar que talvez seja nossa abundância de recursos o empecilho para a fé. Por isso, quando vier a escassez, devemos dar graças porque talvez esse problema se transforme em nossa maior oportunidade para realizar os sonhos que desejamos. A fé deve ser nossa guia, o farol em meio à escuridão; e o amor deve ser o barco, o veículo que nos conduz a nosso destino.

Não é por vista

Os outros traços do que temos falado e de que precisamos para avançar confiantes vêm por acréscimo quando temos em mente esses dois pilares. E como já poderá antecipar, minha recomendação é que voltemos a ser como crianças que sonham e que são insistentes. Minha mãe me conta que eu era assim sempre que ela me prometia alguma coisa, não a deixava em paz enquanto não conseguia o que esperava. Quando ela me prometeu que compraria uma bicicleta (relato esse acontecimento em meu primeiro livro), eu a despertava logo cedo, aproximando meu rosto do seu e levantava suas pálpebras, perguntando: "Mamãe! Mamãe! Quando você vai me dar minha bicicleta?".

Por acaso uma criança quer que o Natal seja apenas em dezembro? Claro que não! Se você der a ela seu presente qualquer dia antes do dia 25 de dezembro, ela insistirá em abri-lo e serão necessários mais do que argumentos para persuadi-lo a esperar. Todas as crianças querem as coisas para hoje! Quando Deus me faz uma promessa, dia a dia ergo o olhar para o céu e pergunto: "Pai, quando receberei o que o Senhor me prometeu?".

Ao ler o trecho dos cegos que seguiam Jesus pedindo que Ele os curasse[195], pergunto-me como fizeram para segui-lo se não o viam. É uma pena que eles, sendo cegos, o seguissem, e que nós, que podemos ver, às vezes não o façamos. Jesus sabia que eles tinham fé porque o seguiram sem vê-lo, por isso, a visão era a única coisa que não tinham. Se não precisaram da vista para ter êxito para conseguir o que queriam, quanto mais teriam conseguido depois de receber o milagre? Eles demonstraram sua fé com feitos e ações, como nós devemos fazer.

Caminhar pela fé e não pela vista é receber seu salário e dizer ao Senhor: "Humanamente, sei que esse dinheiro não paga o que devo, mas tenho fé que Tu me proverás e nada há de me faltar". <u>Devemos nos manter atentos a Sua voz para que nossa fé cresça e nos leve a alcançar Suas promessas.</u>

---

195 Mateus 9:27-28.

O principal ingrediente

Mãe do profeta

Na Bíblia, encontramos a história de Ana, mãe do profeta Samuel. Ela sofria por ser estéril, portanto, fez uma promessa ao Senhor que entregaria a Ele seu filho quando este nascesse. Então, lemos que Eli, o sacerdote que estava no templo, aproximou-se dela e disse que ela deveria ir em paz e que receberia o que tinha pedido.[196] Então, ela fez três coisas que nos ensinam muito sobre nessa correta atitude de fé. A Palavra diz que ela primeiro tomou seu caminho. O desespero a havia desviado, mas ao escutar que seu desejo havia sido cumprido, ela se levantou e avançou. Quando você tem fé, retoma o caminho por onde ia, volta para continuar com o que deixou por depressão e desânimo, pois teu Senhor diz a você: "Levanta-te e caminha!".

Segundo, Ana melhorou, ou seja, recuperou o desejo de viver. Quando fracassamos em algo, sentimos que não queremos mais viver, por esse motivo há pessoas que se suicidam ao perder o que viam como a razão de existir. Um suicídio que me doeu profundamente, em 2014, foi o de Robin Williams, exatamente o ator que deu vida à Peter Pan, em *Hook – A volta do Capitão Gancho*. Qualquer pessoa poderia ter pensado que a vida dele era feliz, mas erramos ao crer nas aparências. Geralmente, suas interpretações nos filmes costumavam ser otimistas e divertidas: *Jumanji, Uma Babá Quase Perfeita, Sociedade dos Poetas Mortos, Gênio Indomável, Patch Adams* e *Tempo de despertar* dão essa impressão, ainda que suas atuações geniais não fossem reflexo de sua vida. Inexplicável e lamentavelmente. O que me motiva exatamente com veemência a crer que há algo além do que vemos e sentimos é o amor de nosso Pai, que pode nos manter para que superemos as aparências e sejamos os protagonistas de uma história desafiadora, sim, mas também vitoriosa. Se tivermos fé Nele, nada tirará de nós o desejo de seguir adiante porque viveremos pelo que ele nos prometeu, não pelo que vemos. Ana fez isso porque ao sair do templo teve fé que

---

196 1 Samuel 1:17-18.

a palavra que Eli lhe deu era certa, por mais que ainda não estivesse grávida.

Terceiro, Ana já estava triste porque a fé devolveu a ela o otimismo, inclusive antes de ver os resultados finais. Pode parecer estranho, mas quando vejo que um desafio ou dificuldade se aproxima, sorrio. Não pense que estou tão louco como aparento. A verdade é que sorrio esperando, curioso, porque me entusiasma a ideia de ser testemunha da intervenção de meu pai. Quando Ana recebeu sua promessa, foi como se tivessem apertado o interruptor que mudava a tristeza para a alegria. Deus pode te consolar se você chorar diante de um problema, mas consertar a situação requer secar suas lágrimas, levantar-se, seguir seu caminho, recuperar o sentido de viver e melhorar sua atitude. Esse é o processo de fé que te aconselho a seguir, porque tem sido ele que tenho colocado em prática muitas vezes.

30 O VEÍCULO

O amor conduz a fé; sem amor, a fé cai; amor e fé se relacionam intimamente.

O Senhor garante que a fé que atua pelo amor é o mais importante em nossa vida.[197] Ele chama nossa atenção para o amor porque é essencial para fazer Sua obra por meio da fé. Orar pelos enfermos sem sentir amor seria vão, assim como esforçar-se para atender ao próximo sem sentir desejo de ver seu bem-estar. O amor é o motor, o combustível e o veículo para a fé.

Não há amor nem poder humano que consiga as obras sobrenaturais que ocorrem apenas pelo amor e pelo poder de Deus, como o que os apóstolos dividem no livro dos

---

197 Gálatas 5:6.

Atos.[198] Afinal, somos apenas recipientes dentro dos quais está um conteúdo que é de Deus. O amor, o poder e a fé são de Deus, e os recebemos para compartilhá-los com as pessoas. Às vezes é difícil, mas é preciso que perseveremos com alegria e paciência[199], já que nosso chamado na vida é de serviço. Porque a fé sem visão nem propósito concentrados no amor e em Deus é uma poderosa distração que pode nos desviar em direção a resultados impactantes, mas negativos. Se não acredita em mim, Hitler, Calígula, Idi Amin e tantos outros sanguinários que concentraram sua fé em objetivos desviados do amor não me desmentem.

Se temos dons, devemos pedir amor a Deus para compartilhá-los, porque para isso ele nos deu tais dons. Por que haver revelação se é para presumir que sabemos muito? De que vale o conhecimento e a unção se somente são usados para benefício pessoal e para serem reconhecidos? Como seres em constante busca pela transcendência, temos sido testemunhas de que o "vazio" de nossa existência é um espaço que nosso Pai nos deixou pronto para enchê-lo com Seu amor, que também devemos compartilhar com os outros. Olhar para o que está além é a única forma de alcançar a plenitude.

O que afirmo está cientificamente comprovado. Um dos primeiros estudiosos da motivação e da conduta, Abraham Maslow, explicou por meio do desenho de uma pirâmide cuja ponta ilustra a necessidade de realização do ser humano e se foca na projeção para os outros assim que as necessidades individuais são satisfeitas.

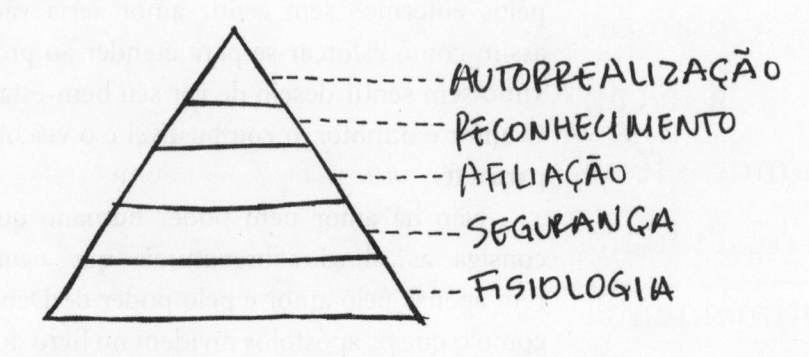

Pirâmide de Maslow com os níveis: AUTORREALIZAÇÃO, RECONHECIMENTO, AFILIAÇÃO, SEGURANÇA, FISIOLOGIA.

---

198 Atos 3:11; Atos 3:16.
199 Romanos 5:3-4.

Amar faz parte de nosso design! O objetivo do talento que Deus te deu é amar e compartilhar; em nenhum momento a Palavra nos fala de egoísmo e individualismo. Quando aprender sobre o Evangelho e o compartilhar, não procure satisfazer seu desejo de ensinar, mas o de as pessoas aprenderem.

Somos abençoados para proveito de outra pessoa. Nossos dons e talentos têm sentido e propósito por meio do espírito de servir. O Espírito Santo nos dá Seus sons para benefício de todos porque a pessoa que é boa administradora abençoa sua casa e também pode ajudar quem necessita a sair do caos em que vive. A verdade é que todos temos dons e podemos desenvolvê-los para nos complementar e trabalhar unidos[200], porque a Palavra é clara ao assegurar que nada somos sem amor.[201]

Descartes disse: "Penso, logo existo", mas nosso Senhor nos motiva a dizer: "Amo, logo existo. Não sou nada sem amor, não sirvo sem amor". O amor não é um sentimento, nem palavras, mas ação e compromisso. Jesus não andava dizendo "te amo", mas ensinava com amor, cuidava e curava por amor. Foi mandado à cruz e amou! Veio romper o paradigma de acreditar que cumprir a lei era suficiente para dizer que amamos e honramos a Deus. O amor deve ser dito, mas também demonstrado.

Nossa essência

O amor é tão essencial que poderíamos afirmar que não amar é como estar morto. Se não amamos nossos irmãos, não somos uma sociedade viva, mas um cemitério. A Bíblia expressa isso dessa forma muito radical: tudo o que aborrece seu irmão é homicida![202] Se não

---

200 1 Coríntios 12:28-31.

201 1 Coríntios 13:1-2.

202 1 João 3:14-18.

amamos, permanecemos em morte, não nascemos para a verdadeira vida, somos como zumbis.

Deus é amor e nos manda "realizar" ações de amor até chegar ao ponto de "ser" amor, como Ele, como uma qualidade que está em nosso DNA porque somos Seus filhos.[203] É como fazermos exercícios na academia; quando chegamos ao nível de amar os inimigos, é como se já tivéssemos feito três séries seguidas de cinquenta repetições de abdominais; é difícil, mas deve ser assim. Talvez o que você sente não seja agradável, mas está amando porque isso é mais do que sentir algo bonito; amar é compromisso. Recordemos que as emoções negativas só podem mudar com ações positivas; somente dessa forma crescemos em amor. O Senhor nos pede que realizemos ações de amor até sermos amor como Ele.

Sabemos que amar é um risco. Deus correu o risco de nos amar e muitas vezes retribuímos mal, mas Ele não desiste e nos abençoa, e ainda que às vezes nos afastemos, como o bom Pai que ele é, prefere nos ver longe e bem, do que próximos e derrotados. A questão é que, por fim, sempre voltamos, porque somente ao lado Dele conseguimos a plenitude na vida. Vale a pena nos arriscarmos por amor, não podemos permitir que a maldade e a indiferença nos esfriem e desviem nosso caminho.[204] Aprendamos a superar a arrogância, a inveja, o egoísmo e o rancor que podem acabar com o amor.

Vale a pena nos arriscarmos por amor, não podemos permitir que a maldade e a indiferença nos esfriem e desviem nosso caminho.

Na Bíblia, na primeira carta que Paulo escreveu aos coríntios – os habitantes da ilha de Corinto –, encontramos uma impressionante descrição do amor.[205] Se alguma vez você duvidar do que significa amar, nessa

---

203 João 17:20-21.
204 Mateus 24:12.
205 1 Coríntios 13:4-13.

O veículo

carta poderá encontrar. Pensando bem, poderíamos muito bem entender essa descrição do amor como uma descrição de Deus: "É benigno, não tem inveja, Deus não é arrogante, não se envaidece; não faz nada errado, não guarda rancor; não se alegra com a injustiça, mas fica feliz com a verdade. Tudo sofre, em tudo crê, tudo espera, tudo suporta. Deus nunca deixa de ser". Assim é nosso Pai celestial e assim devemos ser! Afinal, a vida de fé se fortalece por meio do amor.

Portanto, querido amigo, não se complique. Jesus resumiu todos os mandamentos em um só: AMAR.[206] Mais uma vez, sua instrução é simples: que nos amemos! Só isso. Quando você se sentir desorientado e não souber que decisão tomar porque o panorama está confuso, ame e garanto que não vai errar ao fazer isso. Esse veículo, o amor, tem um GPS incorporado e com ele você chegará ao destino que Deus planejou para você. Não tenha medo, porque o amor perfeito manda embora o temor, fortalece e guia a fé. Bem-vindo a sua nova realidade. Bem-vindo à casa. Ame e viva pela fé!

---

206 João 13:34-35.

A FÉ É NOSSO CAPITAL MAIS VALIOSO.

Vamos ativá-la e veremos resultados poderosos em nossa vida.

EXERCITE, DESENVOLVA E FORTALEÇA SUA FÉ.

grupo novo século

Compartilhando propósitos e conectando pessoas
Visite nosso site e fique por dentro dos nossos lançamentos:
www.novoseculo.com.br

Ágape

Editora Ágape
@agape_editora
@editoraagape
editoraagape

agape.com.br

Edição: 1
Fonte: Minion Pro